Manual de certificación

LEAN SIX SIGMA YELLOW BELT

Colección: GESTIONA
Director: David Soler

Lean Six Sigma Yellow Belt. Manual de certificación
1.ª edición, 2019
2.ª edición 2020

© 2019, Luis Vicente Socconini Pérez Gómez
© de esta edición, ICG Marge, SL

Edita: Marge Books
València, 558 – 08026 Barcelona
Tel. 931 429 486 - marge@margebooks.com
www.margebooks.com

Gestión editorial: Eva Franch
Edición: Cristina Arasa
Coordinación de la edición: Karina Ahumada Serrano
Compaginación: Mercedes Lara
Impresión: Prodigitalk, SL (Martorell, Barcelona)

Edición impresa: ISBN 978-84-17903-73-2
Edición digital: ISBN 978-84-17903-74-9
Depósito Legal: B 4162-2021

El papel empleado en este libro no ha sido blanqueado con cloro elemental (CI_2).

El autor

LUIS SOCCONINI

Es ingeniero industrial por el ITESM, campus Guadalajara. Tiene una maestría en Calidad y Productividad y es Master Black Belt.

Está Certificado en *Strategic Management* por la Universidad de Stanford, en *Leading Product Innovation* por la Universidad de Harvard y en *Industry 4.0* por el MIT.

Ha trabajado para la escuela de negocios de Wharton (Pensilvania), como consultor de empresas; en la Cervecería Grolsch, en Holanda, como ingeniero de procesos, y en IBM, como ingeniero de manufactura.

Como director de Lean Six Sigma Institute, desarrolla proyectos de alto impacto en empresas como Abbott Laboratories, Kraft Heinz, Coca Cola, BMW, Bimbo y Fender, entre otras. Desarrolla constantemente aplicaciones de productividad en distintos sectores como la construcción, la minería, la agricultura, la administración pública, la energía, los servicios, etc

Ha sido catedrático distinguido en varias universidades de prestigio en México.

Es autor de los manuales de certificación *Lean Six Sigma Yellow Belt, Green Belt* y *Black Belt;* de los libros *Lean Company, más allá de la manufactura; Lean Service* y *Lean Manufacturing, paso a paso;* así como coautor de *Lean Six Sigma Sistema de gestión para liderar empresas, Lean Energy, El proceso de las 5´S en acción* y *Lean Six Sigma Green Belt, paso a paso.*

SOCCONINI

www.socconini.com

Índice

Herramientas estratégicas

Introducción a Lean Six Sigma

- Modelo de negocio: *canvas*
- Planificación estratégica:
  hoshin kanri
- Cadenas por estructuras
  de valor
- Desarrollo de talento

Herramientas básicas

Introducción a *White Belt*

- Solución de problemas
- Las 5 S
- Gestión visual: *andon*
- Instrucción de trabajo
  estándar

Herramientas de mejora continua

Introducción a *Yellow Belt*

Definir

- Análisis de los 4 cuadrantes
- Definición y documentación
  de proyectos: A3

Medir y mapear

- Recolección de datos
- Efectividad total del equipo
  (OEE)
- Mapa de valor actual (VSM)

Analizar

- Diagrama espagueti
- Gráfica de balance
- Análisis de desperdicios
- Análisis del modo y efecto
  de fallos (AMEF)

Mejorar

- *Kaizen*
  - Flujo continuo
  - Preparaciones rápidas
    (SMED)
  - Mantenimiento
    productivo total (TPM)
  - *Kanban*
- Mapa de valor futuro

Controlar

- Trabajo estándar
- *Poka yoke*
- *Kata*

Prólogo

Estimado lector,

Le doy la más cordial bienvenida a nuestro manual para conseguir la **Certificación Lean Six Sigma Yellow Belt** y deseo felicitarlo porque si usted tiene en sus manos este material, es porque quiere contribuir al desarrollo de la sociedad, mediante la mejora de la actividad de las empresas y, por lo tanto, del entorno económico.

Este manual nace desde la necesidad de compartir lo que en Lean Six Sigma Institute enseñamos a las personas que participan en procesos de formación: gerentes, propietarios, funcionarios, ingenieros, operadores y estudiantes. Todos ellos se capacitan para transformar los procesos clave de las empresas de hoy y diseñar el futuro.

Inicialmente, este manual solo formaba parte de los materiales que se entregan a quienes participan en los cursos de certificación que nuestro Instituto ofrece en diferentes lugares del mundo. En una conversación con nuestra directora de LSSI en España, ella sugirió que los manuales también podían distribuirse en librerías, de modo que cualquier persona pueda acceder a los conocimientos que están revolucionando el pensamiento empresarial y la manera de hacer negocios en el mundo actual. A este razonamiento se sumó que sabemos que mientras más personas estén capacitadas y, sobre todo, comprometidas con el nuevo espectro de posibilidades de diseño y mejora, las organizaciones serán más fuertes ante los nuevos retos que el mercado presenta.

En este manual usted encontrará una caja de herramientas sumamente útiles para desarrollar las actividades empresariales y de cualquier tipo de organización en el futuro. Las mismas son el resultado de la evolución de las mejores prácticas que se conocen y que han funcionado para crear verdaderos centros de negocios con un potencial ilimitado hacia el logro de los objetivos.

Encontrará herramientas gerenciales que los equipos directivos deben conocer y poner en práctica para desarrollar las estrategias, evaluar los resultados, diseñar la estructura organizacional, desarrollar su personal y una nueva forma de entender la contabilidad y los costos reales.

También hallará herramientas básicas que todo colaborador debería poner en práctica a fin de prepararse para la mejora continua y que deben ser aplicadas a todo tipo de organización.

Y, finalmente, encontrará herramientas y situaciones para perfeccionar sus procesos e implementar mejoras enfocadas a crear una diferencia significativa en resultados de calidad, costo, tiempo de entrega, seguridad y productividad.

La filosofía, las metodologías y las herramientas presentadas en este manual, le permitirán comprender con facilidad cómo deberían funcionar las empresas del futuro y, por lo tanto, le facilitarán que usted participe como agente del cambio y para producir los resultados merecidos por la empresa o institución en la que desarrolla su actividad profesional.

El objetivo de este manual es que mediante herramientas sencillas y prácticas, usted entienda, aplique y también enseñe a sus colegas y colaboradores nuevas formas de trabajar, con la consiguiente generación de historias de éxito, y que de una manera contundente se puedan afrontar las complejidades de los nuevos entornos empresariales.

Le agradezco mucho la confianza de darnos la oportunidad de poner a su disposición un material de alta calidad y ampliamente contrastado, y de otorgarnos la responsabilidad de ayudarlo en este camino que se inicia pero que nunca se termina, en un mundo en el que la mejora es opcional pero el progreso está en su decisión.

LUIS SOCCONINI

Director y fundador de Lean Six Sigma Institute

Introducción a Lean Six Sigma

Ante la llegada de vientos de cambio y crisis, hay quienes se preocupan de hacer refugios. Y hay quienes se preparan y construyen molinos para aprovechar la fuerza del viento.

Objetivos

1. Entender las características generales de Lean Six Sigma (LSS).
2. Comprender la importancia de mejorar la productividad a través de la eliminación de desperdicios y la variabilidad.
3. Conocer el proceso de implementación y cómo gestionar el cambio.
4. Desarrollar mentalidad de liderazgo y establecer la estructura necesaria para la consecución de resultados.

Contenidos

> Antecedentes
> Modelos de desarrollo de negocio
> ¿Qué es Lean Six Sigma?
> Modelo de desarrollo de negocios
> Gestión del cambio
> Roles y estructura
> Liderazgo

Antecedentes

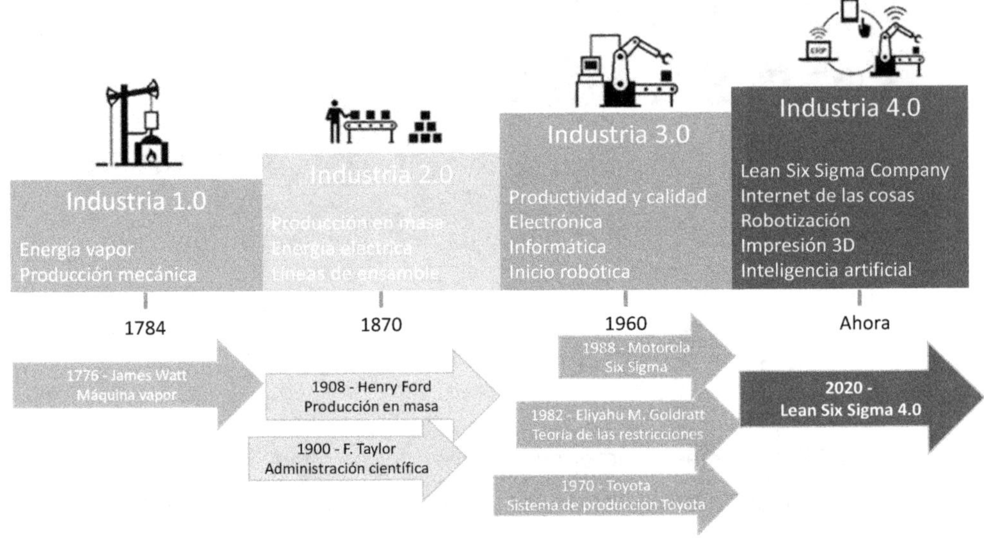

- En la actualidad, las empresas que siguen siendo:
  - Lentas para entregar sus productos o servicios.
  - Tienen constantes quejas y rechazos.
  - Su calidad es inconsistente.
  - Su trato al cliente es malo.
  - Sus precios y costos son altos.
  - La comunicación es deficiente.

¡Están destinadas a desaparecer!

«Ya no son los grandes los que se comen a los chicos,
sino los rápidos a los lentos.» Jason Jennins

Elementos de la industria 4.0

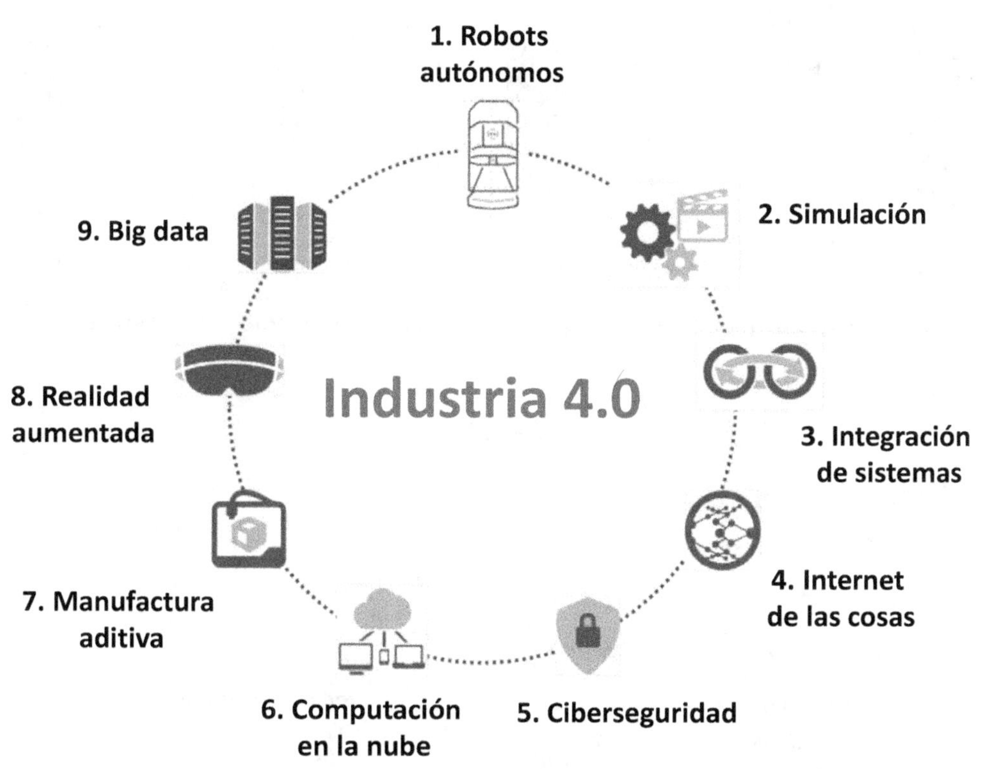

Enfoque Lean Six Sigma

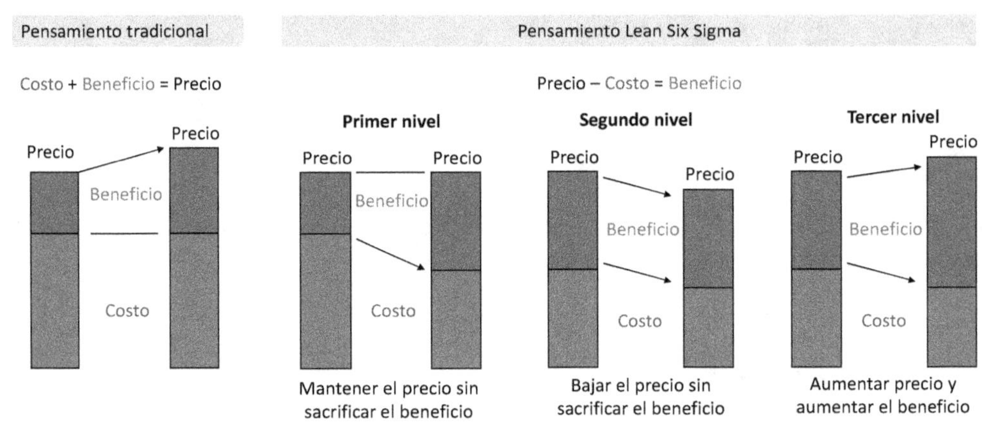

La clave para mejorar los beneficios: **reducir los costos e incrementar las ventas.**

Modelo de productividad

Las 6 M

Mano de obra
Materiales
Métodos
Máquinas
Medio ambiente
Mediciones

Entradas

PROCESOS

Parámetros

Productos/Servicios

Calidad
Costo
Tiempo de entrega
Seguridad
Motivación
Impacto social
Impacto ambiental

Salidas

$$\text{Productividad} = \frac{\text{Salidas}}{\text{Entradas}}$$

Métodos para incrementar la productividad

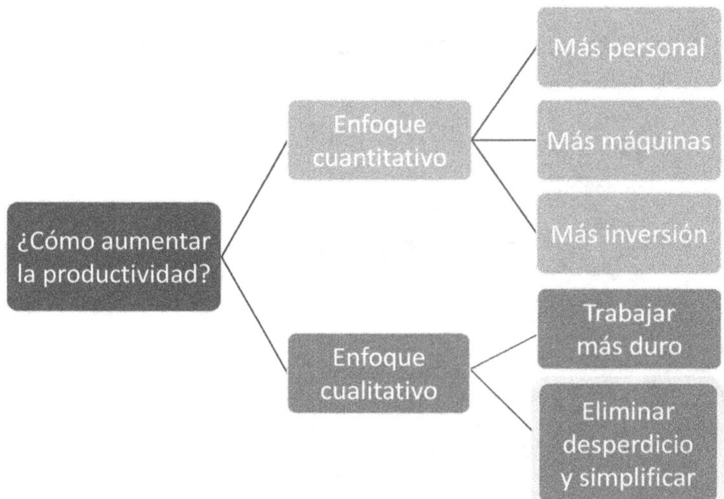

Limitantes de la productividad

Muri Sobrecarga	*Mura* Variabilidad	*Muda* Desperdicio
• Trabajos pesados • Estrés en el trabajo • Riesgos	**Variación total** • Combinación de la variación de todas las entradas de los procesos	• Sobreproducción • Sobreinventario • Productos o servicios defectuosos • Movimiento de personas • Procesos innecesarios • Esperas y búsquedas • Transporte • Energía • Talento sin acción • Contaminación

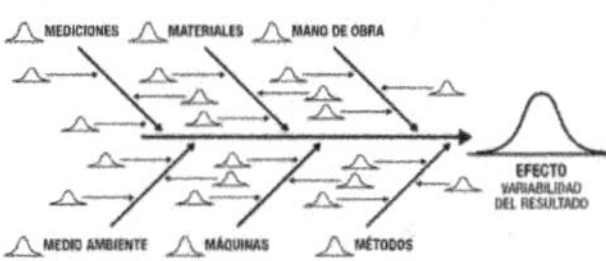

Aplicar Lean Six Sigma

Eliminar sobrecarga, variabilidad y desperdicio.

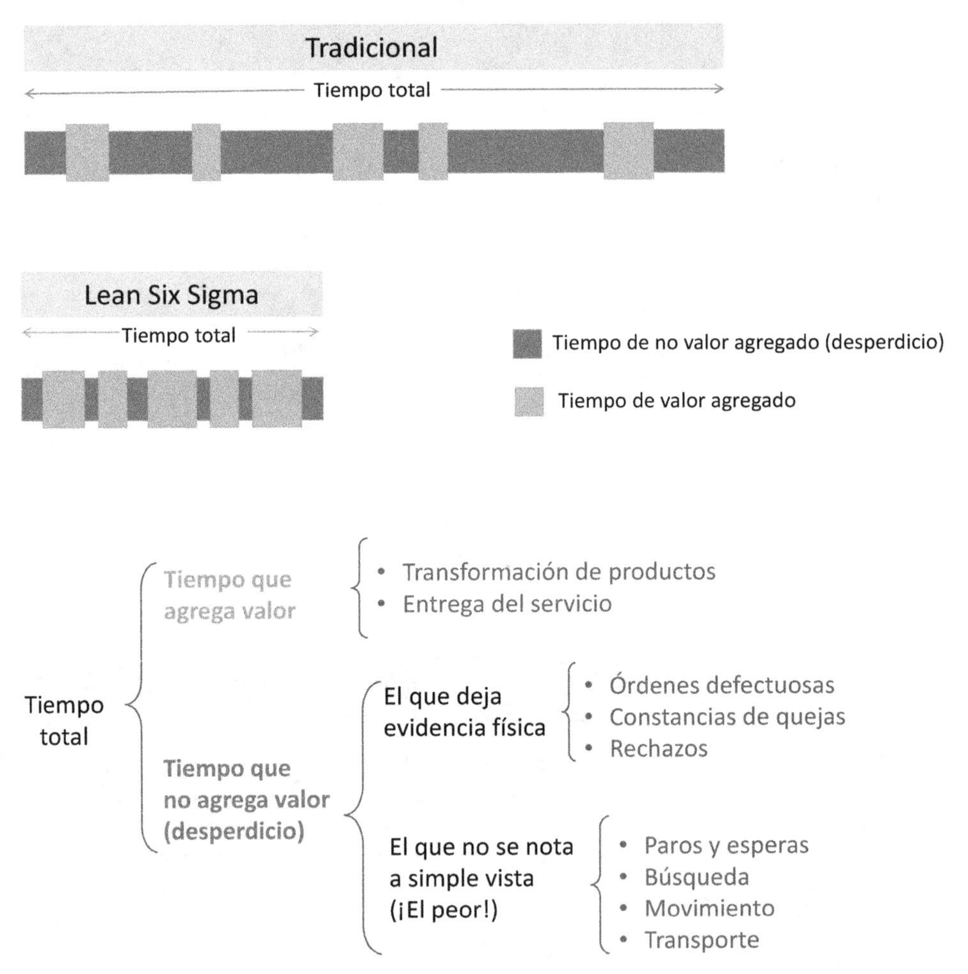

Reducir: tiempo, costos, defectos, inventario, espacio, desperdicio.

Aumentar: productividad, satisfacción del cliente, calidad, flujo caja.

Modelo de desarrollo de negocios

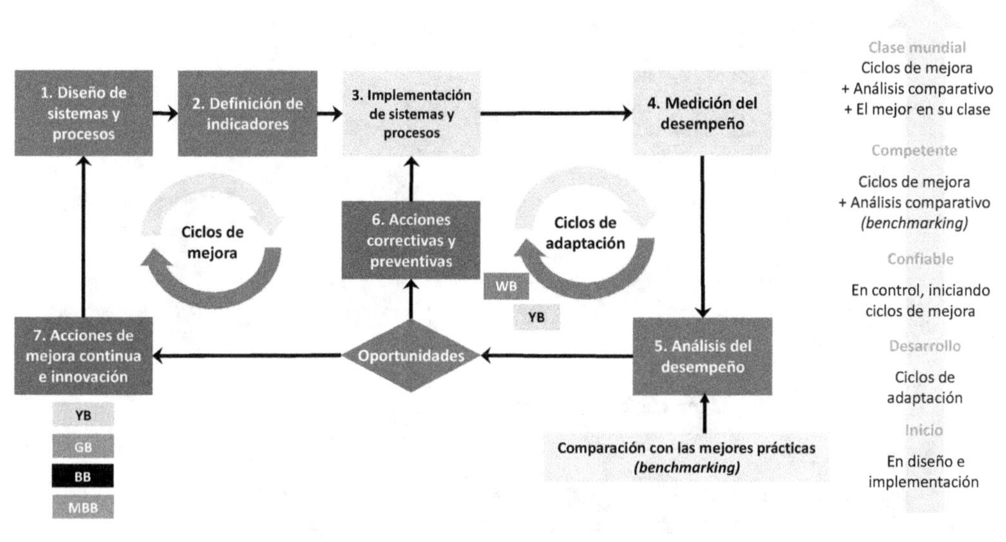

¿Qué es Lean Six Sigma?

Lean = Velocidad

Mejorar el *flujo* mediante la eliminación del desperdicio.

Six Sigma = Calidad

Mejorar el *proceso* mediante la reducción de la variación.

La puerta al templo de la productividad

Metas:
Satisfacción del cliente, rentabilidad sostenida
beneficio social, empresarial y personal

Velocidad

- Flujo continuo
- TPM
- Preparaciones rápidas
- Sistema *pull*

Equipo motivado

**Enfoque en la restricción
(TOC)**

Calidad

- *Andon*
- *Jidhoka*
- *Poka Yoke*
- Six sigma
- AMEF
- Solución de problemas

Estabilidad: orden y limpieza, gestión visual, estandarización, etc.

Liderazgo: estrategia, estructura, gestión de talento, VSM, etc.

Beneficios

Beneficios materiales
(hard savings)

- Mejorar las ventas
- Reducir los costos
- Incrementar la rentabilidad
- Reducir el inventario
- Entregar a tiempo

- Aumentar la productividad
- Mejorar el flujo de efectivo
- Mejorar la calidad
- Reducir defectos y correcciones
- Mejorar el uso del espacio

Beneficios intangibles
(soft savings)

- Enriquecer la comunicación
- Mejorar la satisfacción de los clientes y del personal
- Reducir la rotación de empleados
- Mejorar la seguridad y reducir los riesgo
- Potenciar las ideas individuales y de equipo
- Consolidar la cultura implementada
- Mejorar la disciplina
- Acrecentar el apego a los procesos
- Progresar en la toma de decisiones

Lean Six Sigma ofrece un salto significativo en la **mejora.**

LSSI
LEAN SIX SIGMA INSTITUTE

Aplica a toda la compañía

LEAN SIX SIGMA COMPANY

Herramientas	Dirección	Desarrollo humano	Investigación y desarrollo	Ventas y marketing	Contabilidad y finanzas	Compras	Servicios	Producción	Mantenimiento	Logística	Calidad	Departamento informática

Estratégicas
- Hoshin kanri
- Estructuras por cadenas de valor
- Desarrollo de talento
- Scrum
- Trabajo estándar de líderes
- Kata
- Caminata gemba

Todos los procesos utilizan las herramientas gerenciales para definir estrategias, indicadores, desarrollar proyectos, diseñar el trabajo de líderes y reconocer oportunidades.

Tácticas
- 5 S
- Andon (gestion visual)
- Trabajo estandarizado
- 4Q (análisis de los 4 cuadrantes)

Todos los procesos utilizan las herramientas básicas para integrarse como equipos, comunicarse y desarrollar mejoras

LEAN / SIX SIGMA	Dirección	Desarrollo humano	Investigación y desarrollo	Ventas y mkt.	Contabilidad y finanzas	Compras	Servicios	Producción	Mantenimiento	Logística	Calidad	Departamento informática
DMAIC — Herramientas Lean Six Sigma	Planificación Gestión estratégica Toma de decisiones	Atracción de talento Desarrollo de talento	Desarrollo de productos Lean Startup Diseño para Six Sigma	Campañas Encuestas Six Sigma Pricing (fijacion de precios) Lean Retail (comercial)	Presupuesto Costos Inventarios Nóminas Facturación Crédito Pagos Estados financieros	Desarrollo de proveedores Compras Almacén	Lean Service (servicios)	Lean Manufacturing (producción)	Autónomo Preventivo Predictivo Energía	Recibo Almacén Rutas Carga Transporte	Despliegue de calidad Sistema de calidad Calibración	Hardware Software Comunicación Asistencia al usuario

Aplica a cualquier industria

- Alimentación
- Electrónica
- Metalúrgica
- Servicios
- Automoción
- Administración pública
- Agricultura

- Farmacéutica
- Bancos y aseguradoras
- Hoteles y restaurantes
- Salud
- Construcción
- Cosméticos
- Educación

- Plásticos
- Lubricantes
- Logística y aduanas
- Calzado
- Textil
- Impresión
- Fundición

LEAN MANAGEMENT	WHITE BELT	YELLOW BELT	GREEN BELT	BLACK BELT	MASTER BLACK BELT

Tradicional *versus* Lean Six Sigma

Tradicional

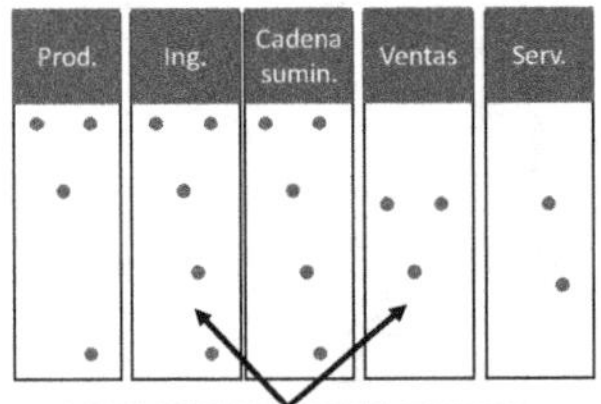

Proyectos aislados
por departamento

Lean Six Sigma

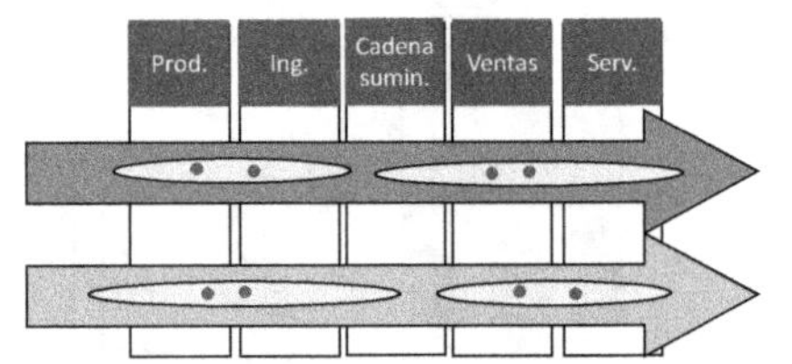

Pocos proyectos de alto impacto
en la cadena de valor

«Si pudiera cambiar la forma en que lo implementamos, empezaría con Lean y luego Six Sigma.» Jack Welch, ex CEO General Electric

Modelo de transformación

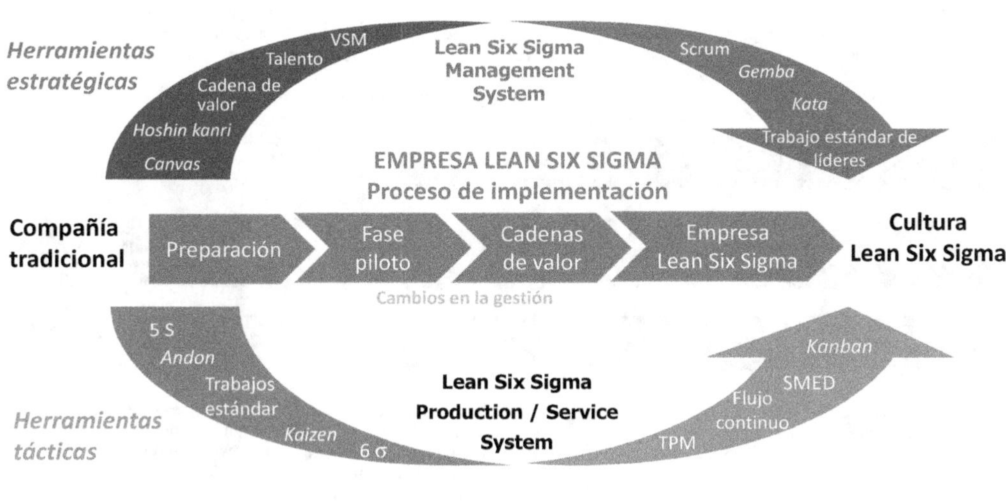

Proceso de implementación

1 a 3 meses	4 a 6 meses	1 a 2 años	1 a 2 años y en adelante
Preparación	**Fase piloto**	**Cadenas de valor**	**Empresa Lean Six Sigma**

Preparación

- Evaluación inicial
- Entrenamiento inicial
- Desarrollo *hoshin kanri*
- Definir el equipo líder
- Mapa de la cadena de valor (VSM)
- Seleccionar un piloto
- Diseño del plan inicial
- Comunicar el plan
- Evento de inicio

Fase piloto

Herramientas básicas
- 5 S, *andon,* gestión personal, trabajo estandarizado, *poka yoke*

Herramientas mejora, solución
- A3, AMEF, flujo continuo, TPM, SMED, *kanban,* estadística, etc.

Certificar
- WB, YB
- Proceso piloto

Cadenas de valor

- Diseñar la cadena de valor
- Implementar en oficinas

Desplegar a todos los procesos
- Contabilidad
- Recursos humanos
- Ventas y mercadotecnia
- Logística
- Producción
- Servicio
- Departamento de informática
- Calidad
- Mantenimiento

Certificar
- *Yellow Belt, Green B, Black B*
- Cadena de valor

Empresa Lean Six Sigma

Certificación
- Procesos
- Cadenas de valor
- Compañía

Gestión del cambio de John Kotter

- Analizar el mercado
- Analizar la competencia
- Identificar posibles riesgos y oportunidades

- Desarrollar la visión
- Desarrollar estrategias para llevar a cabo la visión

- Evitar obstáculos
- Mejorar y modificar la estructura
- Potenciar la toma de riesgos

- Potenciar el crecimiento de otras áreas
- Evaluar constantemente los resultados
- Apoyar los procesos exitosos

1. Crear sentido de urgencia

3. Establecer una visión clara

5. Empoderar a otros

7. Consolidar mejoras y continuar con los cambios

Preparación → **Fase piloto** → **Cadenas de valor** → **Empresa Lean Six Sigma**

2. Crear un equipo guía

4. Comunicar la visión

6. Asegurar victorias a corto plazo

8. Institucionalizar los nuevos enfoques

- Formar un grupo de individuos influyentes y responsables
- Trabajar en equipo

- Comunicar y compartir la visión y la estrategia
- Conformar un equipo líder

- Planificar mejoras de rendimiento
- Establecer y anunciar victorias
- Recompensar a las partes responsables

- Enfocarse en los clientes y en la productividad para mejorar el rendimiento
- Mejorar la eficacia de la gestión

Resistencia al cambio

Está comprobado que ante un proyecto de esta magnitud:

20 % +
- Un 20 % de las personas se mostrará positivo en la implementación y sus aportaciones serán muy valiosas.

60 % neutral
- Un 60 % de las personas se mostrará a la expectativa y neutral ante este tipo de proyectos.

20 % -
- Un 20 % tendrá una actitud negativa hacia la implementación.

Con un **buen liderazgo**, seguramente muchas actitudes negativas y personas neutrales pasarán a ser positivas. De otra manera, será un proyecto más que se olvida.

¿Por qué unos pueden y otros no?

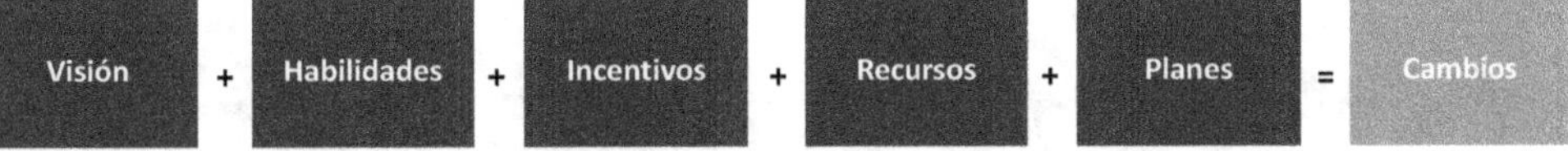

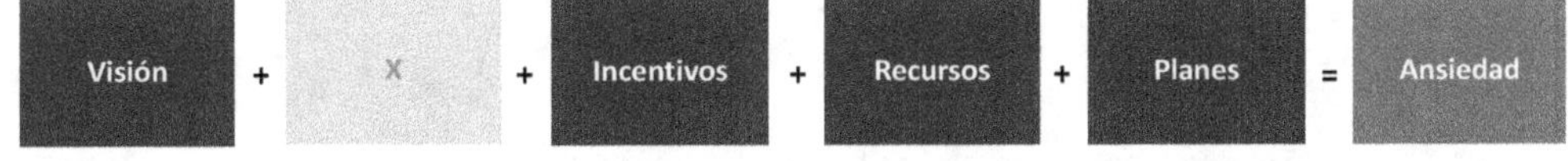

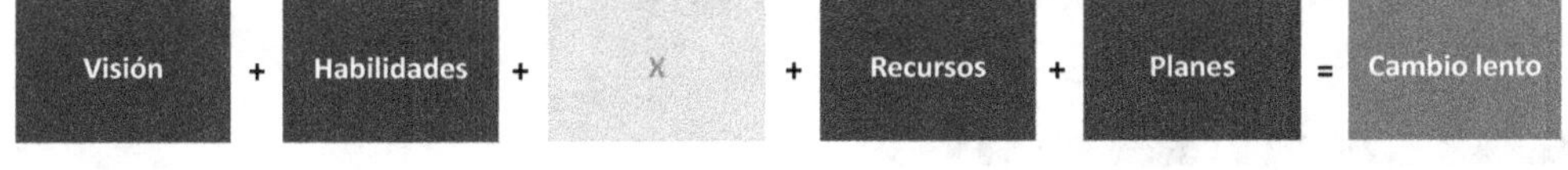

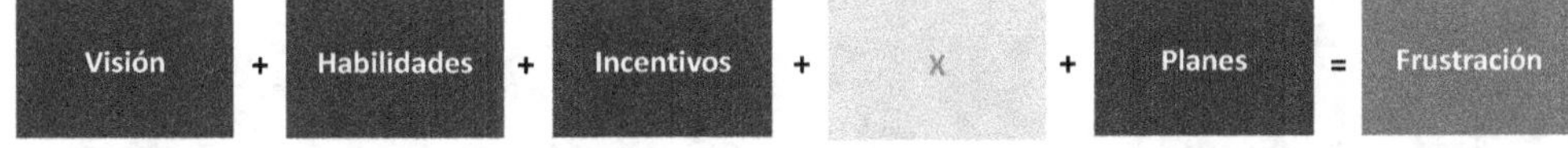

Roles y estructura

Certificación Lean Company

Existen cuatro categorías de certificación:*

Certificación de personas	Certificación de procesos	Certificación de cadenas de valor	Certificación de compañías

• Entrenamiento y certificación en:
  – *White Belt*
  – *Yellow Belt*
  – *Green Belt*
  – *Black Belt*
  – *Master Black Belt*
	• Evaluar si los procesos cumplen con los requisitos
	• Asegurar que los métodos se sostienen y las herramientas funcionan
		• Todos los procesos de la cadena de valor han logrado cierto nivel de avance y han demostrado resultados y hábitos	• Como compañía se ha logrado una cultura ágil de gestión y liderazgo basado en hechos y datos

Dos proyectos por año	Dos evaluaciones por año	De dos a cuatro evaluaciones por año	Dos evaluaciones por año

*Fuente: Swiss Alliance LSS.

Niveles de certificación de personas

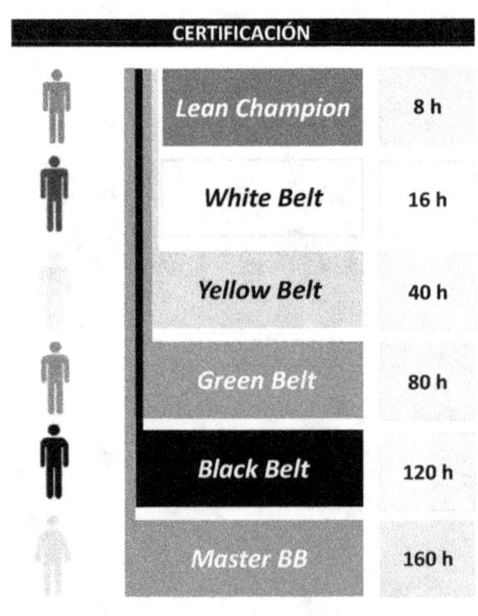

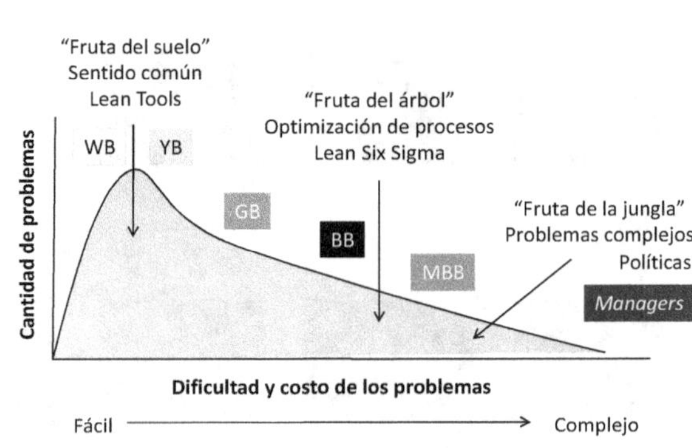

Roles

CHAMPION	WHITE BELT	YELLOW BELT	GREEN BELT	BLACK BELT	MASTER BLACK BELT
Responsable del presupuesto y de los recursos	Miembro de equipos de proyectos	Miembro de equipos de proyectos	Líder de pequeños proyectos y ejerce apoyos específicos	Líder de proyectos y *coach*. Ejecuta proyectos	Experto en implementación y *coach* de BB.
Patrocina los proyectos Lean Six Sigma	Practica como parte de su trabajo las herramientas básicas todos los días	Asegura el sostenimiento de la filosofía en el día a día	Asegura el sostenimiento en sus áreas de responsabilidad	Asegura la correcta implementación en las cadenas de valor	Aplica LSS a nivel de toda la compañía y en la cadena de suministro.
Líderes	100 %	20 % - 50 %	10 % - 20 %	1 % - 3 %	1 %

Estructura

Corporativo
Región
País
Planta

Personal ejecutivo

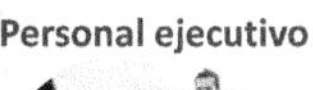

Personal
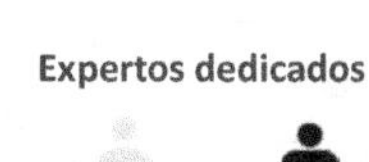

Expertos dedicados

Personal elegido

Champion corporativo   *Master BB*   *Black Belt*   Equipos mejora

---

Planta
Familia de productos y servicios

Equipos de valor

Equipos de soporte

Champion planta   *Black Belt*   *Green Belt*   Equipos mejora

---

Equipos productivos

Productos y servicios

Transacciones

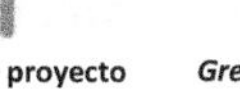

Champion proyecto   *Green Belt*   *Yellow Belt*   Equipos mejora

Lean Six Sigma requiere líderes

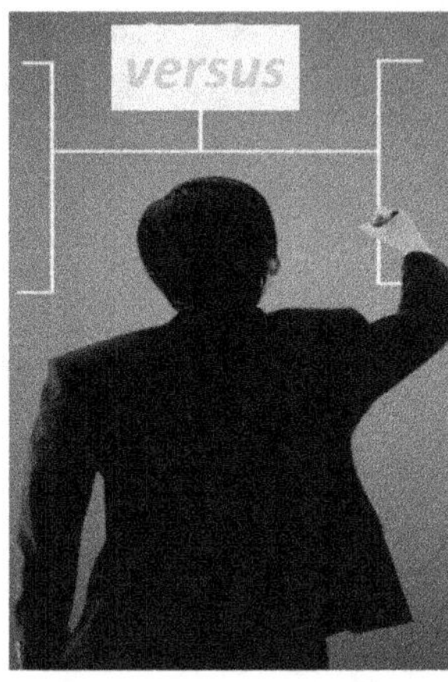

Jefes

- Dirige al personal
- Depende de autoridad
- Inspira miedo
- Dice «Yo»
- Busca culpables
- Sabe cómo se hace
- Utiliza personas
- Se lleva el crédito
- Ordena
- Dice «Ve»

Líderes

- Guía al personal
- Depende de la voluntad
- Inspira entusiasmo
- Dice «Nosotros»
- Soluciona los problemas
- Guía cómo se hace
- Desarrolla personas
- Da el crédito
- Pide
- Dice «Vamos»

Conclusión

«Ninguna organización, grande o pequeña, local o global, es inmune al cambio.

Para hacer frente a nuevas fuerzas tecnológicas, competitivas, y demográficas, los líderes de todos los sectores están tratando de alterar fundamentalmente la manera en que sus organizaciones hacen negocios.»

John P. Kotter

Canvas

Objetivos

1. Comprender la importancia de los modelos de negocios para desarrollar nuevas ideas y aportar nuevas formas de desarrollar estrategias para la empresa.
2. Conocer el modelo *canvas*.
3. Entender los elementos que lo componen.
4. Identificar las aplicaciones.
5. Comprender como se desarrolla.

Contenidos

> Antecedentes
> ¿Qué es *canvas*?
> ¿Quiénes usan *canvas*?
> Elementos
> Ejemplos
> Procedimiento
> Ejercicio

Ejecución exitosa

¡Hazlo simple!

Canvas

Estrategia

Resultados

Portafolio

Estructura por cadenas de valor

Origen

Alex Osterwalder

La ontología del modelo de negocio: una propuesta en un enfoque de la ciencia del diseño

Enero 2004

Tesis doctoral, Universidad de Lausana, Suiza

Rasgos necesarios para adoptar *canvas*

- Tener espíritu emprendedor.
- Estar constantemente pensando en cómo crear valor y desarrollar nuevos negocios.
- Tener inquietud por mejorar o transformar su organización.
- Estar permanentemente buscando formas innovadoras de hacer negocios para reemplazar los antiguos u obsoletos.

No todos tenemos un claro entendimiento de lo que es un modelo de negocio.

Las conversaciones estratégicas acerca de los modelos de negocios son poco productivas.

Conversación típica cuando no hay un lenguaje común:

- Director: El mundo está cambiando..., necesitamos urgentemente reinventar nuestro modelo de negocio.
- Persona 1: Deberíamos enfocarnos a los servicios.
- Persona 2: Los números indican que deberíamos crecer en mercados emergentes.
- Persona 3: Pero qué hay acerca de la nueva tecnología que hemos estado buscando.
- Director: De hecho, conozco a la persona adecuada para adquirir esa tecnología.

Tres horas después:

- Persona 2: bla bla bla bla.
- Persona 4: bla bla bla bla.
- Persona 1: bla bla bla bla.

¿Qué es *canvas*?

Es una herramienta de negocios visual y práctica para
describir, **probar**, **implementar** y **manejar**
los modelos de negocios durante su ciclo de vida.

¿Quiénes usan *canvas*?

¿Qué tipo de profesionales utilizan *Business Model Canvas?*

- **Equipos directivos,** para administrar sus organizaciones.

- **Personas emprendedoras,** para crear nuevas empresas.

- **Gestores de área,** al aplicar y mejorar los modelos de negocio.

- **Equipos consultores,** para ayudar a sus clientes.

- **Profesionales del diseño,** en la creación de productos de alto valor.

- **Economistas e inversores,** cuando han de evaluar diferentes propuestas.

Tu modelo de negocio en una sola página

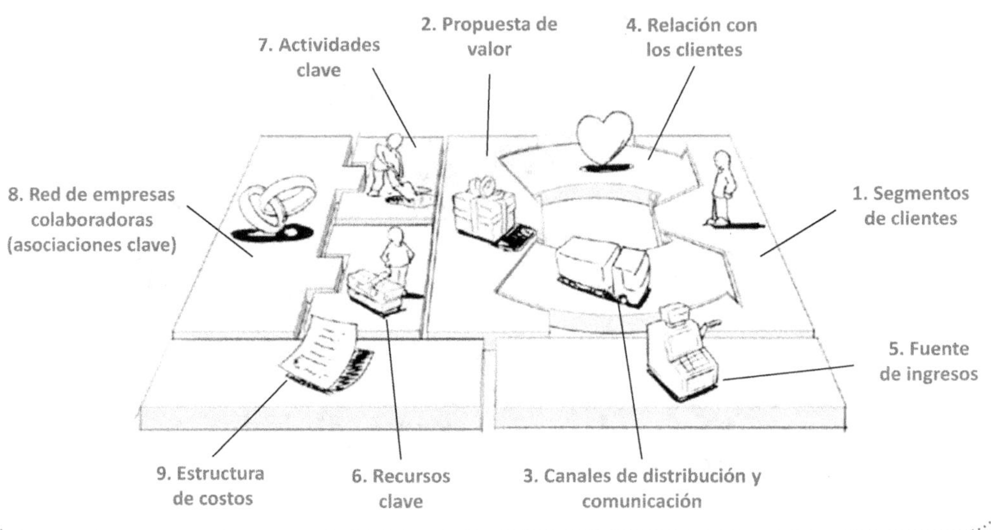

¿Cómo completar el formato de modelo de negocios *canvas?*

Asociaciones clave	Actividades clave	Propuesta de valor	Relación con los clientes	Segmentos de clientes
¿Qué red de proveedores y socios hacen que el modelo de negocio funcione?	¿Qué actividades y procesos deben llevarse a cabo para producir la oferta de valor?	¿Qué valores estamos entregando a los clientes? ¿Qué problema estamos ayudando a resolver? ¿Qué necesidad estamos satisfaciendo? ¿Qué paquetes de productos o servicios estamos ofreciendo a cada segmento de clientes?	¿Qué tipo de relaciones establecemos para que los clientes se mantengas ligados a la oferta de valor incluso después de haber adquirido el producto o servicio?	¿Para quiénes creamos valor?

	Recursos clave		Canales	
	¿Cuáles son los activos para hacer funcionar el modelo de negocio?		¿Cómo hacemos para que los clientes reciban nuestra propuesta de valor? ¿Cómo se van a enterar de que esa oferta existe?	

Estructura de costos	Fuente de ingresos
¿Qué costos son significativos para operar el modelo de negocio?	¿Cuánto dinero percibimos por el valor generado a nuestros clientes? ¿Hay productos o servicios que damos sin costo para agregar valor o darnos a conocer?

Canvas está diseñado como el cerebro

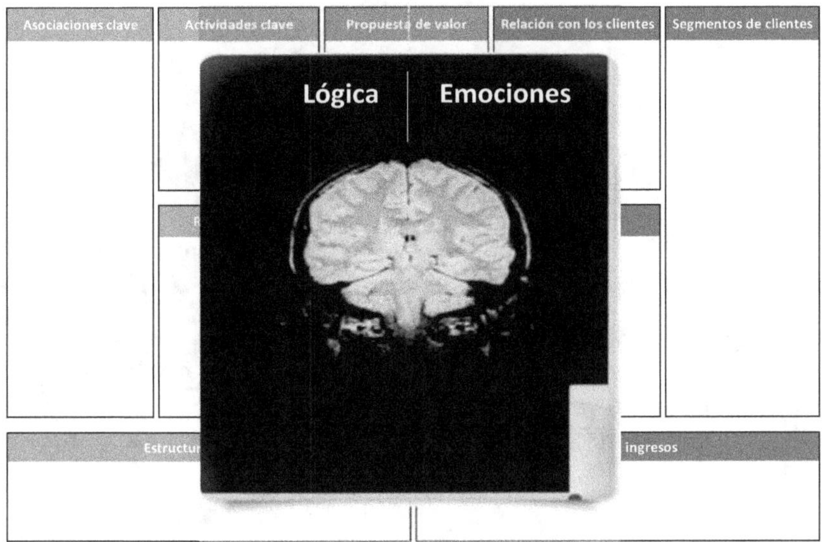

Otra forma de verlo

¿Por qué usar *canvas*?

- Las mejores ideas se ponen sobre la mesa.

- Crea un lenguaje común y compartido.

- Enriquece conversaciones sobre estrategia.

- Ayuda a mejorar el trabajo en equipo.

- Mejora la colaboración entre áreas.

Ejemplos

Google 1998

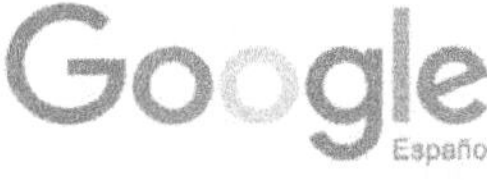

- Larry Page y Serch Ebran crearon el buscador Google.

- El buscador es gratis.

- Entonces, ¿cómo ganar dinero de un servicio gratuito?

Ingresos 2017 = $ 109.65 mil millones de dólares estadounidenses

LSSI
LEAN SIX SIGMA INSTITUTE

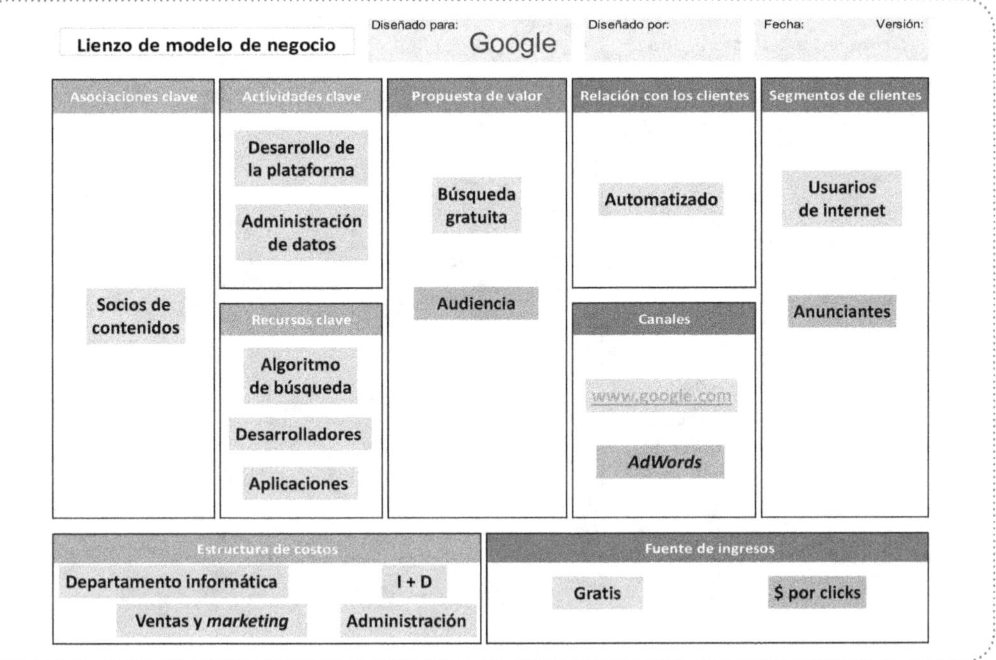

Xerox 1958

- Inventaron una máquina que podía fotocopiar 2 000 copias al día, mientras que las de la competencia solo podían hacer de 30 a 40 copias diarias.

- La máquina era siete veces más cara.

- Hicieron un estudio de mercado y vieron que ningún cliente compraría una máquina tan costosa.

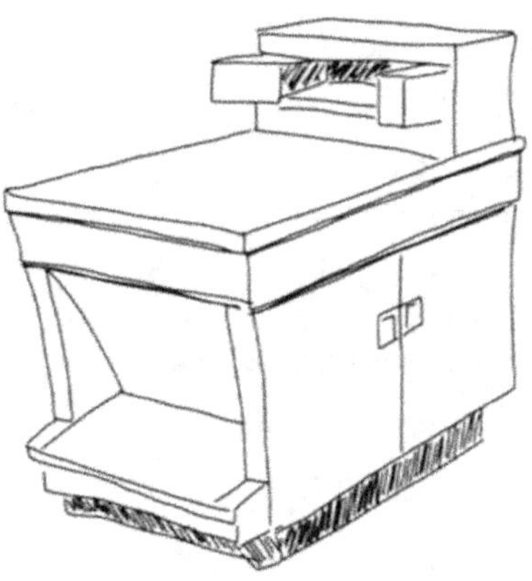

¡Buen producto! Modelo de negocio equivocado.

¿Cómo se desarrolla?

- Elegir una línea de negocios.

- Equipos de cinco personas.

- **Estructura del *canvas*:**

1. Introducción a la metodología.
2. *Canvas* actual.
3. Ambiente alrededor del *canvas* actual:
   - Tendencias del mercado.
   - Tendencias de tecnologías.
   - Tendencias de necesidades.
   - Fuerzas y debilidades del *canvas* actual.
4. Generar prototipos de *canvas* futuros.
5. Retroalimentacion de cada uno.
6. Definir el *canvas* futuro y los siguientes pasos.

Fases de implementación

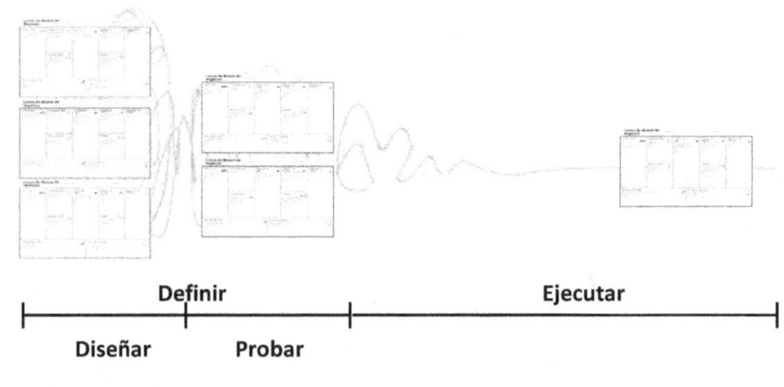

Diseñar — Definir — Probar — Ejecutar

Es un proceso de ida y vuelta

Nota

- Pueden generarse varios modelos de negocios para cada línea de negocio.
- Para hacerlo efectivo, deben elegirse solo los que se pueden ejecutar.
- Generalmente se genera un gran entusiasmo en la creación del modelo. Hay que asegurar mantenerlo en la ejecución.

- Desarrollar el modelo de negocio de Nespresso con los elementos que se muestran a continuación.

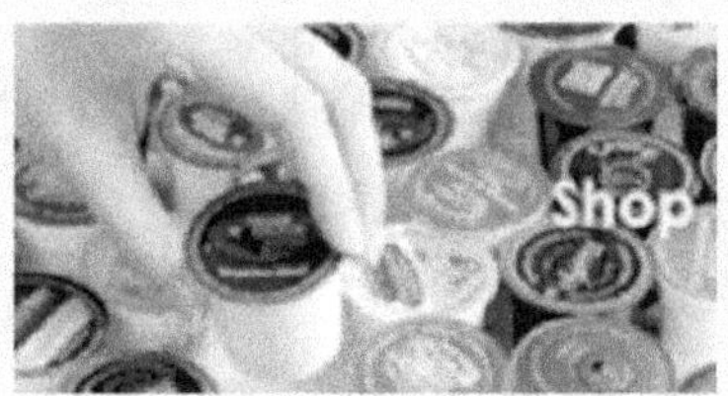

Máquina Nespresso

Venta repetitivas de cápsulas

Fabricantes de máquinas

Cápsulas Nespresso

Compras cautivas

Marca

Canales de distribución

Pedido en línea Tiendas Nespresso

Venta de máquinas

Producción

Patentes

Marketing

Fábricas

Hogares

Costos de producción

Café

Costos de distribución

Detallistas

Productores de café

Negocios

Costos de *marketing*

Lienzo de modelo de negocio

Diseñado para: Nespresso

Diseñado por:

Fecha:

Versión:

Asociaciones clave	Actividades clave	Propuesta de valor	Relación con los clientes	Segmentos de clientes
	Recursos clave		Canales	

Estructura de costos	Fuente de ingresos

Planificación estratégica: *hoshin kanri*

Objetivos

1. Conocer los elementos clave de la planificación estratégica.
2. Entender el modelo *hoshin kanri*.
3. Conocer el procedimiento de implementación.
4. Iniciar el proceso de la planificación en su empresa.

Contenidos

> Introducción
> ¿Qué es *hoshin kanri*?
> Beneficios
> ¿Cuándo se utiliza y cuánto tiempo requiere?
> Procedimiento
> Ejemplo

Introducción

- Entre el 10 % y el 20 % de las empresas realizan planificación estratégica.

- Solo entre el 10 % y el 20 % de las empresas la ejecutan exitosamente.

- El 91 % de los directivos se califican como *tomadores de decisiones excepcionales*.

Fuente: Harvard Business School.

Síntomas de compañías que necesitan planificación *hoshin kanri*

- Poca conexión entre la estrategia y la mejora continua.
- Demasiados proyectos en proceso.
- Los planes de un año a otro nunca parecen conectarse.

¿Qué es estrategia?

Estrategia

Strato = Grupo de personas
(por ejemplo: un ejército)

Agein = Guía
(por ejemplo: dirigir)

Arte de dirigir operaciones militares

Despliegue de la estrategia

Ejemplo de despliegue de la estrategia

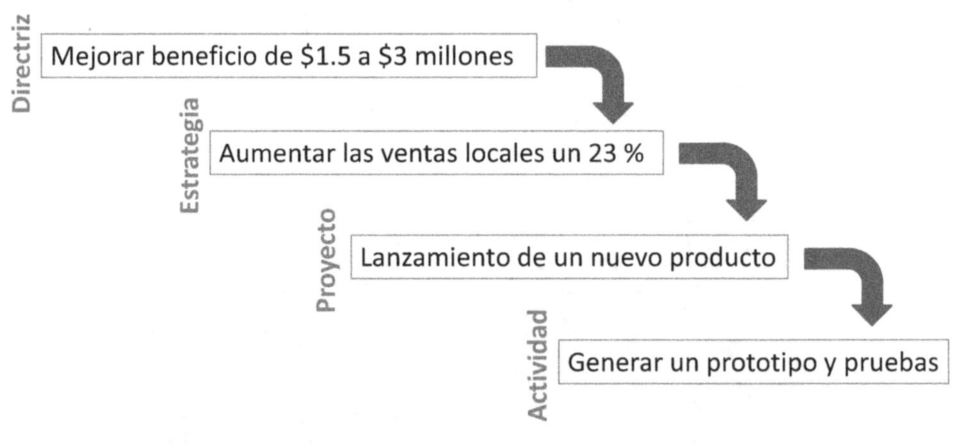

¿Qué es *hoshin kanri*?

Hoshin kanri es una herramienta gerencial para abordar cuatro preguntas fundamentales:

- **¿De qué se trata?:** visión y áreas clave de resultados.

- **¿Cómo mediremos nuestro desempeño?:** mediciones clave y objetivos.

- **¿Qué vamos a hacer?:** estrategias, planes de acción...

- **¿Cómo nos comportaremos?:** valores fundamentales.

Significado de *hoshin kanri*

Hoshin kanri

ho = Dirección

shin = Aguja

hoshin = Dirección de la aguja

方針

Hoshin kanri significa dirección y control de la organización apuntando hacia un enfoque.

kan = Control

ri = Razón o lógica

kanri = Administración, control

管理

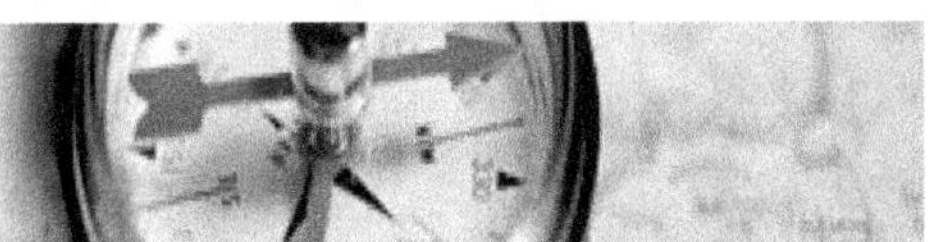

Modelo *hoshin kanri*

Años 2020-2023

Nombre de la empresa: ACME Inc.

HOSHIN KANRI

Fecha de elaboración:

Fecha de revisión:

LSSI — LEAN SIX SIGMA INSTITUTE

Filosofía

Visión: Lograr el mejor valor del mercado ofreciendo la mejor calidad al menor costo.

Misión: Satisfacción de nuestros clientes y rentabilidad sostenida, maximizando el potencial de nuestro personal y de nuestra empresa.

Valores: Honestidad, creatividad, respeto y justicia al servicio de las personas.

PLAN DE NEGOCIO		PLANIFICACIÓN ESTRATÉGICA		PLANIFICACIÓN TÁCTICA															
Directrices	Objetivos estratégicos	Estrategias	Indicadores clave (KPI)	Actividades clave / Proyectos de mejora	1	2	3	4	5	6	7	8	9	10	11	12	Avance	Líder
1. Directrices (Qué)	4. Indicadores (Cuánto)	2. Estrategias (Cómo)	4. Indicadores (Cuánto)	3. Proyectos (Cómo de estrategias)													5. Recursos (Quiénes)	

Otros términos para *hoshin kanri*

- *Hoshin planning* (Hewlett-Packard).

- Despliegue de políticas (AT&T, Infineon Technologies).

- Gestión por políticas (Texas Instruments).

- Gestión por resultados (Xerox).

- Gestión por prioridades.

- Despliegue de metas.

- Proceso *catch-ball*.

❯ Beneficios

- **Enfoca** a toda la compañía en unos cuantos objetivos *vitales*, en lugar de en muchos *triviales*.

- Crea **alineación** hacia objetivos de avance mediante la *participación* de todo el equipo directivo en el proceso de planificación.

- **Liderazgo** evidente en *todos los niveles*.

- Los **empleados** *participan* en el establecimiento de objetivos, programas de mejora y revisiones.

- Hay una **clara** línea de la *visión*.

- **Comunica** las *metas clave* a todos los niveles de gerencia y de personal.

¿Cuándo se utiliza y cuánto tiempo requiere?

- Inicio de operaciones: plan fundamental *(hoshin kanri* y tablero de puntuación o *box score).*
  - Tiempo de realización: **1 semana**
- Anualmente: actualización del plan fundamental *(hoshin kanri).*
  - Tiempo de realización: **2 - 4 días**
- **Mensualmente:** evaluación de avances globales (cuadro de mando integral o *balanced scorecard).*
  - Tiempo de realización: **1 hora**
- Semanalmente: evaluación de avances de la cadena de valor (tablero de puntuación).
  - Tiempo de realización: **30 minutos**
- Diario: evaluación de avances por hora y diario (informe de planta).
  - Tiempo de realización: **5 minutos**

Procedimiento

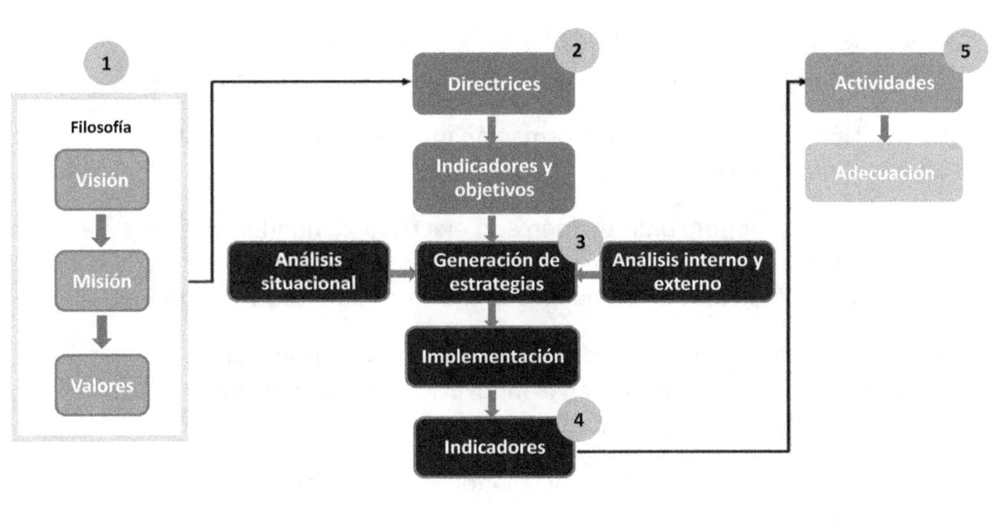

1. Establecer la filosofía de la empresa

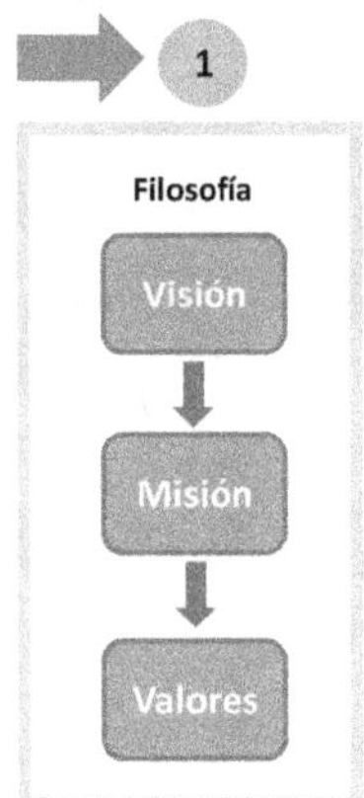

Visión
Lo que queremos ser.

Misión
¿Cuál es nuestro negocio?
¿Por qué existimos?

Valores
¿En qué creemos y cómo nos
comportamos?

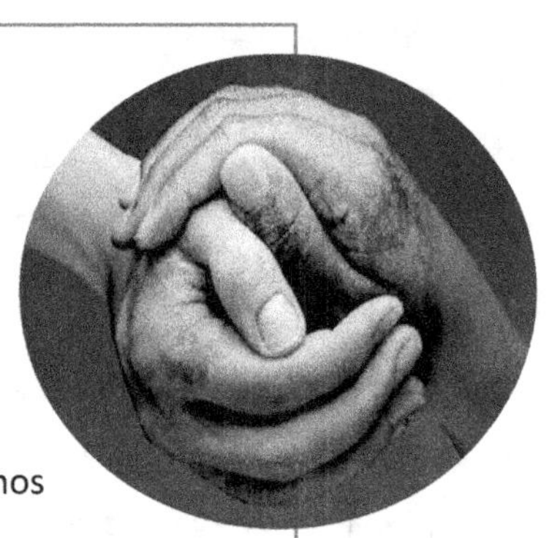

Ejemplos de visión y misión

Misión Disney: «Creamos felicidad al brindar el más exquisito entretenimiento para personas de todas las edades, en cualquier lugar».

Misión Google: «Organizar la información mundial para que resulte universalmente accesible y útil».

Misión eBay: «Proporcionar un mercado electrónico mundial en el que prácticamente cualquier persona pueda comerciar con casi cualquier producto, creando así oportunidades económicas para todo el mundo».

Visión Apple: «Ser considerados una opción viable gracias a sus soluciones y servicios basados en la innovación, la tecnología y el servicio, sin olvidar la creatividad de sus productos».

Visión Nike: «Traer la inspiración y la innovación a todos los atletas en el mundo».

Ejemplo de filosofía

Plan estratégico en una sola hoja

1 Filosofía

Año 2020-2023

Nombre de la Empresa: ACME Inc.

HOSHIN KANRI

Filosofía

Visión: Lograr el mejor valor del mercado ofreciendo la mejor calidad al menor costo.

Misión: Deleite de nuestros clientes y rentabilidad sostenida, maximizando el potencial de nuestro personal y de nuestra empresa.

Valores: Honestidad, creatividad, respeto y justicia al servicio de las personas.

Fecha de Elaboración:

Fecha de Revisión:

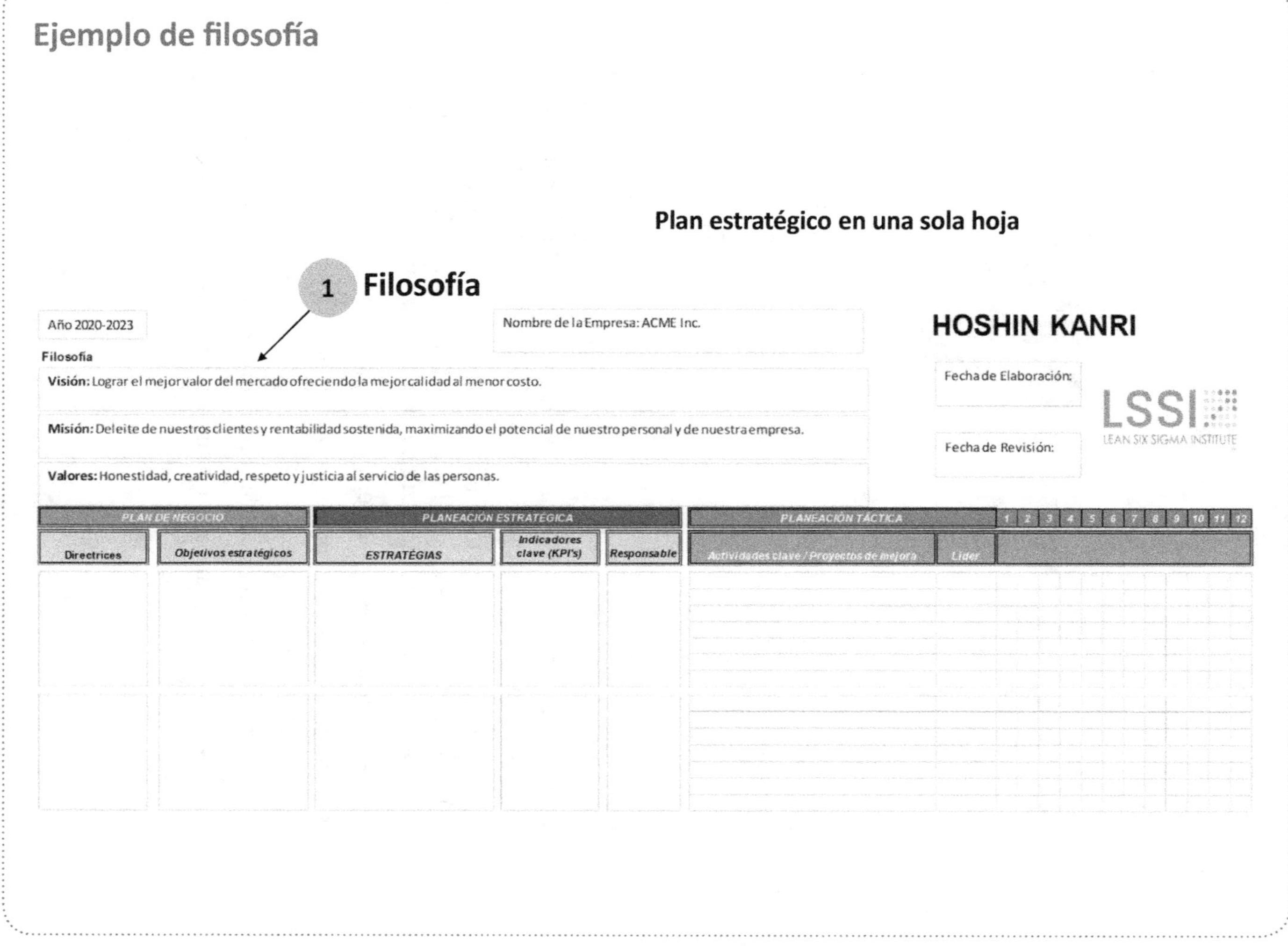

PLAN DE NEGOCIO		PLANEACIÓN ESTRATÉGICA			PLANEACIÓN TÁCTICA		1	2	3	4	5	6	7	8	9	10	11	12
Directrices	Objetivos estratégicos	ESTRATÉGIAS	Indicadores clave (KPI's)	Responsable	Actividades clave / Proyectos de mejora	Líder												

2. Establecer las directrices (los QUÉ)

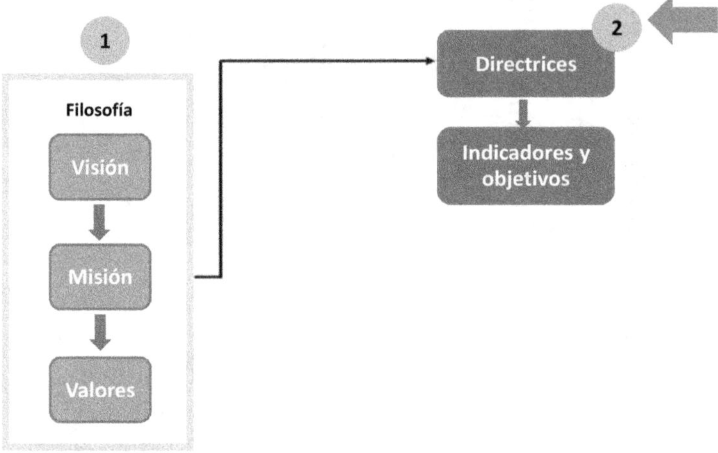

- En esta etapa se deben identificar aquellas categorías funcionales de la organización que son esenciales para su mejor funcionamiento.

- Proporciona una base para identificar las cuestiones críticas que se requieren analizar antes de establecer objetivos a corto plazo, en el marco de una visión de futuro y de objetivos a largo plazo.

- Hay que contestar a las siguientes preguntas:
    - **¿Qué** propuesta de valor esperan los clientes que les entreguemos?
    - **¿Qué** resultados espera la dirección corporativa de nosotros?
    - **¿Qué** debemos lograr para ir construyendo el estado futuro que deseamos?

Directrices: son «los QUÉ» de la organización

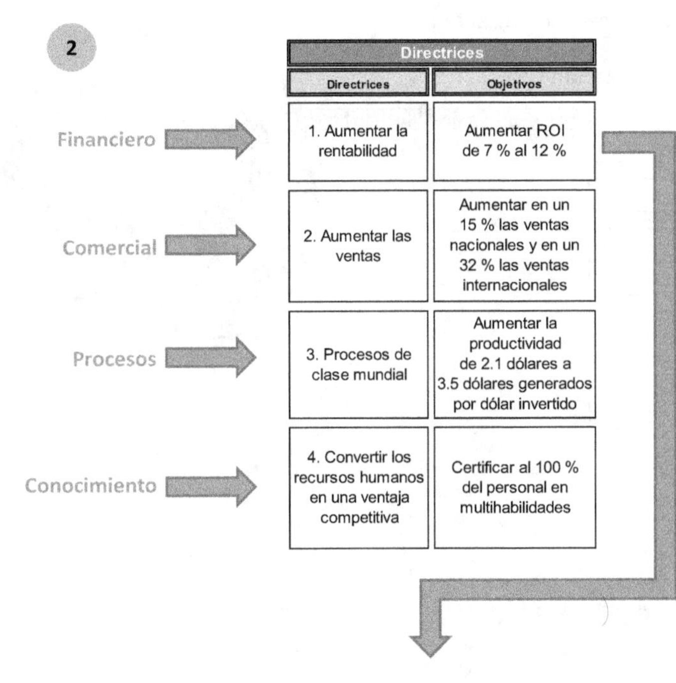

Ejemplo: Modelo DuPont

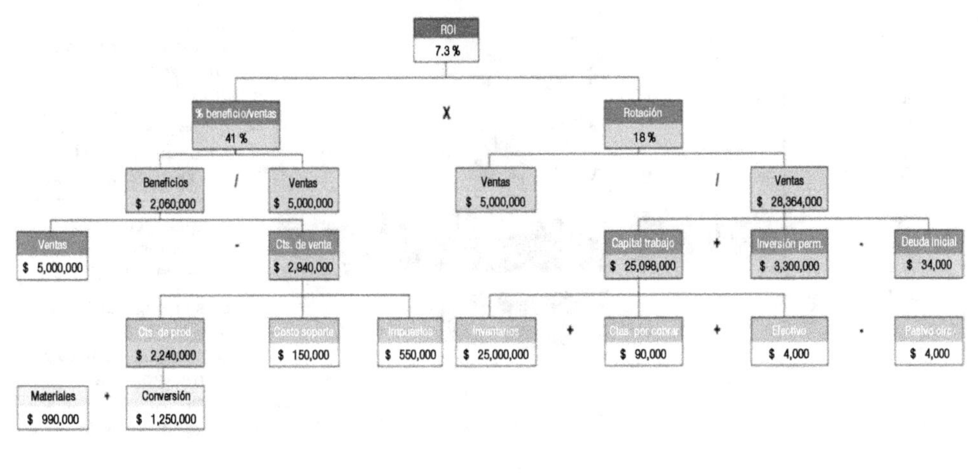

Indicadores y objetivos de las directrices

Balanced scorecard: indicador mensual directivo

Tablero de resultados de la organización

Directrices	Objetivos estratégicos	Meta	Actual (YTD)	Enero	Febrero	Marzo	Abril	Mayo	Junio	Julio
Financiero	EVA	4%								
	ROI	12%								
	RONA	18%								
	$ *Backlog*	$100.000								
	Throughput	$4.010.000								
	Flujo efectivo	$800.000								
Comercial	Beneficio	$2.060.000								
	Ventas	$5.000.000								
	NPS	78%								
	Participación de mercado	22%								
Procesos	Costo de conversión	$1.250.000								
	Costo directo	$990.000								
	Inventario	$650.000								
	Inversión total	$27.364.000								
Personas	NPS interno	90%								
	Clima organizacional	90%								
	Rotación	1%								
	Desarrollo talento	85%								

3. Generación de estrategias

- Las **estrategias** representan las acciones que se llevarán a cabo para lograr los *objetivos a medio y largo plazo.*

- Una estrategia refleja hasta qué punto la empresa entiende las relaciones clave entre acciones, contexto y desempeño organizacional.

- Está configurada para orientar a las personas encargadas de la toma de decisiones a emprender acciones que sean congruentes con su visión.

Ejemplo de generación de estrategias

Plan de negocio		Planificación estratégica	
Directrices	Objetivos estratégicos	Estrategias	Indicadores clave (KPI)
1. Aumentar la rentabilidad	Aumentar ROI de 7 % al 12 %	1.1 Incrementar beneficios/ventas un 18 % 1.2 Aumentar el retorno sobre bienes un 24 %	Beneficio/ventas Ventas/inversiones
2. Aumentar las ventas	Aumentar en un 15 % las ventas nacionales y en un 32 % las ventas internacionales	2.1 Vender servicios xyz 2.2 Aumentar la percepción del cliente 2.3 Lanzamiento de los productos en 4 meses	Ventas en $ NPS (*Net Promoter Score*) Días de lanzamiento Segmentos atacados
3. Procesos de clase mundial	Aumentar la productividad de 2.1 dólares a 3.5 dólares generados por dólar invertido	3.1 Implementar Lean Company	Nivel sigma Satisfacción del cliente OEE Días de entrega Vueltas de inventario Gastos de operación Porcentaje de rechazos (*scrap*)
		3.2 Mantener la certificación ISO 9000:2000	Número de no conformidades
		3.3 Implementar Lean Logistics	Puntualidad de entregas
4. Convertir los recursos humanos en una ventaja competitiva	Certificar al 100 % del personal en multihabilidades	4.1 Establecer programa de desarrollo de talento	Porcentaje avance del programa Porcentaje personal certificado

3

Estrategias (los CÓMO de las directrices)

Matriz FODA

Método: **Matriz FODA**	Fortalezas 1. 2. 3.	Debilidades 1. 2. 3.
Oportunidades 1. 2. 3.	Utilizar las fortalezas para aprovechar las oportunidades	Superar las debilidades al aprovechar las oportunidades
Amenazas 1. 2. 3.	Utilizar las fortalezas para evitar las amenazas	Reducir al mínimo las debilidades y evitar las amenazas

4. Indicadores

Balanced scorecard: indicador mensual

Tablero de resultados de la organización

Seguimiento al valor en planta: indicador diario

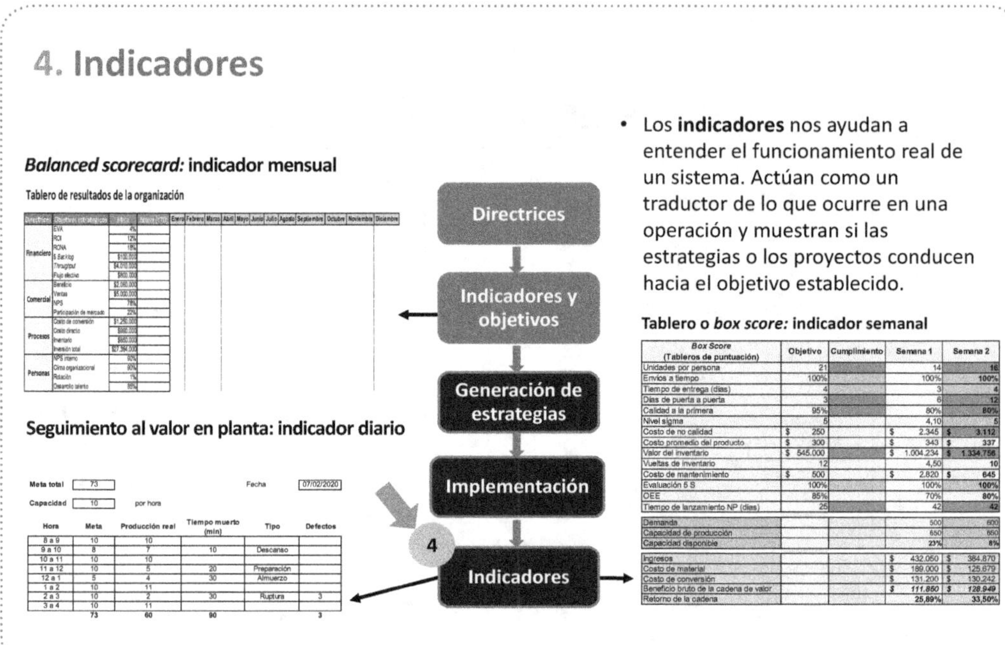

- Los **indicadores** nos ayudan a entender el funcionamiento real de un sistema. Actúan como un traductor de lo que ocurre en una operación y muestran si las estrategias o los proyectos conducen hacia el objetivo establecido.

Tablero o *box score*: indicador semanal

Box Score (Tableros de puntuación)	Objetivo	Cumplimiento	Semana 1	Semana 2
Unidades por persona	21		14	16
Envíos a tiempo	100%		100%	100%
Tiempo de entrega (días)	4		3	4
Días de puerta a puerta	3		6	12
Calidad a la primera	95%		80%	80%
Nivel sigma	5		4,10	5
Costo de no calidad	$ 250		$ 2.345	$ 3.112
Costo promedio del producto	$ 300		$ 343	$ 337
Valor del inventario	$ 545.000		$ 1.004.234	$ 1.334.756
Vueltas de inventario	12		4,50	10
Costo de mantenimiento	$ 500		$ 2.820	$ 645
Evaluación 5 S	100%		100%	100%
OEE	85%		70%	80%
Tiempo de lanzamiento NP (días)	25		42	42
Demanda			500	600
Capacidad de producción			650	650
Capacidad disponible			23%	8%
Ingresos			$ 432.050	$ 384.870
Costo de material			$ 189.000	$ 125.679
Costo de conversión			$ 131.200	$ 130.242
Beneficio bruto de la cadena de valor			$ 111.850	$ 128.949
Retorno de la cadena			25,89%	33,50%

Integración de indicadores

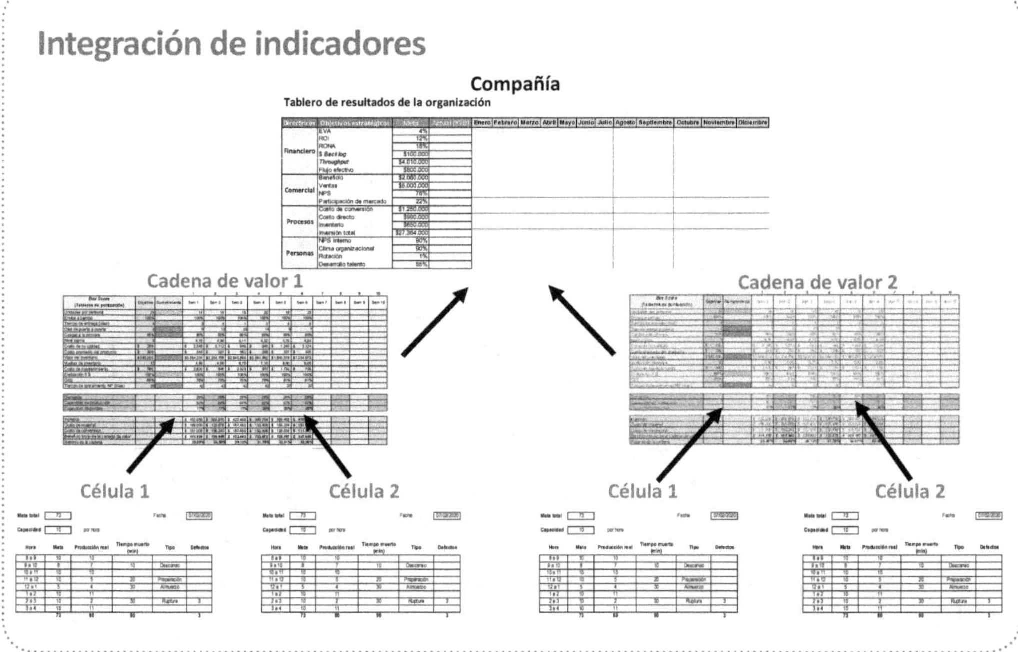

Indicador: tablero de puntuación o *box score*

Box Score (Tableros de puntuación)	Objetivo	Cumplimiento	1 Sem 1	2 Sem 2	3 Sem 3	4 Sem 4	5 Sem 5	6 Sem 6	7 Sem 7	8 Sem 8	9 Sem 9	10 Sem 10
Unidades por persona	21		14	16	18	20	19	23				
Envíos a tiempo	100%		100%	100%	100%	100%	100%	100%				
Tiempo de entrega (días)	4		3	4	1	3	4	5				
Días de puerta a puerta	3		6	12	23	14	9	7				
Calidad a la primera	95%		80%	80%	80%	85%	85%	85%				
Nivel sigma	5		4,10	4,30	4,11	4,32	4,70	4,34				
Costo de no calidad	$ 250		$ 2.345	$ 3.112	$ 645	$ 345	$ 1.245	$ 3.124				
Costo promedio del producto	$ 300		$ 343	$ 337	$ 362	$ 338	$ 337	$ 325				
Valor del inventario	$ 545.000		$3.004.234	$2.334.756	$2.945.893	$2.564.392	$1.945.678	$1.234.975				
Vueltas de inventario	12		4,50	4,00	6,70	7,10	8,30	9,00				
Costo de mantenimiento	$ 500		$ 2.820	$ 645	$ 2.323	$ 976	$ 1.733	$ 756				
Evaluación 5 S	100%		100%	100%	100%	100%	100%	100%				
OEE	85%		70%	73%	75%	79%	81%	81%				
Tiempo de lanzamiento NP (días)	25		42	42	42	42	37	37				
Demanda			29%	29%	29%	28%	28%	28%				
Capacidad de producción			54%	54%	54%	52%	52%	52%				
Capacidad disponible			17%	17%	17%	20%	20%	20%				
Ingresos			$ 432.050	$ 384.870	$ 422.456	$ 389.754	$ 389.455	$ 456.032				
Costo de material			$ 189.000	$ 125.679	$ 167.453	$ 133.456	$ 133.234	$ 197.034				
Costo de conversión			$ 131.200	$ 130.242	$ 132.000	$ 132.426	$ 128.034	$ 111.342				
Beneficio bruto de la cadena de valor			$ 111.850	$ 128.949	$ 123.003	$ 123.872	$ 128.187	$ 147.656				
Retorno de la cadena			25,89%	33,50%	29,12%	31,78%	32,91%	32,38%				

Semáforo

Atención inmediata
Lejos del objetivo planeado

Alerta
Cerca del objetivo planeado

Estamos bien
De acuerdo al objetivo planeado

- Se analizan los resultados de calidad, entrega y costos semanalmente para asegurar que se estudian y se toman decisiones cada semana.

- De esta manera, se tienen **52 oportunidades** de tomar buenas decisiones, a diferencia de solo 12 oportunidades cuando se hace mensualmente.

5. Generación de tácticas

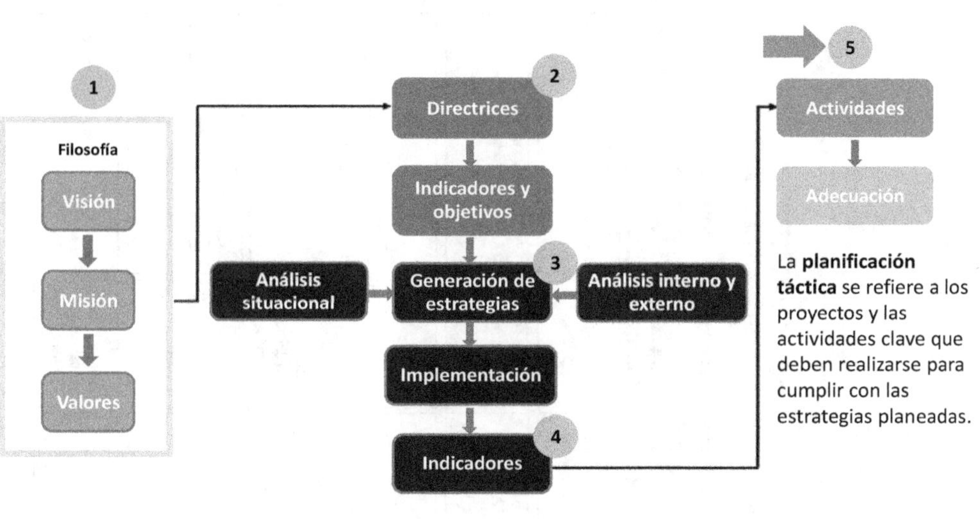

La **planificación táctica** se refiere a los proyectos y las actividades clave que deben realizarse para cumplir con las estrategias planeadas.

Ejemplo de generación de tácticas

Años 2020-2023	Nombre de la empresa: **ACME Inc.**	**HOSHIN KANRI**

Filosofía

Visión: Lograr el mejor valor del mercado ofreciendo la mejor calidad al menor costo.

Misión: Satisfacción de nuestros clientes y rentabilidad sostenida, maximizando el potencial de nuestro personal y de nuestra empresa.

Valores: Honestidad, creatividad, respeto y justicia al servicio de las personas.

Fecha de elaboración:

Fecha de revisión:

PLAN DE NEGOCIO		PLANIFICACIÓN ESTRATÉGICA		PLANIFICACIÓN TÁCTICA														
Directrices	Objetivos estratégicos	Estrategias	Indicadores clave (KPI)	Actividades clave / Proyectos de mejora	1	2	3	4	5	6	7	8	9	10	11	12	Avance	Líder
1. Aumentar rentabilidad	Aumentar ROI de 7 a 12%	1.1 Incrementar utilidad/ventas al 18%	Ut/ventas	1.1 Reducir inventarios														
		1.2 Aumentar el retorno sobre bienes al 24%	Ventas/inversiones	1.2 Mejorar utilización de nuestras inversiones														
				1.3 Reducir los costos sin sacrificar calidad														
				1.4 Lograr un costeo ágil para detectar variaciones														
2. Aumentar ventas	Aumentar en 15% ventas nacionales y 32% ventas internacionales	2.1 Vender servicios xyz	Ventas en $	2.1.1 Diseñar paquetes de servicio al cliente														
		2.2 Aumentar percepción del cliente	NPS	2.1.2 Analizar frecuencia de compra y detectar tendencias														
		2.3 Lanzamiento productos en 4 meses	Días de lanzamiento	2.1.2 Implementar SCRUM para desarrollo de productos														
			Segmentos atacados	2.3.1 Introducir ingeniería concurrente y DFSS														
3. Procesos de clase mundial	Aumentar la productividad de 2.1 a 3.5 dólares generados por dólar invertido	3.1 Implementar Lean Company	Nivel sigma	3.1.1 Entrenamiento a personal en seis sigma														
			Satisfacción del cliente	3.1.2 Certificación de BB y GB														
			OEE	3.1.3 Entrenamiento directivo														
			Días de entrega	3.1.2 Implementación piloto en área A														
			Vueltas de inventario	3.1.2 Certificar al personal en multihabilidades a operadores														
			Gastos de operación	3.1.3 Automatizar proceso C														
			% scrap	3.1.4 Implementar TPM en área piloto														
				3.1.5 Implementar flujo continuo en piloto														
				3.1.6 Implementar SMED en área piloto														
		3.2 Mantener la certificación ISO 9000:2000	Número de no conformidades	3.2.1 Realizar auditorías internas														
				3.2.2 Implementar sistema de mejora														
		3.3 Implementar Industry 4.0	Puntualidad de entregas	3.3.1 Entrenamiento de certificación														
				3.3.2 Inteligencia artificial en el sistema comercial														
				3.3.3 Realidad aumentada en procesos de soporte														
4. Convertir al RH en una ventaja competitiva	Certificar al 100% del personal en multihabilidades	4.1 Establecer programa de desarrollo de talento	% avance del programa % personal certificado	4.1.1 Hacer diagnóstico de clima organizacional														
				4.1.2 Entrenar entrenadores														
				4.1.3 Desarrollar materiales de entrenamiento														
				4.1.4 Realizar implementación piloto														

Ejemplo de generación de tácticas

Planificación táctica														
Actividades clave / Proyectos de mejora	1	2	3	4	5	6	7	8	9	10	11	12	Avance	Líder
1.1 Reducir inventarios														
1.2 Mejorar utilización de las inversiones														
1.3 Reducir costos sin sacrificar calidad														
1.4 Lograr un costeo ágil para detectar variaciones														
2.1.1 Diseñar paquetes de servicio al cliente														
2.1.2 Analizar la frecuencia de compra y detectar tendencias														
2.1.2 Implementar Scrum para el desarrollo de productos														
2.3.1 Introducir ingeniería concurrente y DFSS														
3.1.1 Entrenaniento a personal en Six Sigma														
3.1.2 Certificación de BB y GB														
3.1.3 Entrenamiento directivo														
3.1.2 Implementación piloto en el área A														
3.1.2 Certificar al personal en multihabilidades														
3.1.3 Implementar 5 S en la planta 1														
3.1.4 Implementar TPM en el área														
3.1.5 Implementar flujo continuo en el área piloto														
3.1.6 Implementar SMED en el área piloto														
3.2.1 Realizar auditorías internas														
3.2.2 Implementar sistema de mejora														
3.3.1 Implementar Lean planeación														
3.3.2 Implementar Lean almacenes														
3.3.3 Implementar Lean compras														
4.1.1 Hacer diagnóstico del clima organizacional														
4.1.2 Entrenar a entrenadores														
4.1.3 Desarrollar materiales de entrenamiento														
4.1.4 Realizar entrenamiento piloto														

5 → Tácticas: proyectos

- Una vez que se ha definido la planificación táctica, se trabaja en el desarrollo de los proyectos.

- Para asegurar que la estrategia se ejecute, se deben realizar exitosamente dichos proyectos, mediante un sistema de gestión ágil conocido como **SCRUM**.

Nota: *SCRUM* es una herramienta que se verá en la certificación *Black Belt*.

Estructura por cadenas de valor

El trabajo en equipo es posible si la estructura lo permite.
Agregar valor es el objetivo de todos.

Objetivos

1. Entender cómo se diseñarán las empresas del futuro por cadenas de valor.
2. Mostrar cómo se desarrollan equipos autodirigidos.
3. Comprender los conceptos básicos de la contabilidad Lean en las cadenas de calor.

Contenidos

> Antecedentes
> ¿Qué son las estructuras por cadenas de valor?
> ¿Para qué sirven las cadenas de valor?
> ¿Quiénes participan?
> Procedimiento
> Ejemplo

Antecedentes

Las empresas que han decidido ser ágiles para responder a las necesidades del mercado, deben considerar que para lograrlo necesitan:

- Comunicación efectiva.
- Organización simple y ágil.
- Trabajo en equipo.

No es suficiente un buen plan estratégico

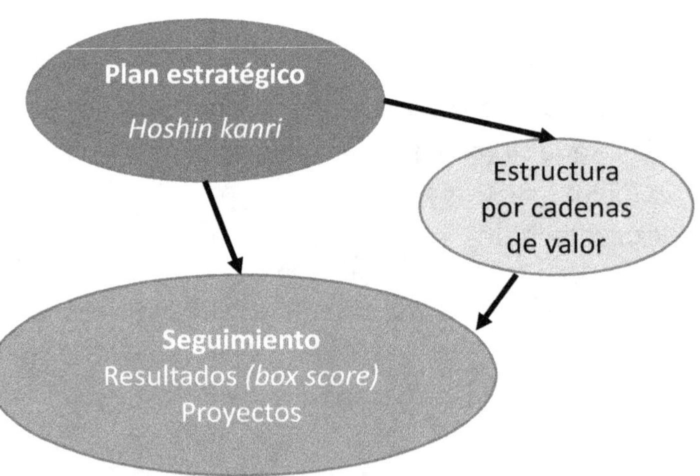

- Tradicionalmente, las empresas se organizaban en departamentos y utilizaban estructuras similares a las de familias, es decir, que utilizaban los árboles genealógicos como referencia.

- Actualmente muchas empresas se siguen organizando de esta manera.

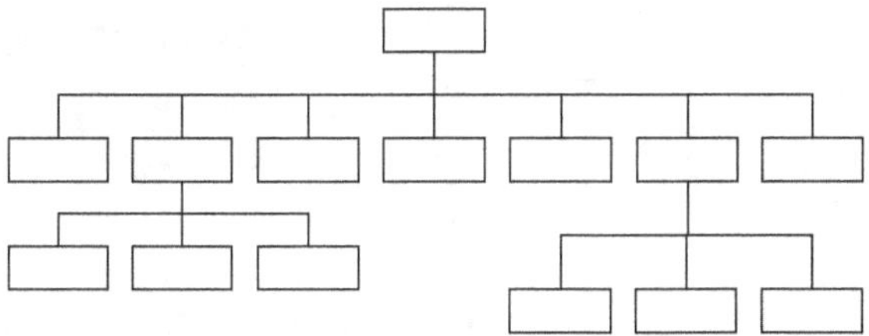

- Estos sistemas funcionaban relativamente bien en estructuras de elevado volumen de producción y poca cantidad de servicios o productos.

Ejemplo de estructura tradicional

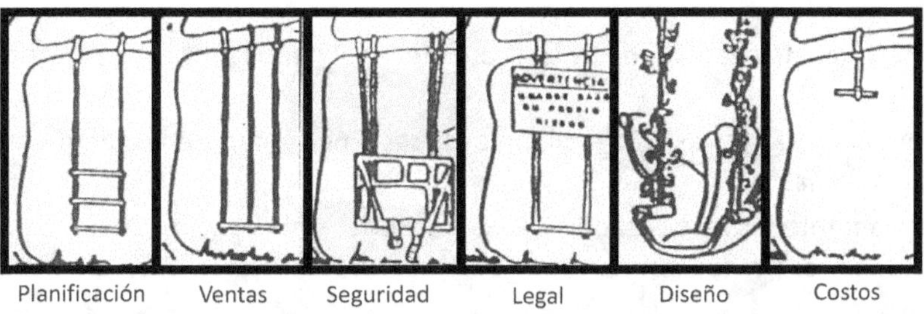

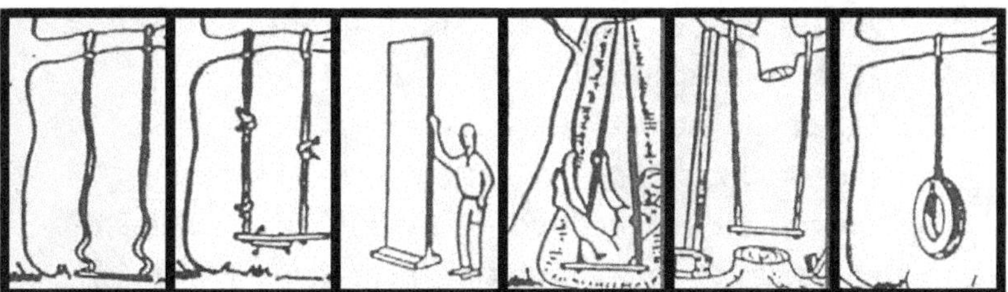

Tipos de estructuras organizacionales

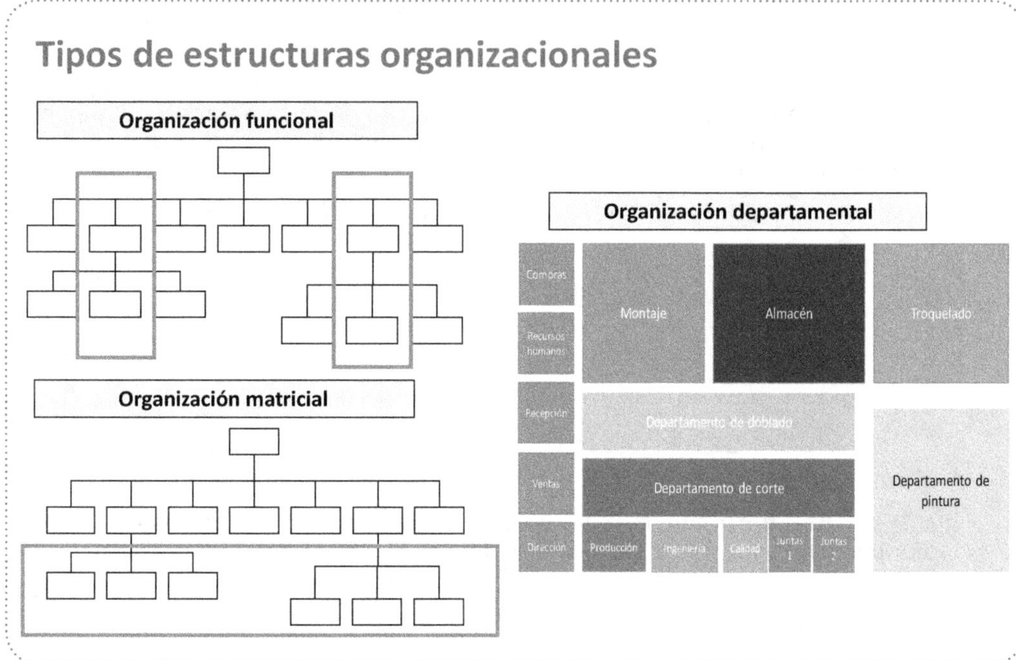

Conclusiones

▸ Los directivos delegaban poco y trataban de resolver los problemas de todos los niveles.

▸ Las personas operativas solo recibían ordenes y no siempre entendían porqué hacían las cosas.

▸ Muy raramente los responsables de las funciones del negocio podían responder a las siguientes preguntas:

- ¿Cuál es la velocidad a la que los clientes compran? *(takt-time).*
- ¿Cuál es la capacidad del proceso?
- ¿En dónde están las restricciones?
- ¿Los productos o servicios se entregan a tiempo?
- ¿Se cumple la meta de costos y se está ganando dinero?
- ¿Todas las personas involucradas saben lo mismo?

¿Qué son las estructuras por cadenas de valor?

- Son **unidades de negocio** compuestas por todos los responsables directos de las actividades de una familia de productos o servicios.

- Toman decisiones y entregan resultados de principio a fin del proceso.

- Tienen personal multidisciplinario.

- Cada cadena de valor se analiza mediante un mapa (VSM), donde se visualiza el flujo de información, las actividades y los materiales de un proceso.

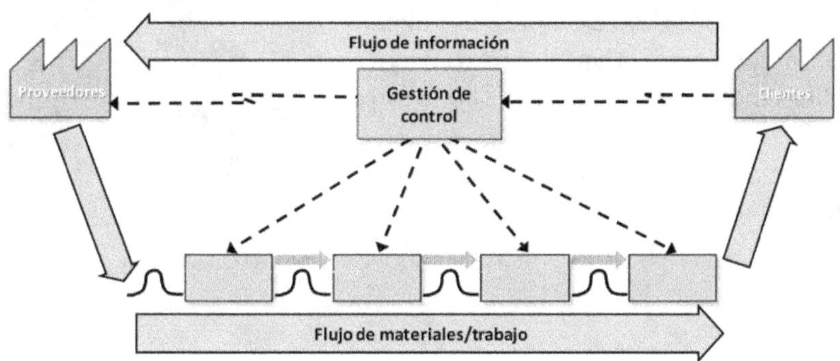

Estructura por cadenas de valor

Equipo gerencial

Cadena de valor 1

Cadena de valor 2

Cadena de valor 3

| Desarrollo de negocios | Desarrollo de productos | Desarrollo humano | Administración y finanzas | Sistemas de información | Calidad | Mantenimiento |

Cada cadena de valor representa a una familia de producto o servicio.

¿Para qué sirven las cadenas de valor?

- Eliminar la burocracia que impide desarrollar negocios exitosos y en los que sea un placer el trabajo.

- Dar tiempo a la dirección para planificar, analizar las perspectivas del negocio y dedicar mas energía al desarrollo futuro.

- Permitir que estrategias como Lean Six Sigma sean exitosas.

¿Quiénes participan

Nivel 3: Los propietarios de la empresa y la dirección

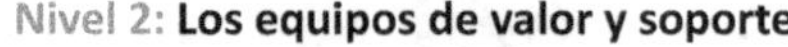

Nivel 2: Los equipos de valor y soporte

Nivel 1: Los equipos de producción o servicio

LSSI
LEAN SIX SIGMA INSTITUTE

Procedimiento

1. Definir el personal del **nivel 1** y capacitarlo en sus roles (trabajo estándar).
2. Definir el personal del **nivel 2** y capacitarlo en sus roles (trabajo estándar de líderes).
3. Diseñar la oficina de valor y tableros para las revisiones de cada nivel *(andon,* trabajo estándar de líderes, etc.).
4. Analizar el desempeño de la cadena de valor:

   A. Actualizar el tablero de puntuación *(box score)* y los tableros de planta.

   B. Análisis de costos de la cadena de valor.
5. Diseñar cómo trabajará el **nivel 3** (equipo directivo), si el piloto fue exitoso en la fase de despliegue.

1. Definir el personal de nivel 1 y capacitarlo en sus roles

Responsabilidades del nivel 1

▸ **Equipos de producción o servicio: operadores, encargados de material, técnicos y líderes.**

- Se reúnen al principio y final de cada turno.
- Planifican su día y analizan su progreso hora por hora.
- Toman decisiones en equipo.
- Analizan sus resultados diariamente.
- Resuelven problemas.

Actualizan tablero de nivel 1

Meta   73 unidades   **Fecha:** 02/07/19
Capacidad   10 unidades por hora

Hora	Meta	Real	Acumulado	Tiempo muerto (min)	Tipo	Defectos
8 a 9	10	10	10			
9 a 10	8	7	17	10	Descanso	
10 a 11	10	10	27			
11 a 12	10	5	32	20	Preparación	
12 a 1	5	4	36	30	Almuerzo	
1 a 2	10	11	47			
2 a 3	10	2	49	30	Ruptura	3
3 a 4	10	11	60			
Totales	**73**	**60**		**90**		**3**

2. Definir personal del nivel 2 y capacitarlo en sus roles

Responsabilidades del nivel 2

▸ **Equipos de valor y soporte: gerencia de cadena de valor, finanzas, servicio al cliente, ventas, planificación, ingeniería, calidad y áreas de soporte.**

- Trabajan en la oficina de valor.
- Planifican semanalmente y revisan tablero de puntuación.
- Se reúnen a diario para analizar sus compromisos, rentabilidad, posibles problemas y requisitos.
- Analizan resultados diarios.
- Toman decisiones.
- Resuelven problemas de nivel 2.
- Apoyan al nivel 1.

▸ **Áreas de soporte: calidad, mantenimiento, sistemas, etc.**

- Trabajan en sus procesos como proveedores de servicios internos.
- Planifican semanalmente.
- Se reúnen a diario para analizar sus compromisos, obstáculos, etc.
- Toman decisiones sobre acciones.
- Resuelven problemas de nivel 2.

Cada cadena de valor o área de soporte debe tener un tablero como el siguiente:

Cadena de valor: nombre

Estrategia

Nuestro proceso

Nuestro futuro

Resultados

Calidad	Costo	Entrega
Calidad a la primera %/ppm	Productividad por persona	Entregas a tiempo %
Rechazos del cliente %/ppm	Costo de calidad	Tiempo de cambio
Hoja de seguimiento a actividades	Hoja de seguimiento a actividades	Hoja de seguimiento a actividades

Estructura

Análisis *Mu* oportunidades

1. Desbalance 54 %
2. Sobre inventario 1,000,000
3. Transportes 2 km
4. Movimientos 14 km
5. Defectos 9 %
6. Sobrecarga: 560 horas extra
7. Variabilidad: Cpk = 1.1
8. OEE 49 %
9. Tiempos cambio > 4 horas

Programa eventos

1. Evento TPM 5 abril
2. Evento SMED 22 mayo
3. Evento m. celular   1 junio
4. Evento ahorro energía 2 julio
5. Sigma Kaizen 16 julio

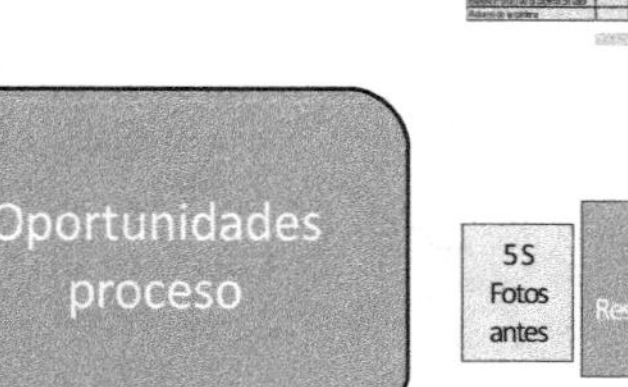

Des. talento

Oportunidades por hacer

Oportunidades proceso

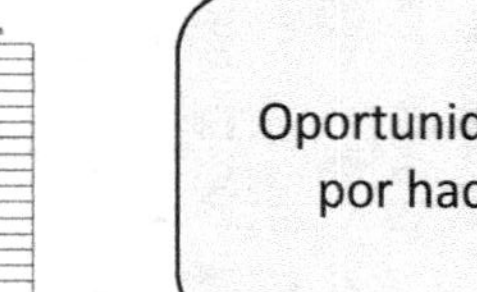

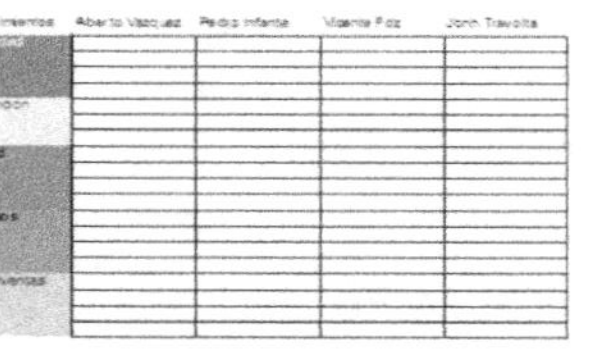

LSSI
LEAN SIX SIGMA INSTITUTE

3. Diseñar la oficina de valor y los tableros para las revisiones de cada nivel

Se debe seleccionar un área (**oficina de valor**) en la que los integrantes del equipo de la cadena de valor trabajen.

La sala debe tener:
- Visibilidad a las áreas que generan valor.
- Ubicación estratégica.
- Buena iluminación.
- Estaciones de trabajo para cada integrante.
- Una mesa de reuniones en el centro de la sala.
- Pantalla y proyector.
- Pizarrón para escribir.

Los responsables de la cadena de valor trabajan al 100 % en la **oficina de valor**, con momentos definidos para la revisión de resultados, el análisis y la toma de decisiones.

Responsables y áreas que participan:
- Gerencia de la cadena de valor.
- Ventas.
- Planificación o responsable de compras.
- Responsable de finanzas.
- Ingeniería de procesos.
- Ingeniería de calidad.
- Ingeniería de equipos.

4. Analizar el desempeño de la cadena de valor

A. Actualizar el tablero de puntuación *(box score)*

Box score proporciona:

- Mediciones esbeltas que reemplazan a las tradicionales.

- Métodos para identificar los impactos financieros de las mejoras Lean.

- Un mejor modo de entender el costo de los productos y el costo de cada cadena de valor *(value stream)*.

- Nuevas maneras de tomar decisiones relacionadas con el precio y la rentabilidad.

- Mejores formas de decidir entre comprar o fabricar.

- Una manera de enfocar el negocio alrededor del valor creado por los clientes.

Box Score (tablero de puntuación)	Sem 1	Sem 2	Sem 3	Sem 50
Unidades por persona	14	16	18	20
Envíos a tiempo	100%	100%	100%	100%
Tiempo de entrega (días)	3	4	1	3
Días de puerta a puerta	6	12	23	14
Calidad a la primera	80%	80%	80%	85%
Nivel sigma	4,10	4,30	4,11	4,32
Costo de no calidad	$ 2.345	$ 3.112	$ 645	$ 345
Costo promedio del producto	$ 343	$ 337	$ 362	$ 338
Valor del inventario	$ 3.004.234	$ 2.334.756	$ 2.945.893	$ 2.564.392
Vueltas de inventario	4,50	4,00	6,70	7,10
Costo de mantenimiento	$ 2.820	$ 645	$ 2.323	$ 976
Evaluación 5 S	100%	100%	100%	100%
OEE	70%	73%	75%	79%
Tiempo de lanzamiento NP (días)	42	42	42	42
Demanda	29%	29%	29%	28%
Capacidad de producción	54%	54%	54%	52%
Capacidad disponible	17%	17%	17%	20%
Ingresos	$ 432.050	$ 384.870	$ 422.456	$ 389.754
Costo de material	$ 189.000	$ 125.679	$ 167.453	$ 133.456
Costo de conversión	$ 131.200	$ 130.242	$ 132.000	$ 132.426
Beneficio bruto de la cadena de valo	$ *111.850*	$ *128.949*	$ *123.003*	$ *123.872*
Retorno de la cadena	25,89%	33,50%	29,12%	31,78%

- Cada semana se actualiza el tablero de puntuación para identificar oportunidades y saber si se han alcanzado las metas establecidas.

- La reunión de *box score* se realiza cada semana con todos los miembros de la cadena de la valor.

LSSI.
LEAN SIX SIGMA INSTITUTE

B. Análisis de costos de la cadena de valor

Costo tradicional

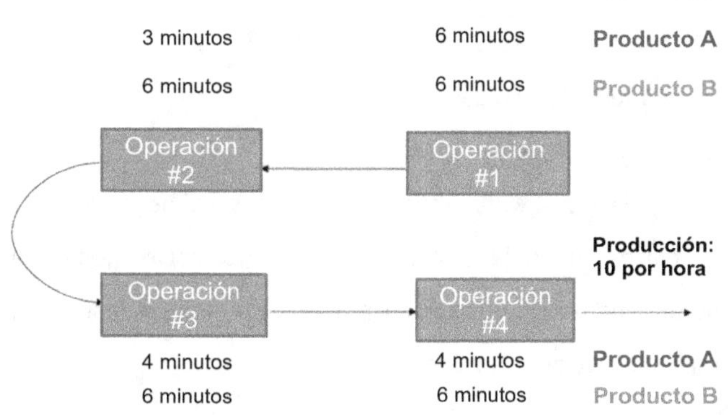

Lean Accounting

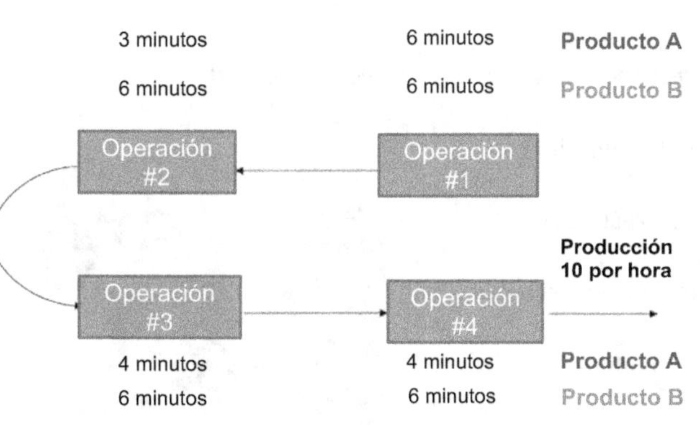

Beneficios de Lean Accounting

- Eliminar desperdicios de los procesos administrativos y contables.
- Entender los costos reales de los productos o servicios.
- Desarrollar mejores estrategias de mercadotecnia y ventas.
- Integrar a los miembros de las cadenas de valor en un solo objetivo.
- Orientar la toma de decisiones en relación al valor creado a los clientes y al negocio.
- Entregar estados financieros en plazos semanales que contengan la información necesaria.
- Eliminar burocracia que impide una mejor comunicación y por lo tanto mejores resultados.
- Calcular los beneficios de la implementación Lean Company.

5. Diseñar cómo trabajará el nivel 3 (equipo directivo), si el piloto fue exitoso

Responsabilidades del nivel 3

› **Gerentes de cadena de valor, gerentes de soporte y dirección general.**

- Trabajan en la planificación y el seguimiento estratégico.
- Planifican anualmente y revisan resultados mensualmente.
- Se reúnen semanalmente para tomar decisiones, si es necesario.
- Buscan oportunidades fuera del negocio.
- Resuelven problemas de nivel 3.
- Apoyan al nivel 2.
- Realizan caminatas *gemba* (en los procesos) continuamente.

LSSI
LEAN SIX SIGMA INSTITUTE

Tablero de resultados de la organización

Directrices	Objetivos estratégicos	Meta	Actual (YTD)	Enero	Febrero	Marzo	Abril	Mayo	Junio	Julio	Agosto	Septiembre	Octubre	Noviembre	Diciembre
Financiero	EVA	4%													
	ROI	12%													
	RONA	18%													
	$ Backlog	$100.000													
	Throughput	$4.010.000													
	Flujo efectivo	$800.000													
Comercial	Beneficio	$2.060.000													
	Ventas	$5.000.000													
	NPS	78%													
	Participación de mercado	22%													
Procesos	Costo de conversión	$1.250.000													
	Costo directo	$990.000													
	Inventario	$650.000													
	Inversión total	$27.364.000													
Personas	NPS interno	90%													
	Clima organizacional	90%													
	Rotación	1%													
	Desarrollo talento	85%													

Cuadro de mando integral

Situación inicial

Centros de trabajo individual

En la empresa ACME se tenía una estructura
de trabajo departamental y oficinas separadas.
Las personas solo trabajaban en grupo cuando
se reunían en la sala de juntas.

Estructura departamental

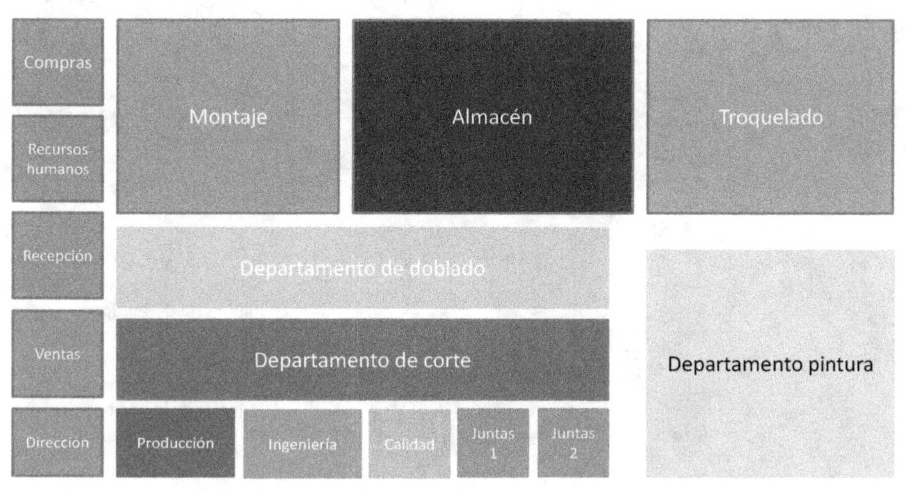

Definición de la cadena de valor piloto

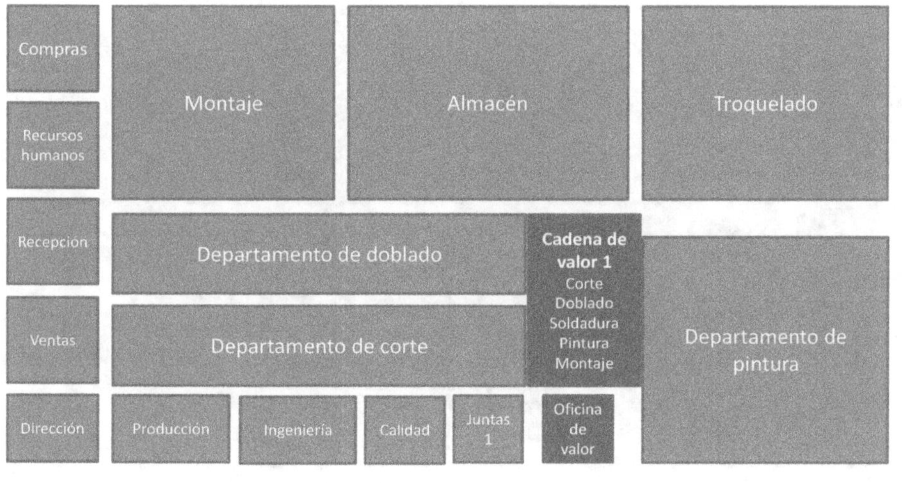

Miembros y áreas que participan
Gerencia de la cadena de valor
Ingeniería de equipos
Ingeniería de materiales
Ingeniería de procesos
Responsable de formación
Ingeniería de costos
Planificación-Compras

Despliegue de todas las cadena de valor

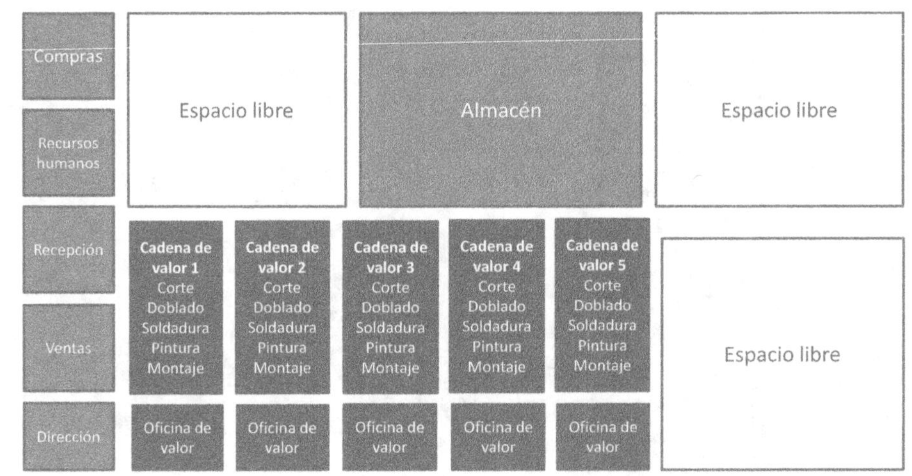

Desarrollo de talento

*«Sabio no es el que sabe mucho, sino el que aplica
lo poco que sabe.»*

Platón

Objetivos

1. Entender la importancia del programa de desarrollo de
   talento dentro de una organización.
2. Comprender el modelo de entrenamiento basado en el
   método de 4 pasos de la instrucción de trabajo.
3. Aprender un método creativo e inteligente para
   transmitir el conocimiento.

Contenidos

> Introducción
> Antecedentes
> ¿Qué es desarrollo de talento?
> Elementos clave
> ¿Cuándo implementar desarrollo de talento?
> Procedimiento para desarrollar el talento
> Beneficios
> Ejercicio

Introducción

- Muchos problemas de **calidad**, **comunicación** y **productividad** no se deben a la falta de tecnología o recursos especiales.

- Lo que realmente se necesita es suficiente tiempo dedicado a **enseñar**, **aprender** y **practicar**.

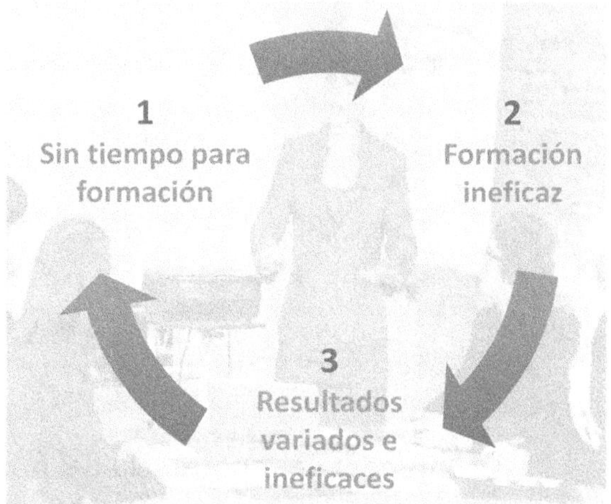

Las personas son el elemento más importante

- Solo las personas pueden **pensar** en cómo resolver los problemas o cómo desarrollar mejoras.

- Solo las personas pueden **entender** a los clientes.

- Solo las personas pueden **mantener** los procesos.

El conocimiento crea el entendimiento, pero solo la práctica crea la confianza.

- Cuando Estados Unidos entró en la Segunda Guerra Mundial y envió a sus jóvenes al frente, tuvo que seguir produciendo suministros para la guerra y los insumos que el país necesitaba.

- La nueva fuerza laboral, formada en gran parte por amas de casa, no necesariamente eran las personas mejor preparadas para cubrir los puestos vacantes.

- El gobierno impulsó el programa *Training Within Industry* (TWI) para entrenar al personal no cualificado, que sustituiría a los trabajadores que iban al frente.

- El programa TWI preparó formadores que pudieran formar al personal, en cualquier tipo de industria, para desempeñar su puesto de manera eficaz.

- El programa estuvo dirigido a: encargados, supervisores, responsables, ayudantes, jefes de equipo y gerentes.

- Gerentes y supervisores fueron formados en tres áreas de habilidades básicas:
  - Instrucción.
  - Mejora.
  - Liderazgo.

TWI: un programa olvidado

- Al terminar la Segunda Guerra Mundial, Estados Unidos no dio continuidad al programa TWI.

- No se volvió a fomentar el sistema de enseñanza entre las empresas estadounidenses.

Toyota reinicia el camino

- Toyota contrató a uno de los desarrolladores del programa TWI y lo reinventó.

- Toyota produce vehículos y también personas con talento.

- Los procesos están diseñados para ser analizados y enseñados por los líderes, que son quienes retan al sistema continuamente.

¿Qué es desarrollo de talento?

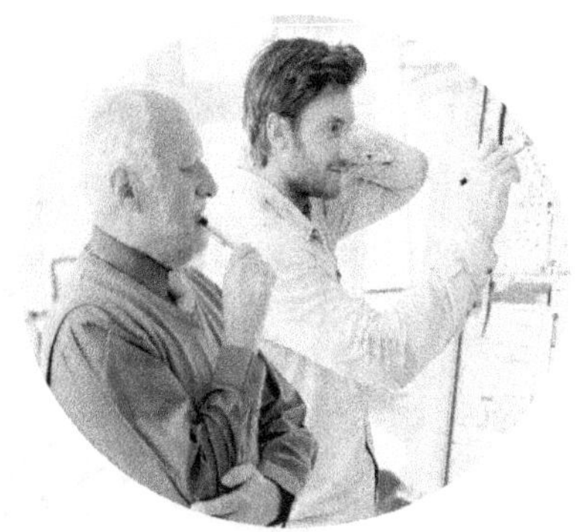

- El desarrollo del talento es una metodología utilizada para desarrollar una **cultura de aprendizaje** al *atraer*, *capacitar* y *retener* empleados.

Elementos clave

Componentes de TWI

Método de los 4 pasos de Charles Allen	TWI			Ciclo PDCA	Método científico
	Instrucción de trabajo	Método de trabajo	Relaciones de trabajo		
Preparación	Preparar al trabajador	Desglosar el trabajo	Obtener los datos	**Planear.** Observar datos y realidad; decidir sobre un problema; definición.	Observación y descripción
Presentación	Presentar la operación	Cuestionar cada detalle	Evaluar y decidir	**Hacer.** Analizar el problema; proponer una contramedida.	Formulación de una hipótesis
Aplicación	Probar el desempeño	Desarrollar un nuevo método	Tomar acciones	**Revisar.** Probar la contramedida; comprobar los resultados.	Uso de hipótesis para hacer predicciones
Prueba	Dar seguimiento	Aplicar el nuevo método	Revisar resultados	**Actuar.** Si tiene éxito, estandarizar el cambio; si no, iniciar el ciclo.	Probar las predicciones mediante experimentos

¿Cuándo implementar desarrollo de talento?

- En el momento que una empresa se pone en funcionamiento.

- Cuando existe algún proceso en el que no se ha desarrollado un procedimiento para enseñar y aprender.

1. Preparar a la organización.

2. Identificar el conocimiento crítico.

3. Transferir el conocimiento.

4. Verificar aprendizaje y éxito.

1. Preparar a la organización

Evaluar necesidades

- Desarrollar la estrategia *(hoshin kanri)* para centrarse en el conocimiento crítico.

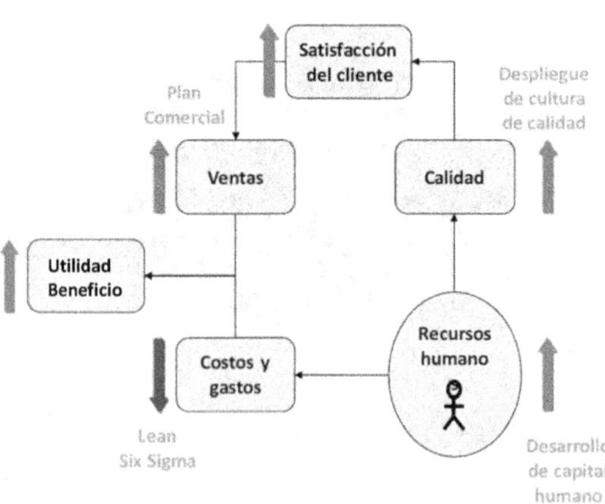

- De acuerdo con los resultados del tablero de puntuación, definir dónde se requiere la formación.

- Los resultados determinarán las áreas de enfoque para el **desarrollo del talento**.

Box Score (Tableros de puntuación)	Sem 1	Sem 2	Sem 3	Sem 50
Unidades por persona	14	16	18	20
Envíos a tiempo	100%	100%	100%	100%
Tiempo de entrega (días)	3	4	1	3
Días de puerta a puerta	6	12	23	14
Calidad a la primera	80%	80%	80%	85%
Nivel sigma	4,10	4,30	4,11	4,32
Costo de no calidad	$ 2.345	$ 3.112	$ 645	$ 345
Costo promedio del producto	$ 343	$ 337	$ 362	$ 338
Valor del inventario	$ 3.004.234	$ 2.334.756	$ 2.945.893	$ 2.564.392
Vueltas de inventario	4,50	4,00	6,70	7,10
Costo de mantenimiento	$ 2.820	$ 645	$ 2.323	$ 976
Evaluación 5 S	100%	100%	100%	100%
OEE	70%	73%	75%	79%
Tiempo de lanzamiento NP (días)	42	42	42	42
Demanda	29%	29%	29%	28%
Capacidad de producción	54%	54%	54%	52%
Capacidad disponible	17%	17%	17%	20%
Ingresos	$ 432.050	$ 384.870	$ 422.456	$ 389.754
Costo de material	$ 189.000	$ 125.679	$ 167.453	$ 133.456
Costo de conversión	$ 131.200	$ 130.242	$ 132.000	$ 132.426
Beneficio bruto de la cadena de valor	$ 111.850	$ 128.949	$ 123.003	$ 123.872
Retorno de la cadena	25,89%	33,50%	29,12%	31,78%

2. Identificar los conocimientos clave

Solo el 20 % del conocimiento es crítico para generar el 80 % de los resultados.

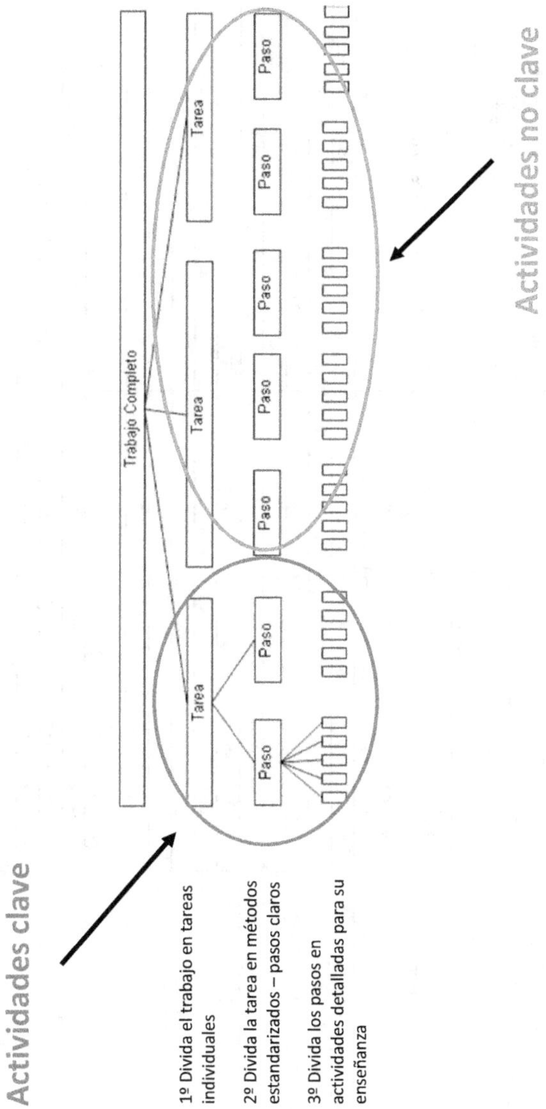

Actividades clave

1º Divida el trabajo en tareas individuales

2º Divida la tarea en métodos estandarizados – pasos claros

3º Divida los pasos en actividades detalladas para su enseñanza

Actividades no clave

Identificar el conocimiento clave

El conocimiento clave se debe de documentar en un formato de instrucción de trabajo.

Hoja de desglose de trabajo		Líder del equipo	Hector Ruiz
		Supervisor	Javier Gonzalez
Área Moldeado de parachoques	**Trabajo** Operador de moldeado de parachoques	Elaborado por	Pedro Avila
	Desmolde	Fecha	08/08/2008

Pasos importantes	Puntos clave	Razones para los puntos clave
	Seguridad Evitar lesiones, ergonomía, puntos de peligro **Calidad** Evitar defectos, revisar puntos, estándares **Técnica** Movimiento eficiente, método especial **Costo** Uso apropiado de los materiales	
Paso # 1	1. Agarre las partes superior y trasera	1. Fácil de tener un lugar en donde asirlo
	2. Tire hacia fuera 5.08 a 12.70 centímetros	2. Menos no funciona, más causará un pliegue
Desmoldear el lado derecho del parachoques	3. Tire hacia abajo despues de estirar hacia fuera	3. Libera el lado del molde
Paso # 2	1. Empuje hacia abajo con la mano izquierda en medio	1. Libera el centro del parachoques
	2. Mantenga el brazo derecho extendido	2. Tirar del lado derecho al centro causa pliegues
Desmoldear el centro del parachoques		
Paso # 3	1. Utilice el pulgar izquierdo para empujar a lo largo del borde del parachoques	1. Movimiento despegando el parachoques del molde
	2. Haga presión en el pliegue del pulgar	2. Presión en la punta causara una lesión
Desmoldear el lado izquierdo del parachoques	3. Empuje hacia el lado izquierdo fuera del molde	3. Liberar el lado izquierdo del parachoques
	4. Agarre el borde superior cuando se libere el parachoques	4. Sostenerlo correctamente previniendo defectos
Paso # 4	1. Mantenga extendidos los brazos	1. Juntar los brazos plegará el parachoques
	2. Asegúrese que la compuerta no está doblada debajo	2. La compuerta se distorsionará causando sobrante
Colocar en la instalación para el recorte	3. El nido de recorte debe estar libre de desechos	3. Cualquier desecho causa abolladura y sobrantes
Paso # 5		

3. Transferir el conocimiento

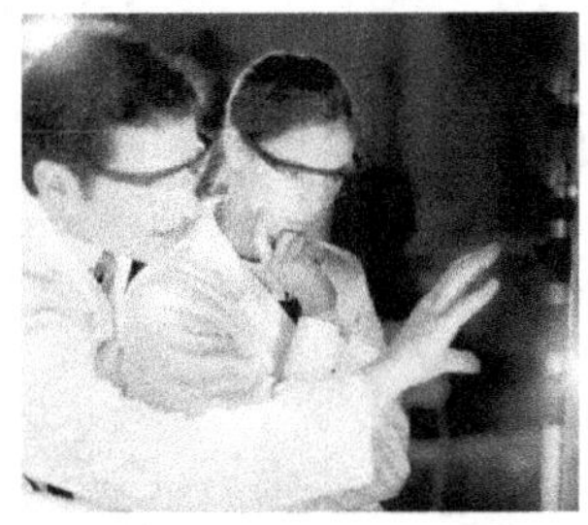

| Instrucción de trabajo |
| Preparar al personal |
| **Presentar la operación** |
| Probar el desempeño |
| Dar seguimiento |

Presentar la operación

Método de los 4 pasos:

Paso 1: El instructor realiza la actividad sin hablar.

Paso 2: El instructor realiza la actividad y enuncia los pasos.

Paso 3: El instructor desarrolla la actividad, enunciando los pasos y explicando los puntos importantes.

Paso 4: El instructor realiza la actividad, enunciando los pasos, explicando los puntos importantes y, además, las razones de los puntos importantes.

4. Verificar aprendizaje y éxito

- El seguimiento debe hacerse de forma continua.

- Se debe llevar al estudiante hacia la independencia.

- El líder monitorea continuamente y capacita a cada miembro del equipo.

- El éxito se demuestra en los resultados y no solo en las acciones.

«Porque las cosas que tenemos que aprender antes de que podamos hacerlas, las aprendemos haciéndolas.» Aristóteles

Evaluar el conocimiento y desempeño

Matriz multihabilidades

Cada trabajo tiene que ser aprendido con el mayor nivel de detalle y ser evaluado según las habilidades demostradas en la práctica.

Nombre	Corte	Soldadura	Producción	Montaje	Pruebas	Embalaje	Envío	Total
Adrian Vázquez	1	3	4	0	2	1	1	**12**
Julian Martínez	5	5	5	5	5	5	5	**35**
Roberto Baez	3	4	2	1	5	4	2	**21**
Heriberto Salvatierra	1	0	4	4	2	2	1	**14**

Descripción	Valores
Trabajo cumple calidad	1
1+ Velocidad estándar	2
1+2 + Mantiene equipo	3
1+2+3+ Cambios rápidos	4
1+2+3+4+ Entrenador	5

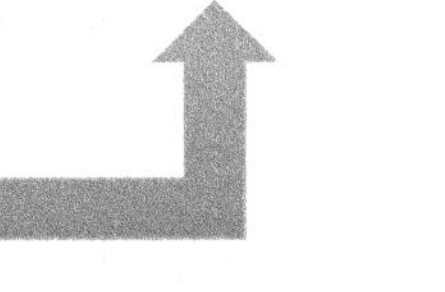

Tabulador	Salario
1 a 5 puntos	$ 750
6 a 10 puntos	$ 890
11 a 15 puntos	$ 990
16 a 20 puntos	$ 1 025
21 a 25 puntos	$ 1 290
26 a 30 puntos	$ 1 440
31 a 35 puntos	$ 2 000

- Fuerza laboral más estable.
- Reduce accidentes.
- Disminuye el tiempo de formación.
- Transferencia de conocimientos de una mano muy efectiva.
- Conocimiento documentado de procesos críticos.
- Personas dispuestas y motivadas a aprender.
- Calidad insuperable.

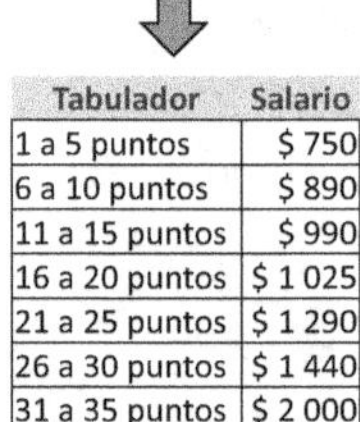

Las empresas que han implementado TWI han conseguido mejoras al menos en un 25 % en su productividad.

- Establecer los procesos clave de tu empresa.

- Elegir uno de ellos.

- Establecer los conocimientos clave.

- Documentar el proceso en una instrucción de trabajo.

- Preparar a un instructor.

- Enseñar la operación con el método de los 4 pasos.

- Evaluar el aprendizaje y discutir los beneficios.

Introducción a *White Belt*

Objetivos

1. Entender el significado de Lean y Six Sigma.
2. Entender las responsabilidades de los *White Belt*.
3. Aprender cómo el trabajo en equipo apoya a la filosofía Lean Six Sigma.
4. Conocer algunas técnicas de administración del tiempo.

Contenidos

> Antecedentes
> Responsabilidades de los *White Belt*
> Limitantes de la productividad
> Trabajo en equipo
> Gestión del tiempo
> El ABC para el trabajo en equipo

Antecedentes

Evolución

Control de la calidad total

Círculos de calidad

Justo a tiempo (JIT)

Desarrollo de Proveedores

Mantenimiento productivo total (TPM)

Teoría de restricciones (TOC)

Six Sigma

A todos los procesos

Automatización, enfoque humano, sustentabilidad

Dedicación de tiempo

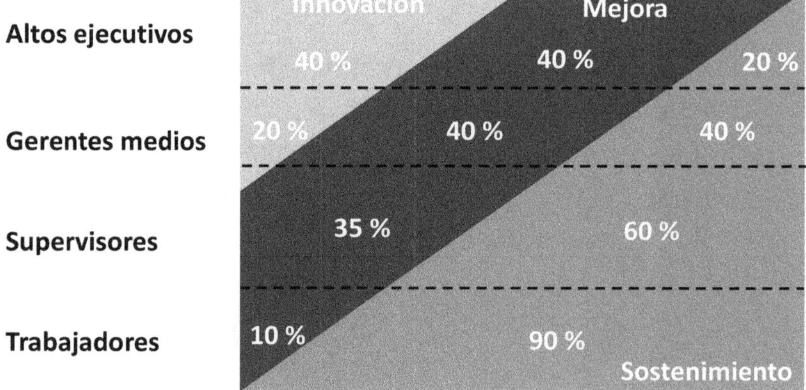

LSSI
LEAN SIX SIGMA INSTITUTE

El poder de las herramientas Lean Six Sigma

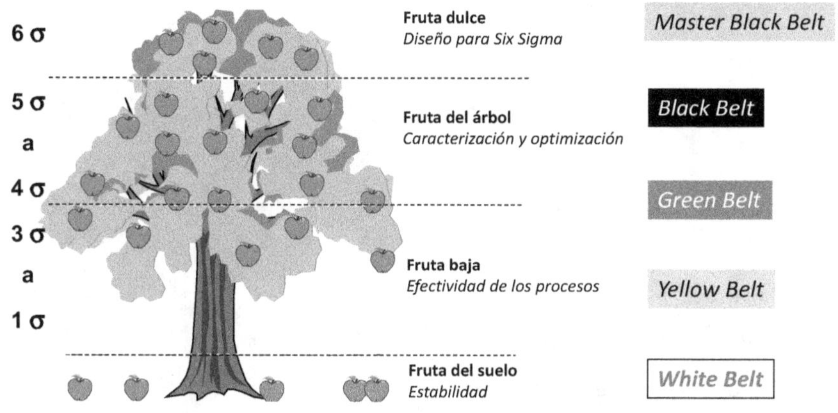

De forma personal

- Mantienen su área limpia y ordenada.
- Gestionan su tiempo correctamente.
- Realizan su trabajo con calidad y a tiempo.

En equipo

- Continuamente identifican oportunidades de mejora.
- Participan en la solución de problemas simples.
- Intervienen con frecuencia en proyectos de mejora.

Conocimiento

- Filosofía Lean Six Sigma.
- Herramientas básicas.

Limitantes de la productividad

1. *Muri* = Sobrecarga
2. *Mura* = Variabilidad
3. *Muda* = Desperdicio

Los grandes desperdicios = *muda*

Sobreproducción

Esperas

Contaminación

Transportes

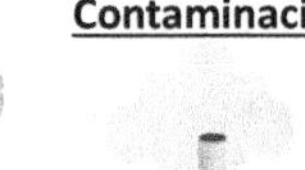

Procesos ineficientes

Los grandes desperdicios

Movimientos innecesarios

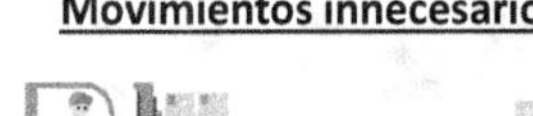

Productos defectuosos

Sobreinventario

Consumo de energía

Talento sin acción

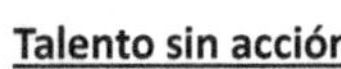

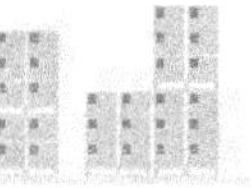
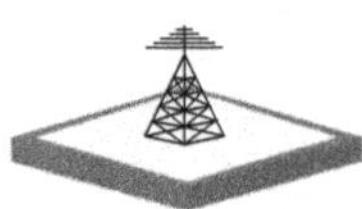

Exceso de inventario = desperdicio

Ejemplo de como eliminar desperdicios

Tradicional

Lean

En proceso
300 bolitas

En proceso
34 bolitas

Salida:
2 bolitas/min

Diferencias:

- Velocidad de entrega.
- Valor inventario si 10 $/pieza.
- Tiempo para cambiar a azul.
- Espacio requerido.

Trabajo en equipo

¿Qué es un equipo?

- Un equipo es un grupo de personas que realizan tareas interdependientes y trabajan con un mismo objetivo.

- Los **White Belts**, normalmente, participan en equipos y contribuyen con ideas y acciones para resolver una gran variedad de problemas con herramientas simples basadas en su experiencia y conocimiento laboral.

Tipos de equipos

- **Equipos de mejora de procesos:** son equipos de proyectos que se enfocan en mejorar o desarrollar procesos específicos.

- **Grupos de trabajo:** a veces denominados *equipos naturales*, tienen la responsabilidad de un proceso en particular (por ejemplo, un departamento, una línea de productos o una etapa de un proceso) y trabajan juntos en un entorno participativo.

- **Equipos autogestionados** dirigen directamente el funcionamiento diario de un proceso o departamento en particular.

Los *White Belts* participan en todos los tipos de equipo y comprenden las dinámicas y las herramientas para maximizar los resultados.

Etapas en la formación de equipos: modelo de Tuckman

Formación	Turbulencia	Normas	Desempeño

Formación

- La integración o madurez grupal es escasa

- Se percibe intención de ser agradable entre miembros (complacer)

- Hay poco avance en cuestión de trabajo

- Los roles y las responsabilidades son aclarados y entendidos

- Es el periodo *honey moon*

Turbulencia

- Los integrantes comienzan a hacerse escuchar

- El entendimiento de roles y responsabilidades será cuestionado.

- Se generan conflictos entre ideas y conclusiones

- La falta de acuerdos retrasa el trabajo del equipo

Normas

- Los integrantes resuelven sus conflictos

- Se alcanzan acuerdos basados en ideas aceptadas mutuamente para avanzar

- Se logra algo de trabajo, avance

- Los integrantes comienzan a funcionar como equipo

- La confianza comienza a generarse y se comparten ideas con mayor apertura

Desempeño

- Las distintas habilidades de los miembros son complementarias

- Se crea sinergia

- Se hace evidente y se acepta la interdependencia

- Se desarrolla la habilidad de solución de problemas grupal

- Se logra cerrar acuerdos

- Hay un avance notorio en cuestión de trabajo

Fuente: Adaptado de Bruce W. Tuckman.

Gestión del tiempo

- Una de las causas más importantes del bajo desempeño en el trabajo, no es la preparación profesional, si no la **mala administración del tiempo.**

- El tiempo es uno de los **recursos más valiosos.**

- Analizando el uso del tiempo, se puede entender en qué se malgasta y cómo es posible emplearlo de la manera óptima.

Ley de ocupación o ley de Parkinson

Fue enunciada por primera vez por Cyril Parkinson en 1957 como resultado de su investigación en el servicio civil británico.

Ejemplos:

- **Tiempo**: Síndrome del estudiante. Estudia un día antes del examen (por eso se llama *estudia - ante).*

- **Ingresos**: Cuanto más dinero ganemos, más gastaremos.

- **Espacios**: Cuanto más espacio tengamos (estantes, cajones, etc.), más trataremos de utilizarlo.

Para muchos, cuanto más tiempo se tenga para hacer algo, más divagará la mente y más problemas serán planteados.

LSSI.
LEAN SIX SIGMA INSTITUTE

Las mejores prácticas de gestión del tiempo

1. Planifica tu día.

2. Usa la técnica del *pomodoro.*

3. Usa el correo electrónico efectivamente.

4. Desarrolla reuniones efectivas.

5. Realiza llamadas efectivas.

1. Planifica tu día

- Dedica al menos 15 minutos para planificar tu día.
- Haz una lista de tus actividades actuales, futuras y tareas de rutina.
- Planifica las actividades de mediano y largo plazo (vacaciones, etc.).
- Planifica las actividades diarias (ejercicio, comida, transporte, etc.).
- Clasifica las actividades:
    - A: Importantes y urgentes.
    - B: Importantes y no urgentes.
    - C: Menos importantes y no urgentes.
- Al tomar notas, define tus tareas y horario.
- Antes de iniciar tu día, visualiza todas tus actividades en tu mente.

Ejemplo de planificación diaria

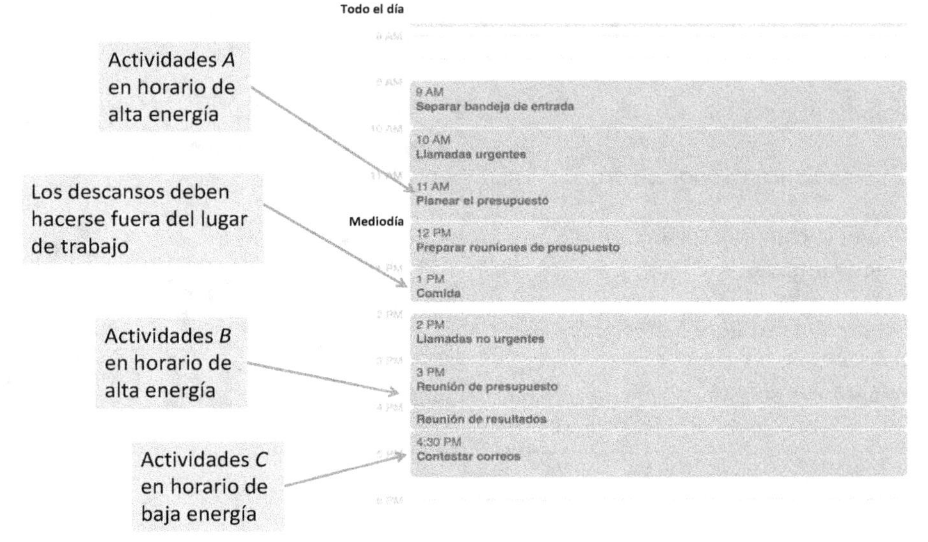

2. Usa la técnica del Pomodoro

- La **técnica *pomodoro*** es un método para la administración del tiempo desarrollado por Francesco Cirillo a fines de la década de 1980.

- La técnica usa un reloj para dividir el tiempo dedicado a un trabajo en intervalos de 25 minutos, llamados *pomodoros*, separados por pausas.

Un objetivo esencial de la técnica es eliminar las interrupciones, tanto internas como externas.
Esto se hace registrándolas y posponiéndolas siempre que sea posible.

1. Decidir la tarea a realizar.
2. Poner el ***pomodoro*** (el reloj o cronómetro) a 25 minutos.
3. Trabajar en la tarea hasta que el reloj suene y anotar una X.
4. Tomar una pausa breve (cinco minutos).
5. Cada cuatro *pomodoros* tomar una pausa más larga (15 - 20 minutos).

3. Usa el correo electrónico efectivamente

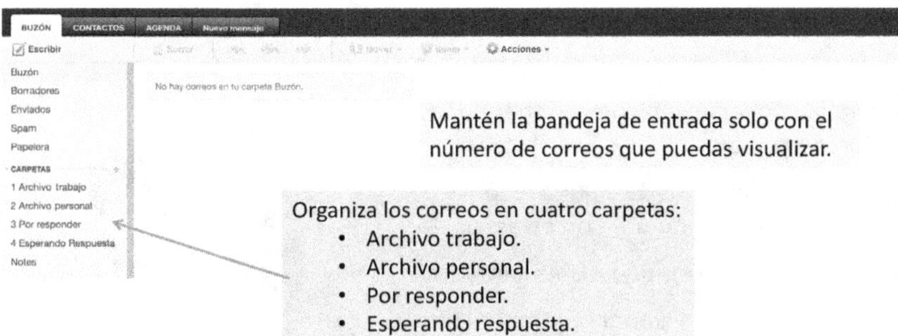

Mantén la bandeja de entrada solo con el número de correos que puedas visualizar.

Organiza los correos en cuatro carpetas:
- Archivo trabajo.
- Archivo personal.
- Por responder.
- Esperando respuesta.

1. Contesta solo correos que puedes procesar en dos minutos o menos.
2. Elimina los que no necesitas.
3. Archiva los correos que debes mantener.
4. Marca o separa los correos por responder.

4. Desarrolla reuniones efectivas

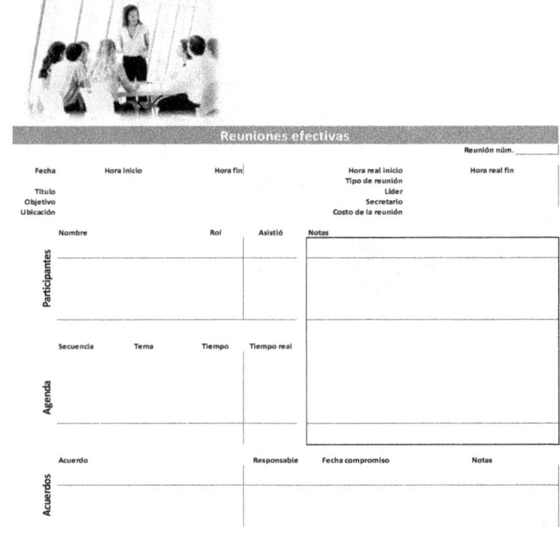

1. Planea la reunión.
2. Convoca a los invitados.
3. Confirma la logística.
4. Pasa lista de asistencia.
5. Explica el objetivo.
6. Asigna tiempo y síguelo.
7. Escribe las notas.
8. Escribe las tareas y sus responsables.
9. Haz un resumen de la reunión (confirma objetivo).
10. Envía el reporte a los participantes y designados.
11. Da seguimiento a las actividades.
12. Evalúa la reunión.

5. Realiza llamadas efectivas

1. Prepara la conversación como si fuera una reunión de trabajo.
2. Planea varias llamadas. Si alguna está ocupada puedes continuar con otras.
3. Elije un orden de prioridad de las llamadas.
4. Utiliza el altavoz para poder continuar con otras actividades (llamadas tipo C).
5. Calendariza tus llamadas.

El ABC para el trabajo en equipo

- *Achievement* = Logro

- *Belonging* = Pertenencia

- *Contribution* = Contribución

LSSI
LEAN SIX SIGMA INSTITUTE

Solución de problemas

Objetivos

1. Establecer de una manera práctica y sencilla la definicion de problemas.
2. Desarrollar el entendimiento de las causas de los problemas con un esquema estructurado.
3. Resolver problemas utilizando una metodología sencilla y práctica.

Contenidos

> Antecedentes
> ¿Qué es solución de problemas?
> ¿Para qué sirve la metodología de solución de problemas?
> ¿Cuándo se usa la metodología de solución de problemas?
> Metodología
> Ejemplo

Antecedentes

- En el trabajo y en lo personal todos enfrentamos diferentes tipos de problemas.

- Al tratar de resolver los problemas, la mayoría de las veces atacamos síntomas y no causas.

- ¿Cuántos de nosotros conocemos y aplicamos una metodología de solución de problemas?

¿Cómo resolvemos problemas normalmente?

La tendencia general de las personas es:

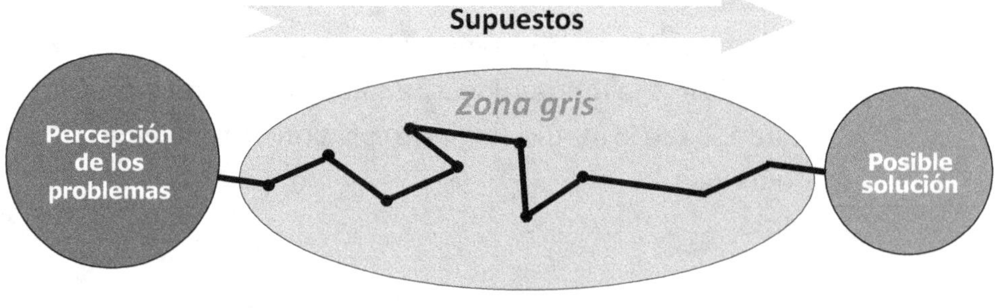

¿Cómo debemos resolver los problemas?

Percepción de los problemas

Claridad

Análisis de hechos

Posible solución

Definición efectiva del problema

Análisis de la causa raíz

Efecto deseado

¿Qué es solución de problemas?

Es una metodología para resolver problemas desde su raíz.

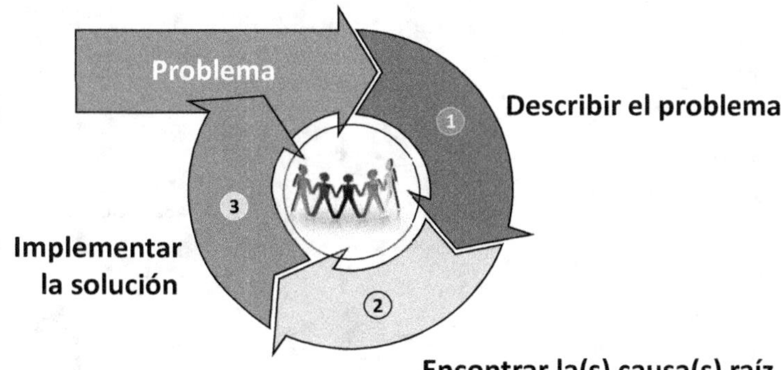

¿Para qué sirve la metodología de solución de problemas?

- Provee al equipo de un enfoque para definir causas del problema.

- Previene la recurrencia.

- Crea mejores estándares.

- Motiva al trabajo en equipo.

- Permite la solución de problemas de forma permanente.

«Trabajar en equipo asegura el éxito.» Henry Ford

¿Cuándo se usa la metodología de solución de problemas?

- El síntoma ha sido definido y cuantificado.
- Hay un vacío de rendimiento y la prioridad del síntoma justifica la iniciación del proceso.
- La causa no se conoce.
- Se necesita responder rápida y efectivamente a una situación que genera un problema.
- Cuando se desarrollan **ciclos de adecuación para el control.**

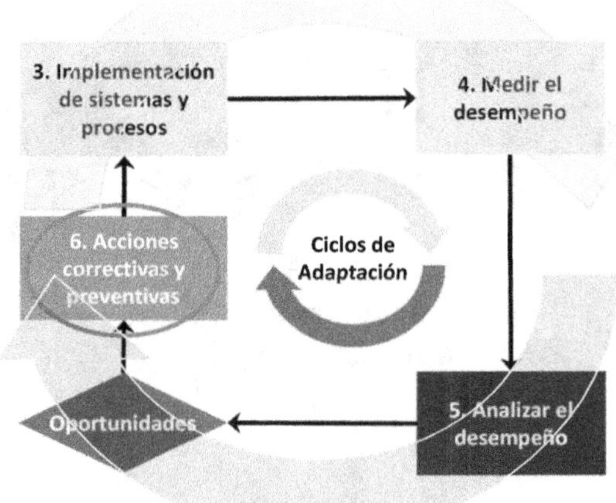

¿Cómo funciona?

Problema

PASO 1. DESCRIBIR EL PROBLEMA

Causa

PASO 2. ENCONTRAR LA(S) CAUSA(S)

Solución

PASO 3. IMPLEMENTAR SOLUCIÓN

PDCA - Compartir aprendizaje

1 Problema

- Definir el problema con la mayor precisión posible.

- Es una afirmación simple y concisa que identifica el objeto y el defecto de un problema, para el cual se desconoce la causa raíz.

Sujeto + Predicado

Describir el problema

Encontrar la causa

Implementar solución

- El problema se define en tiempo **presente** (no en pasado ni en futuro).

Ejemplo: El piso esta mojado.

Guía para desarrollar el enunciado de un problema

El enunciado del problema debería cumplir con lo siguiente:

1. **Ser específico:** generalmente los problemas se enuncian en términos demasiado genéricos.

   El agua está demasiado caliente.

2. **Describir el problema, no sus síntomas:**

   La moral del departamento es baja.

3. **No expresar causas y soluciones:**

   El tiempo de respuesta en la prestación del servicio es la causa de la insatisfacción del cliente.

   Indica un problema potencial.

Utilizar la lluvia de ideas para definir el problema

- **Objetivo:** expresar sin sesgo todas las opiniones del grupo.

- Para lograr este objetivo se debe pedir a todos los participantes que escriban en un pequeño papel todas las ideas que se generen de la pregunta:

  ¿Cuál piensas que es el problema?

- El facilitador reúne y clasifica todas las ideas y las presenta de manera grupal para evitar que se genere sesgo.

Ejemplo SOS

Leer el ejemplo SOS al final del capitulo. Hacerlo en equipos, mediante una lluvia de ideas, para definir el problema.

Lluvia de ideas

¿Cuál es el problema?

2　Causa

Describir el problema

Encontrar la causa

Implementar solución

- Observar y responder: **¿por qué ocurre esto?**

- Si no puede observar o responder la pregunta anterior, se puede utilizar alguna de las herramientas básicas para la solución de problemas (diagrama de pescado, 5 por qué, árbol de realidad actual, etc.).

- Priorizar si hay más de una causa (utilizar datos verificados donde sea posible).

¿Cuál es la causa?

Herramientas básicas

Diagrama de pescado *(ishikawa)*

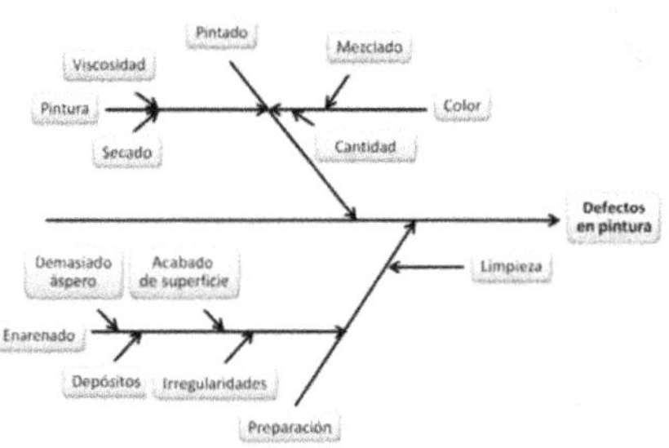

Los 5 por qué

Diagrama de árbol

Diagrama de pescado *(ishikawa)*

Es una herramienta gráfica que se obtiene de una lluvia de ideas, en la que se enlistan de una manera organizada todas las **causas de un determinado efecto**, con lo cual resulta más fácil separar los problemas y las posibles zonas de mejora.

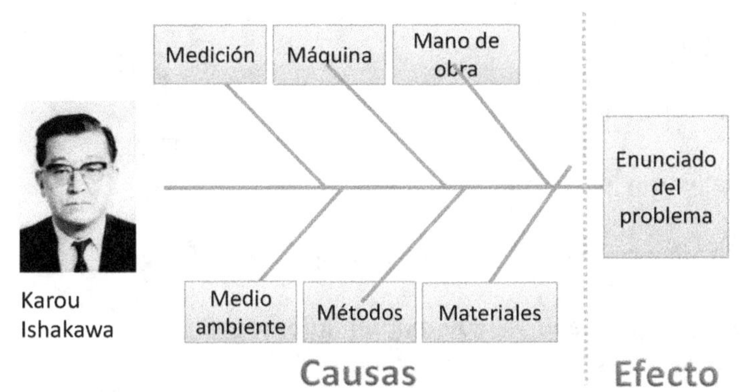

PROCEDIMIENTO

1. Se define el problema.
2. Se definen categorías.
3. Se hace una lluvia de ideas en cada categoría.
4. Se verifican las ideas en el lugar de los hechos.
5. Se rodea en rojo las causas raíz.

Ejemplo SOS

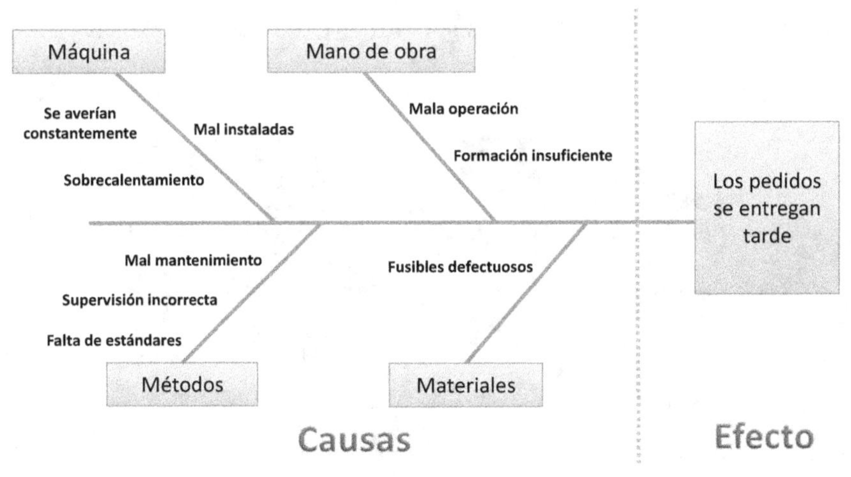

Los 5 por qué

Enunciado del problema:

Los pedidos se entregan tarde a los clientes.

1. **Por qué?**
   - Porque se descomponen las máquinas.
2. **Por qué?**
   - Porque se funden los fusibles.
3. **Por qué?**
   - Porque se sobrecalientan las máquinas.
4. **Por qué?**
   - Porque los cambios de aceite no se realizan a tiempo.
5. **Por qué?**
   - Porque no existe un programa formal de mantenimiento.

Diagrama de árbol

Permite apreciar la relación entre las **causas y efectos** de un problema, combinando los 5 por qué y las ideas generadas del problema, causas y efectos.

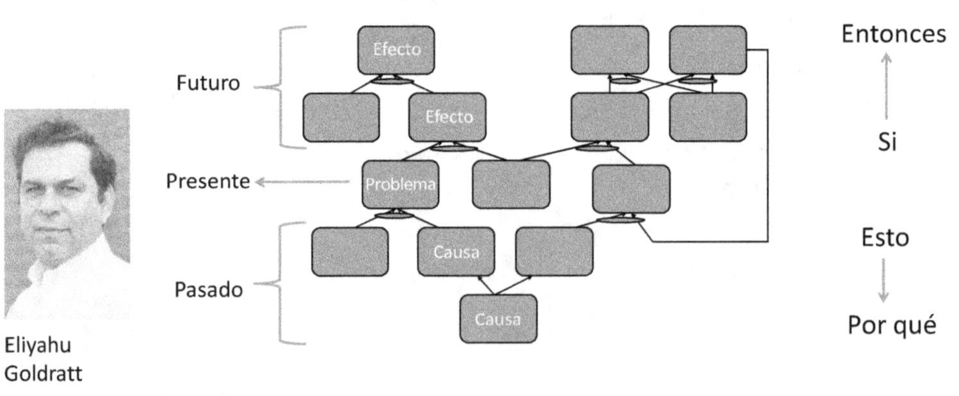

Ejemplo SOS

En equipos, desarrollar un árbol de realidad actual para el ejemplo SOS.

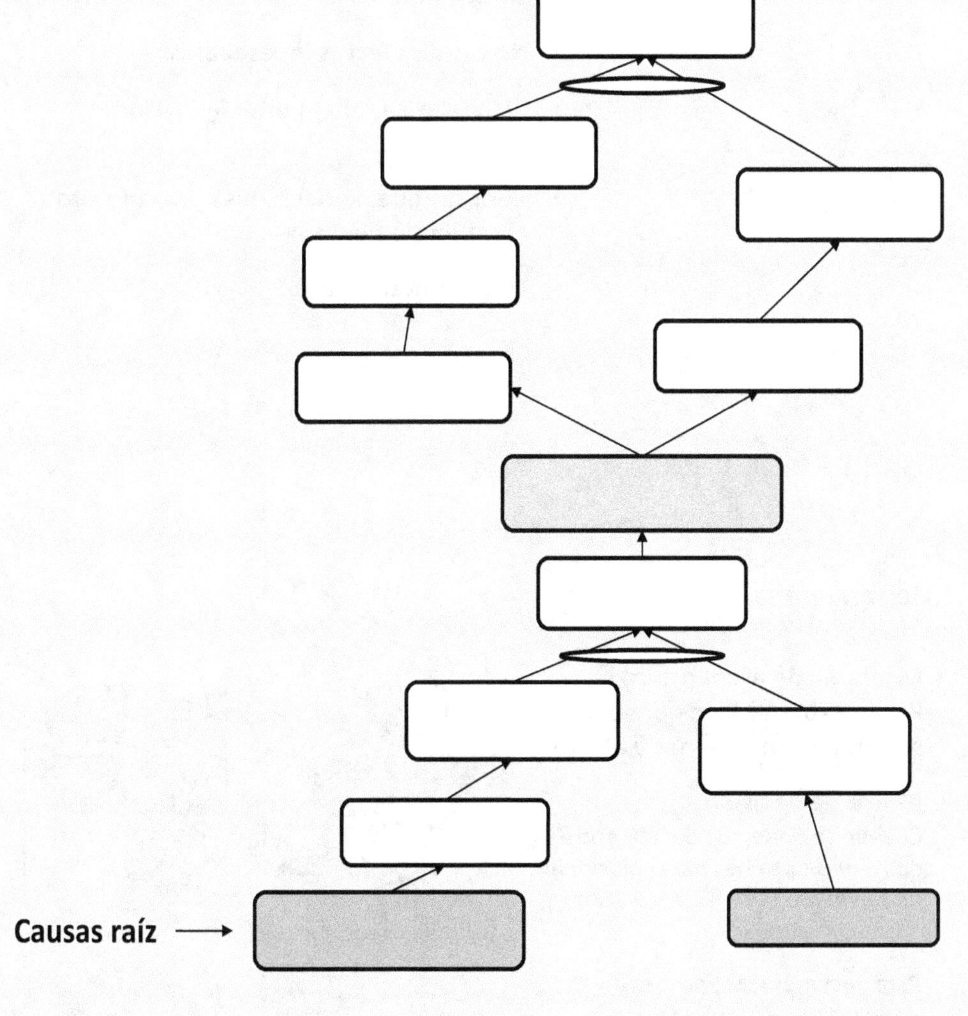

Solución

- Seleccionar la mejor acción correctiva permanente para **eliminar la causa o causas raíz.**

- **No** causar **efectos indeseables.**

- **Planificar e implementar** las acciones correctivas.

- **Verificar** que las decisiones tengan **éxito** al ser **implementadas.**

- **Documentar** el caso.

Describir el problema

Encontrar la causa

Implementar solución

¿Cuál es la solución?

Herramientas

- **Diagrama de árbol futuro**
  Para establecer la mejor solución sustentada en acciones y efectos.

- **Matriz de decisión**
  Cuando se tiene que decidir entre dos o más opciones para solucionar un problema.

- **A3**
  Para documentar el proceso de solución de problemas.

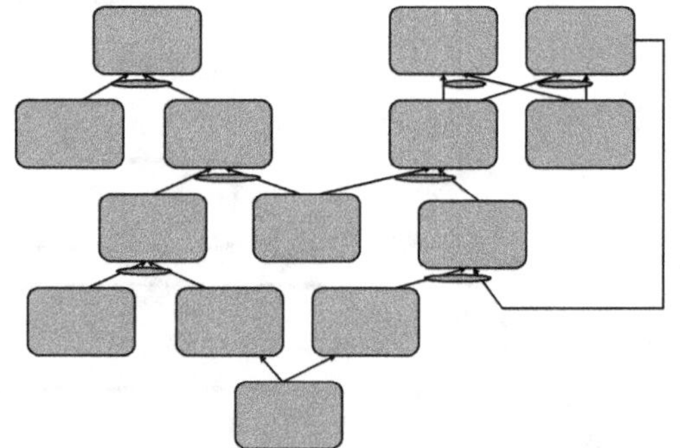

LSSI
LEAN SIX SIGMA INSTITUTE

Ejemplo SOS

En equipos, desarrollar un árbol de realidad futura para el ejemplo SOS.

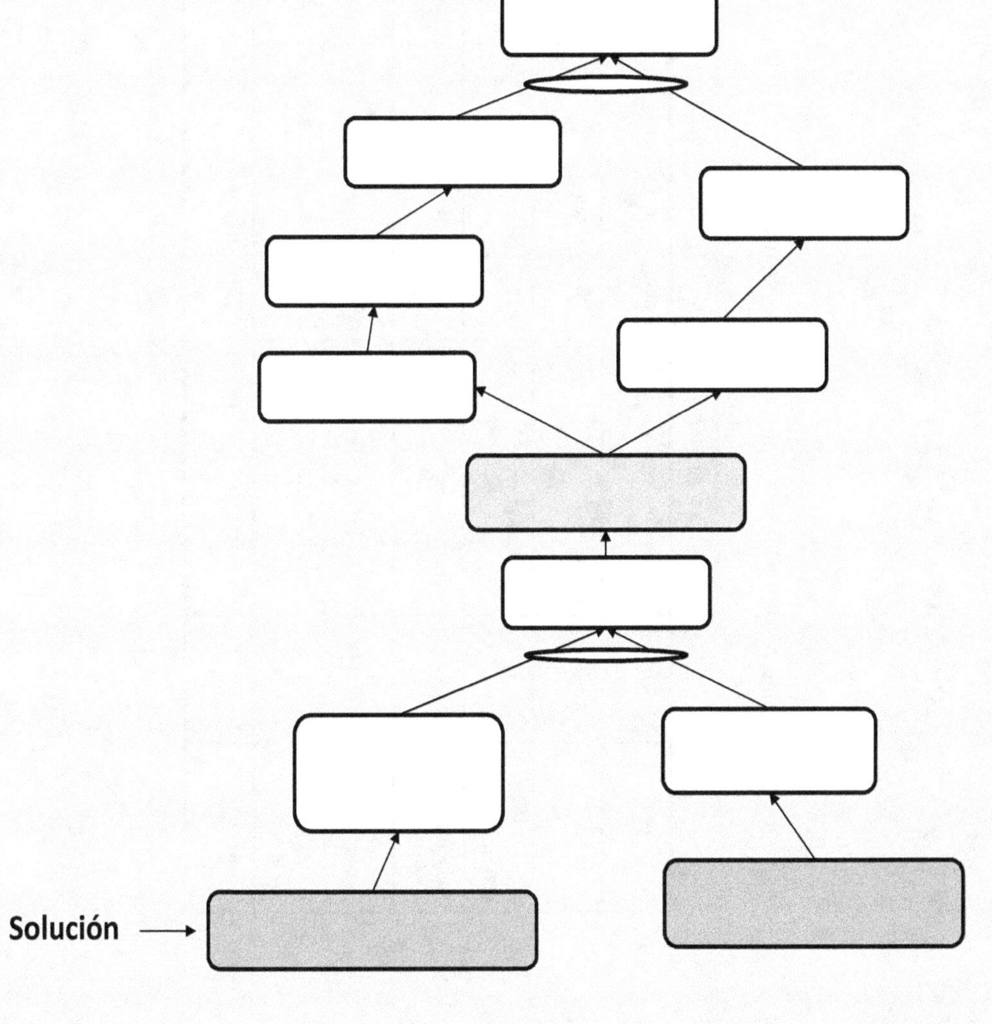

Solución ⟶

Matriz de decisión: seleccionar una solución

Si se tiene más de una posible solución, utilizar la siguiente matriz.

Criterio	Importancia	Alternativa A			Alternativa B		
		Evaluación	*Valor*	*Puntos*	*Evaluación*	*Valor*	*Puntos*
Seguridad	10	Fatiga visual	7	70	Ninguno	10	100
Reducción del defecto	9	Se reduce en un 75 %	8	72	Se elimina	10	90
Tiempo de implementación	7	Tres meses	3	21	1 - 2 semanas	10	70
Costo de operación	5	Estimado $ 150 / mes	6	30	Estimado $ 25 / mes	9	45
Costo de implementación	3	Estimado $ 4,500	8	24	Estimado $ 5,000	6	18
Impacto en otras áreas	2	Ninguno	10	20	Ninguno	10	20

Total 237   Total 343

Documente el problema resuelto

Iniciales | | | | Resp.

1. Antecedentes

Como compañía, el desempeño de nuestra **puntualidad en las entregas** no está cumpliendo la programación ni los costos establecidos. Esto está causando problemas de **falta de espacio, retrasos en los envíos** y **costos de calidad,** los cuales cuestan alrededor de **$ 800 000** dólares anuales

2. Situación actual

¿Dónde estamos?

- **Las órdenes de pedido no se están entregando a tiempo**

3. Alcance / Línea base / Objetivos

¿Cuales son los resultados requeridos?

- **Cero entregas tarde**
- **Cero paros de máquina**

4. Análisis

¿Cuál es la causa raíz del problema?

- **Falta de mantenimiento preventivo**
- **Personal que no ha sido capacitado correctamente**

Escoge la herramienta más simple para identificar la causa raíz:

- Los 5 por qué

Recomendaciones

Las propuestas para llegar al estado futuro

- **Implementar el mantenimiento productivo total (TPM)**
- **Desarrollar un programa de capacitación para el personal**

Plan de acción y objetivos

Evento *Kaizen* TPM

	Dias				
	1	2	3	4	5
1 Capacitación en TPM					
2 Evento de superlimpieza					
3 Generar tarjetas de oportunidad					
4 Desarrollar AMEF de equipos					
5 Implementar mantenimiento autónomo					
6 Desarrollar calendario de mantenimiento preventivo					
7 Desarrollar instructivos para mantenimiento preventivo					
8 Implementar controles visuales					
9 Desarrollar instrucciones de seguridad					
10 Capacitar a operarios y supervisores					

Indicadores para monitorear la mejora

- **Entregas a tiempo**
- **Efectividad total de los equipos (OEE)**

Seguimiento de acciones y resultados

- **Analizar *box score* en reuniones semanales**
- **Caminatas *gemba* para analizar los tableros hora por hora**

¿Qué logramos?

- Aplicar el proceso de solución de problemas para:
    - Definir el problema adecuadamente.
    - Identificar la causa raíz y los efectos.
    - Definir acciones que eliminen el problema.
    - Documentar eficientemente el proceso de solución de problema.

- Ahora es muy importante considerar:
    - Utilizar el método de solución de problemas simple.
    - Enseñar a nuestros compañeros, alumnado, familia cómo resolver problemas de una manera fácil.
    - Mejorar constantemente nuestro proceso de solución de problemas.

La mejor herramienta es la que verdaderamente usas.

LSSI
LEAN SIX SIGMA INSTITUTE

Ejemplo SOS

Byside es un muy buen cliente insatisfecho. Últimamente no se le ha entregado un solo pedido a tiempo; todo en la planta es un desastre, nada de lo planeado está yendo como debiera.

El supervisor de producción culpa a los de mantenimiento por ser muy lentos en atender a sus peticiones y los de mantenimiento, a los operadores por descomponer las máquinas constantemente. Lo cierto es que no se está entregando a tiempo los productos y el cliente está evaluando a otros proveedores más confiables.

Todo el personal se esmera por cumplir cabalmente con el programa de producción, sin embargo algo siempre se atraviesa y el jefe de producción debe hacerse cargo de la situación.

En los últimos días, para que los pedidos pudieran terminarse, ha habido un excesivo gasto en mantenimiento y en horas extra, pero aún así no se ha podido cumplir.

El jefe de producción no entiende lo que pasa, está desesperado. Todos los días por la mañana, se reúne con el personal y revisan el plan de producción. Las reuniones son un desastre, todos se culpan entre sí y no se ponen de acuerdo en la solución a los problemas.

En el informe de mantenimiento se indica un cambio muy frecuente de fusibles de alto rendimiento. Hay que firmar la compra con urgencia, sin esos fusibles se pararían las máquinas. Habría que establecer un plan de mantenimiento preventivo, pero con los problemas que hay no es seguro que se pudiera cumplir, pues o se dedican a producir o a dar mantenimiento a las máquinas.

Los operadores continuamente informan que las máquinas se sobrecalientan, aunque podría tratarse de pretextos para evadir la responsabilidad del incumpliendo en las entrega de los pedidos. Se debería de haber impartido un programa de formación para que conozcan la correcta operación de las máquinas, pero no ha sido posible hacerlo a causa de las urgencias.

El jefe de producción está muy agobiado, no sabe qué hacer, sin embargo, necesita resolver el problema; de no hacerlo, se tendrá que cerrar la planta por baja productividad.

Las 5 S

Objetivos

1. Entender los beneficios de trabajar en una ambiente limpio y ordenado.
2. Identificar los pasos para implementar correctamente las 5 disciplinas (5 S).

Contenidos

> Antecedentes
> ¿Qué son las 5 S?
> Beneficios
> Procedimiento
> Ejemplos

¿Porqué es importante el orden?

¡No encuentro mis llaves!

¿Dónde esta el archivo?

¿Dónde está el material?

¡No encuentro la herramienta!

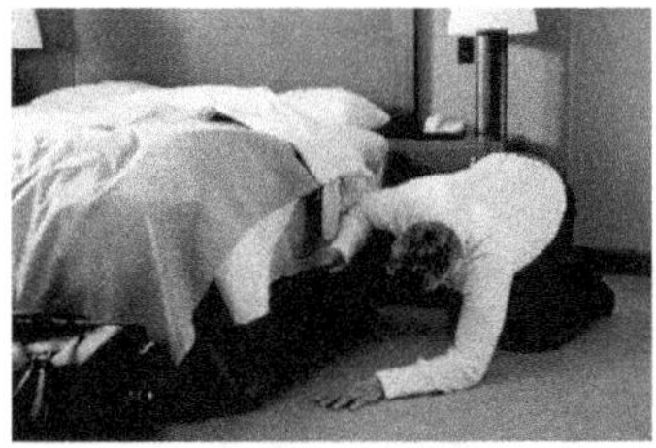  

- Los hábitos son el elemento más importante en la cultura de pensamiento ágil (Lean Thinking).

- La aplicación de las 5 S fue desarrollada por Hiroyuki Hirano y representa una de las piedras que enmarcan la iniciación de cualquier herramienta o sistema de mejora.

- Un buen evento de mejora es aquel que inicia con las 5 S.

Hiroyuki Hirano

LSSI.
LEAN SIX SIGMA INSTITUTE

Origen de las 5 S   1950

- Ford Motor Company desarrolló el programa CANDO.
- Los japoneses que visitaron las plantas de Michigan lo adoptaron (Hiroyuki Hirano).

C *leaning up*   = *Seiri*
A *rranging*   = *Seiton*
N *eatness*   = *Seiso*
D *iscipline*   = *Seiketsu*
O *ngoing Improvement* = *Shitsuke*

Seiri	**S** eleccionar
Seiton	**O** rganizar
Seiso	**L** impiar
Seiketsu	**E** standarizar
Shitsuke	**S** eguimiento

Las 5 S en castellano = S O L E S

¿Qué son las 5 S?

- Las 5 S es una **disciplina** que logra mejoras en la productividad del lugar de trabajo mediante la estandarización de **hábitos de orden y limpieza.**

¿Qué NO son las 5 S?

- Las 5 S solo es aplicable a entornos de fabricación.

  !Aplica a cualquier lugar!

- Una limpieza casual.

- Un programa para impresionar a visitantes y clientes.

Beneficios

- Encontrar cualquier cosa en menos de 30 segundos.

- Aumentar la productividad.

- Mejorar la satisfacción personal.

- Mejorar significativamente la seguridad.

Procedimiento

 Un programa de las 5 S se construye a través del desarrollo de las siguientes etapas:

| Seleccionar | Organizar | Limpiar | Estandarizar | Seguimiento |

Seleccionar	**Organizar**	**Limpiar**	**Estandarizar**	**Seguimiento**
Es retirar todos los artículos que no son necesarios de nuestra área de trabajo.	Es ordenar los artículos necesarios para realizar el trabajo, estableciendo un lugar específico para cada cosa.	Es, básicamente, eliminar la suciedad.	Es lograr que los procedimientos y actividades se ejecuten consistentemente.	Es hacer un hábito de las 4 S anteriores para asegurar que las áreas de trabajo sean más productivas.

Seleccionar – *Seiri*

| Seleccionar | Organizar | Limpiar | Estandarizar | Seguimiento |

Seleccionar es *retirar* del lugar de trabajo todos los artículos que *no son necesarios* para realizar las operaciones productivas.

Proceso de selección:
1. Reconocer las áreas de oportunidad.
2. Definir el criterio de selección.
3. Identificar los objetos seleccionados.
4. Disponer de los elementos seleccionados.

1. Reconocer las áreas de oportunidad

- Almacenes
- Áreas de servicio
- Oficinas
- Producción
- Archivadores
- Equipos informáticos
- Laboratorio

2. Definir el criterio de selección

Se debe decidir qué hacer con los objetos seleccionados como **no necesarios.**

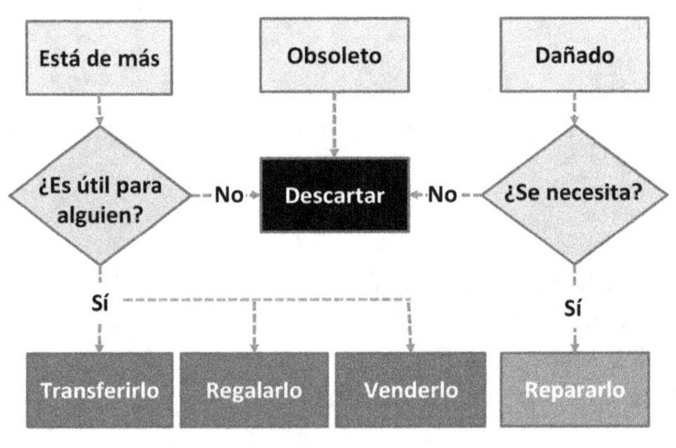

- Seleccionar es deshacerse de lo que **no necesitamos.**

- Ir a través de todos los espacios, estantes, cajones, etc., y mantener solo los artículos esenciales. Todo lo demás se almacena o se desecha.

3. Identificar y evaluar los objetos seleccionados

Los objetos seleccionados como **no necesarios** deben ser identificados con una tarjeta roja y confinados en un área de cuarentena.

Principio *seiri*

«Solo lo que se necesita, solo la cantidad necesaria y solo cuando se necesita.»

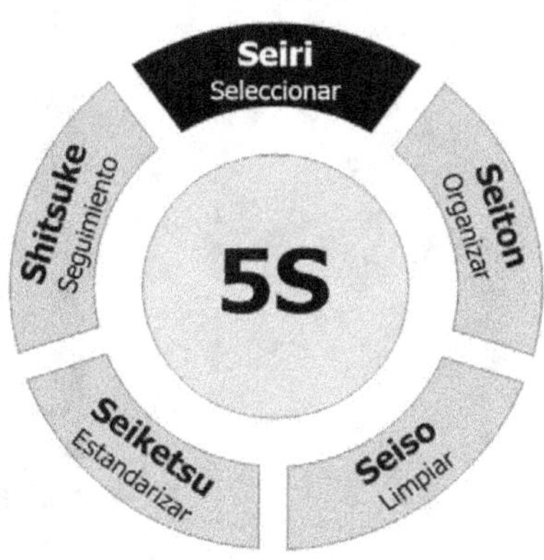

Organizar – *Seiton*

Seleccionar | **Organizar** | Limpiar | Estandarizar | Seguimiento

Organizar es *ordenar* los artículos necesarios para realizar el trabajo, estableciendo un lugar específico para cada cosa, de manera que se facilite su *identificación, localización, disposición y regreso* al mismo lugar después de ser usados.

Proceso de organización:
1. Preparar el área de trabajo.
2. Asignar lugares específicos.
3. Establecer reglas y seguirlas.

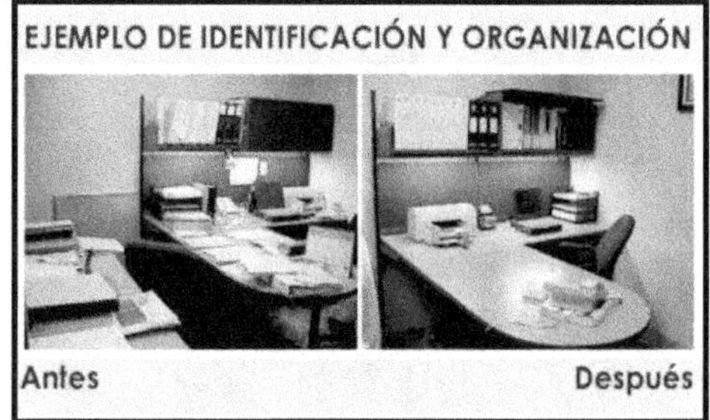

Elementos clave

- Lo que se necesita debe tener su ubicación.
- Eliminación de la búsqueda.

Significado

- Organizar los elementos esenciales para facilitar el acceso.
- Un lugar para todo.
- Todo en su lugar después del uso.

- Determina la velocidad a la cual las cosas pueden ser localizadas o colocadas.
  - Prueba: ¿puedes encontrar un artículo en menos de 30 segundos?
- Organizar enfatiza en:
  - Colocación funcional de piezas, herramientas y materiales.
  - Nombres y lugares claramente designados.
  - Recuperación rápida y fácil de documentos, piezas y herramientas.
- **Entregable:**
  - Una lista de objetos necesarios con su ubicación y lugares señalizados.

1. Preparar el área de trabajo

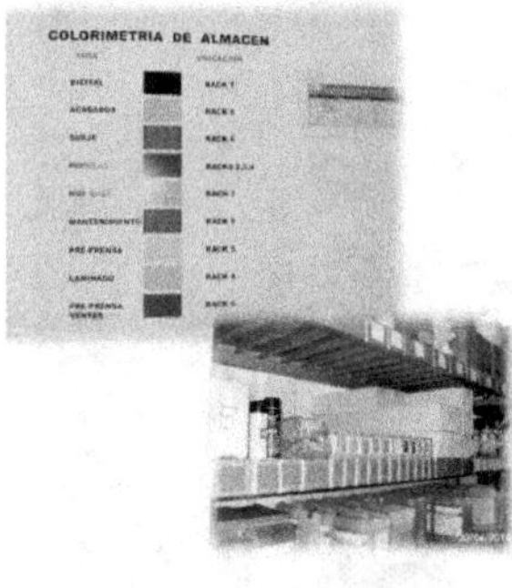

Guía de colores

	Amarillo: delimita áreas comunes y objetos de uso moderado
	Verde: delimita producto terminado, objetos de uso frecuente, basura reciclable
	Azul: delimita agua potable, residuos de plástico
	Rojo: delimita las áreas de emergencia, producto no conforme, residuos peligrosos y objetos de poco uso
	Blanco: delimita las áreas de producto en proceso
	Amarillo-negro: delimita áreas de riesgo

2 y 3. Asignar lugares específicos y establecer las reglas

Seleccionar > Organizar > Limpiar > Estandarizar > Seguimiento

Cualquier persona puede inmediatamente:
ver, tomar y devolver cualquier artículo.

Pregunta	Respuesta
¿Qué?	Definir los artículos necesarios (seleccionar)
	Identificar los artículos
¿Dónde?	Definir la localización
	Identificar el lugar
¿Cuántos?	Definir la cantidad
	Identificar la cantidad necesaria

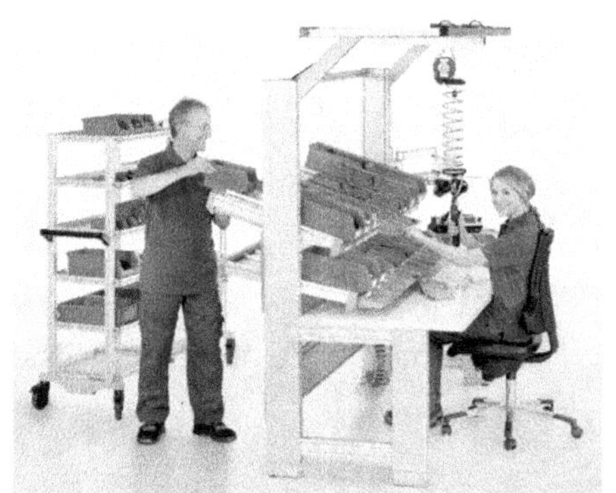

▶ ¿Qué?

- En la etapa de **selección** definimos qué artículos son necesarios.

- Para identificar, hay que usar etiquetas de quita y pon en el artículo y otra etiqueta en el lugar donde se almacena.

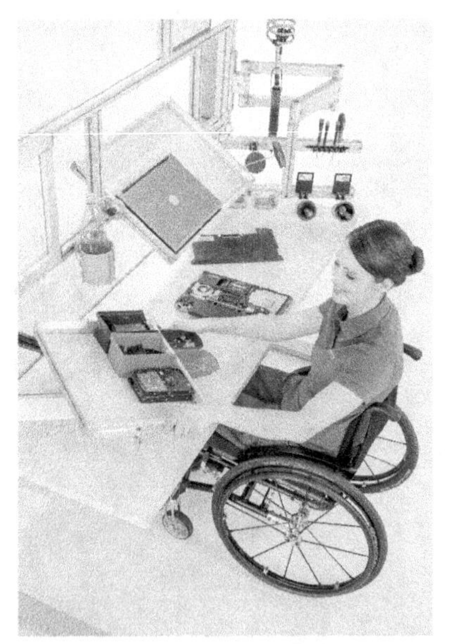

Definir ubicaciones específicas para cada artículo de manera que sea accesible.

▶ ¿Dónde?

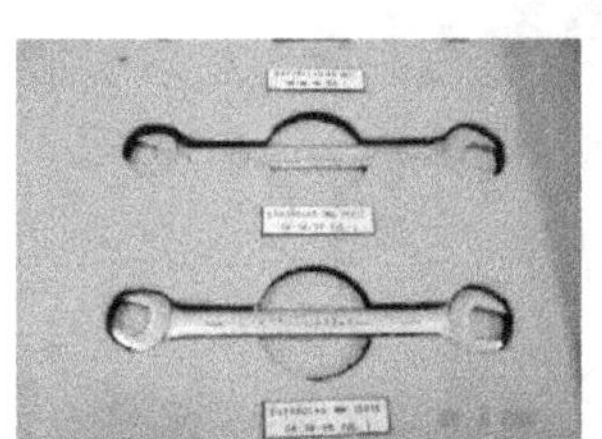

Almacenar juntos
los artículos que se
utilizan en conjunto.

Almacenar juntos los
artículos que tengan
una función similar.

Evitar almacenar los artículos en lugares cerrados.

Cada cosa en su lugar

Identificación de los espacios de almacenaje

- Utilizar letras para identificar espacios.
- Dividir los espacios en columnas y filas.
- Utilizar números para identificar columnas y filas.

▶ **¿Cuánto?**

Principio *seiton*

«Un lugar para cada cosa,
y cada cosa en su lugar.»

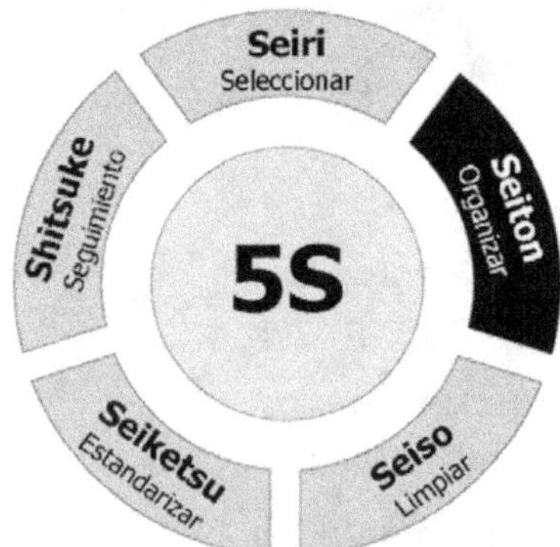

LSSI
LEAN SIX SIGMA INSTITUTE

Limpiar – *Seiso*

Seleccionar → Organizar → **Limpiar** → Estandarizar → Seguimiento

Limpiar es básicamente eliminar la suciedad.

Proceso de limpieza:
1. Determinar un programa de limpieza.
2. Definir métodos de limpieza.
3. Crear disciplina.

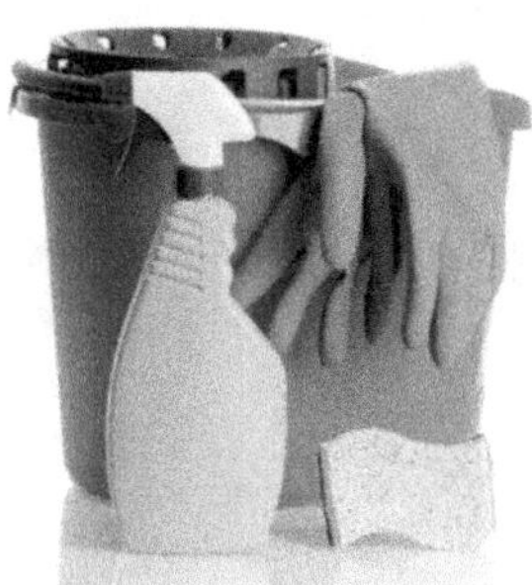

Limpieza como forma de vida

En Japón, los niños empiezan el día limpiando sus escuelas como forma de respeto y cuidado del entorno donde aprenderán los conocimientos para la vida.

Video
https://www.youtube.com/watch?v=jv4oNvxCY5k

Limpiar – Ideas útiles

- Identificar las fuentes de suciedad.
- Inspeccionar mientras limpia.
- Reparar las fugas para evitar ensuciar.
- Pintar áreas, equipo, pisos, paredes y techos.
- Aumentar la iluminación en el área de trabajo.

1. Determinar un programa de limpieza

Se deben asignar responsables de las actividades de limpieza y definir con qué frecuencia y cuándo se deben de llevar a cabo.

Programa de limpieza				
Área	*Artículos*	*Responsable*	*Turno*	*Frecuencia*
Prensa 1	Suelos	J. Ramírez	1.º	Diaria
	Prensa	M. Suárez	2.º	Semanal
	Lámparas	H. Sánchez	3.º	Semanal
	Carretillas	J. Hernández	2.º	Diaria

2. Definir métodos de limpieza

- Hacer un listado con cada una de las actividades de limpieza que se han de realizar.
- Listar los artículos y equipos de limpieza que se necesitan.
- Documentar las actividades de limpieza en un procedimiento.

▶ Enfoque de tres pasos para la limpieza

Áreas comunes, paredes, techos, luces, áreas de almacenamiento, baños, estantes, archivadores, etc.

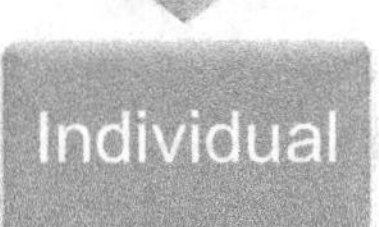

Estaciones de trabajo individuales: sillas, cajones, computadoras, estantes, etc.
¡Limpie las cosas debajo de su mesa!

Instrumentos de medición: micrómetros, calibradores, microscopios, etc.

Principio *seiso*

«El lugar más limpio no es el que más se asea, sino el que menos se ensucia.»

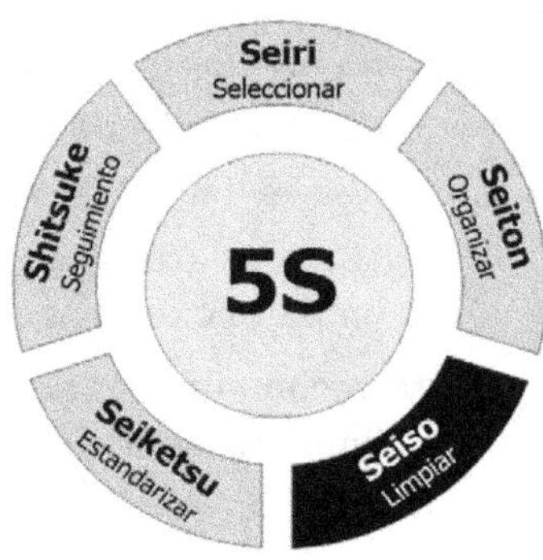

Estandarizar – *Seiketsu*

Estandarizar es lograr que los procedimientos, las prácticas y las actividades se ejecuten consistentemente y de manera regular para asegurar que la *selección,* la *organización* y la *limpieza* son mantenidas y mejoradas en las áreas de trabajo.

Proceso de estandarización

1. Integrar las actividades de las 5 S en el trabajo regular.
2. Evaluar los resultados.

1. Integrar las actividades de las 5 S en el trabajo regular

- Estableciendo procedimientos.
- Elaborando manuales de estandarización.
- Implementando evaluaciones de revisión.

▶ **Evaluar las áreas**

Evaluación de orden y limpieza			0 = No hay implementacion 1 = Un 30 % de cumplimiento 2 = Cumple al 65 % 3 = Un 95 % de cumplimiento — Área
Area _______ Fecha _______ Auditor _______			

Seleccionar	Antes	Actual	Observación
Se cuenta sólo con lo necesario para trabajar a simple vista			
No se ven cosas o materiales en otras áreas o lugares diferentes a su lugar asignado			
Los pasillos están libres de objetos			
No existen materiales en proceso ajenos a la operación actual			
Las áreas adiminstartivas tienen sólo lo que se necesita			
Se pude saber cuales son los objetos necesarios en el área			
No se ven partes o materiales en otras áreas o lugares diferentes a su lugar asignado			
Es fácil y rápido encontrar lo que se busca			

Ordenar	Antes	Actual	
Las áreas están debidamente identificadas			
Los equipos y utensilios están en su lugar asignado			
Es posible localizar cualquier objeto rápidamente (30 s)			
Los botes de basura están en el lugar designado para éstos			
Existen lugares marcados para todo el material de que llega o sale de producción			
Los pasillos están debidamente señalizados			
En general el área está ordenada y es fácil encontrar lo que se busca			

Limpiar	Antes	Actual	
Los pasillos se encuentran limpios			
Las máquinas se ecuentran visiblemente limpias			
Los materiales en proceso no corren el riesgo de maltratarse o ensuciarse			
El área en general luce limpia y segura			
Un programa de limpieza se conoce, está presente y se lleva a cabo			
Se cuenta con el equipo de limpieza completo y es fácil de obtener			

Estandarizar	Antes	Actual	
Se tienen estándares de colores bien identificados y conocidos			
El equipo de seguridad se conoce y se utiliza correctamente			
Existen letreros para identificar las áreas			
Las áreas y equipos de seguridad se encuentran identificados			
Todos en el área conocen las 5 S y las practican cotidianamente			
Los contenedores de basura están señalizados y al alcande de todos			
Existe un programa de evaluaciones periódico para evaluar el estado del orden y limpieza			

OBSERVACIONES

2. Evaluar los resultados

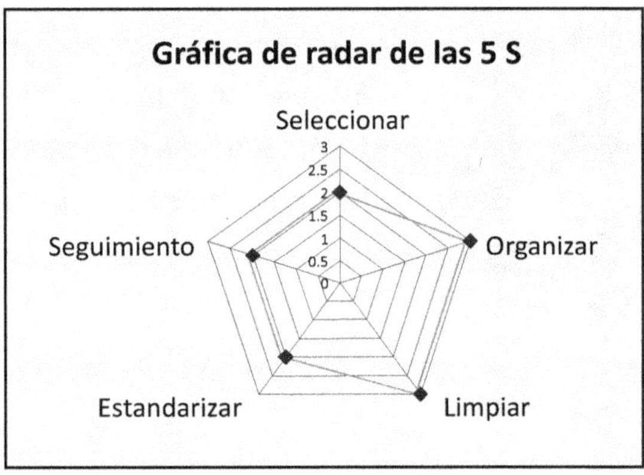

Principio *seiketsu*

«Di lo que haces,

haz lo que dices

y demuéstralo.»

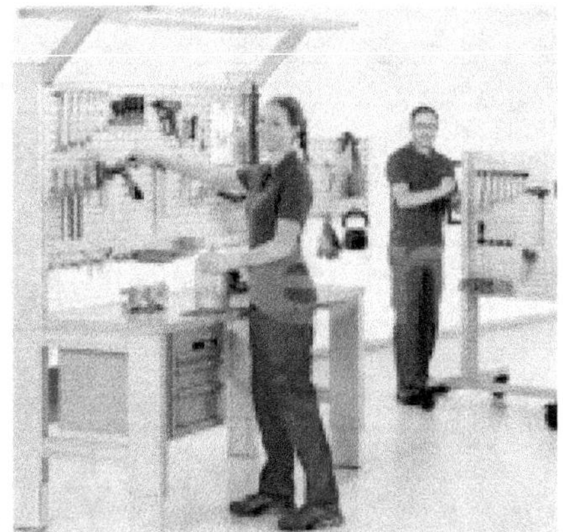

Seguimiento – *Shitsuke*

Seleccionar > Ordenar > Limpiar > Estandarizar > Seguimiento

El seguimiento nunca termina:

- Mejorar los estándares.
- Hacer recorridos *gemba*.
- Invitar a personas externas.
- Hacer concursos.
- Reconocer públicamente los éxitos.

Sugerencias para la implementación

Preparación
Formación a directivos
Formación a todo el personal
Definición de equipo guía
Definición de áreas modelo (piloto)
Dividir áreas
Hacer pizarrones
Diseño de logotipo y lema
Fotografiar áreas
Día cero

Implementación 1.ª S
Aplicar evaluación inicial de 5 S
Fotos del estado actual
Formación 1.ª S
Tarjetas rojas
Clasificar
Verificar tarjetas rojas
Evaluación *(check list)*
Fotografías de avances

Implementación 2.ª S
Revisión de avances y formación 2.ª S
Ordenar y marcar
Verificar
Evaluación *(check list* con fotos de la 2.ª S)
Fotografías para auditorías

Implementación 3.ª S
Revisión de avances y formación 3.ª S
Establecer programas de limpieza
Verificar
Evaluación *(check list* con fotos de la 3.ª S)
Fotografías de avances

Implementación 4.ª S
Crear manual de estandarización
Crear formatos de evaluación
Hacer reglamento de orden y limpieza

Ejemplos

En la industria

En planta de producción

En almacenes

En talleres

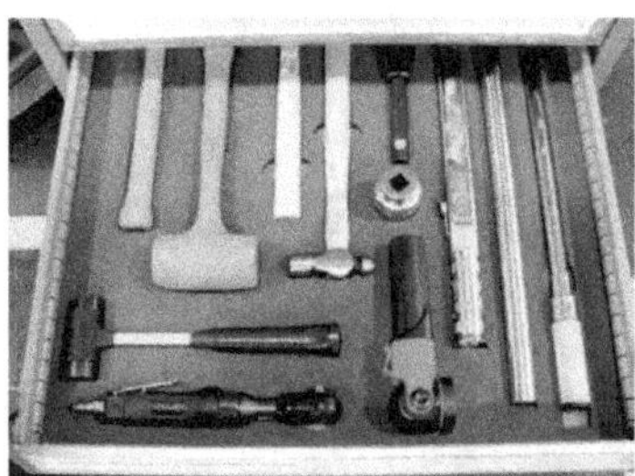

En estaciones de trabajo

Todos los materiales están identificados y en su lugar. Las ruedas se instalan debajo de las unidades de almacenamiento para facilitar el movimiento.

En laboratorios

En documentos y archivos

En oficinas

Antes

Después

Bibliografía recomendada

El proceso de las 5 S en acción

Autores: Luis Socconini
Marco Barrantes

Andon

Objetivos

1. Entender que la gestión visual *(andon)* es una parte integral de la transformación Lean Six Sigma.
2. Identificar por medio de ejemplos, la aplicabilidad de la herramienta para implementarla en el trabajo y en la vida personal.

Contenidos

> Antecedentes
> ¿Qué es *andon?*
> Beneficios
> Procedimiento
> Ejemplos
> Ejercicio

En la antigüedad, las tribus pintaban señales en las paredes como parte de la comunicación y legado a sus pueblos.

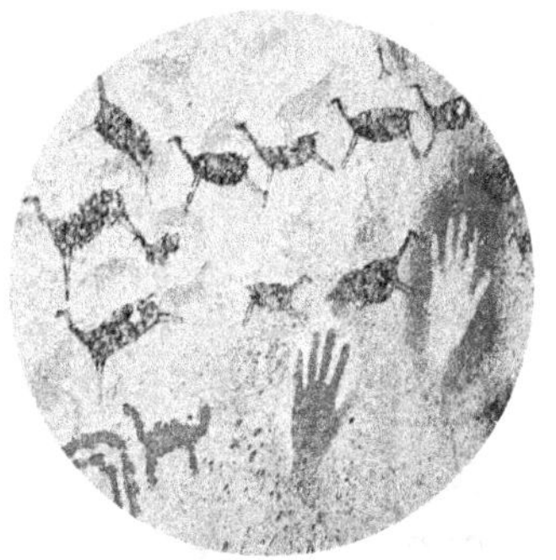

Y los ejércitos comenzaron a reconocerse por sus banderas y uniformes.

¿Cómo los seres humanos percibimos la información?

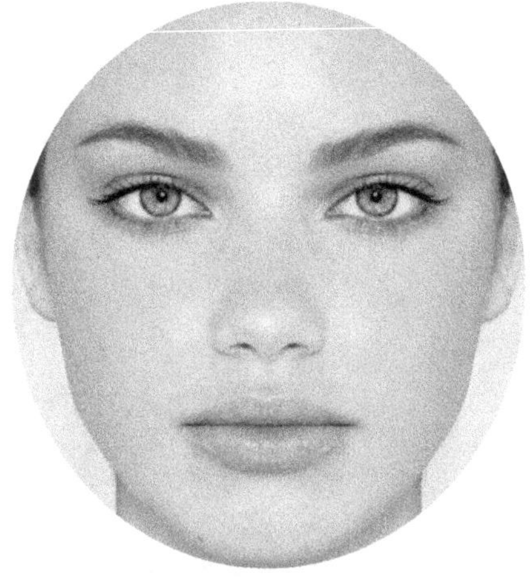

83 % Vista

11 % Oído

4 % **Olfato**

1 % **Tacto**

1 % **Gusto**

Origen de *andon*

- La palabra *andon* era conocida en la antigüedad en Japón como lámpara. Se confeccionaba con trozos de papel colocados alrededor de una base y con una vela en el interior con la tapa descubierta. **Andon funcionaba como una señal visual** que, en la distancia, emitía un mensaje para comunicar algo.

¿Qué es *andon*?

- **Andon** es una señal que incorpora *elementos visuales, auditivos* y *de texto* que, generalmente, sirven para notificar problemas o situaciones que requieren atención.

- Permite *diferenciar* una situación normal de una anormal y ayuda a *identificar* la mejor solución.

- Proporciona *información en tiempo real* y retroalimentación del estado de un proceso.

¿Qué NO es *andon*?

- Presentación de pantallas y gráficos para impresionar a los visitantes corporativos o clientes.

- Abarrotar las paredes vacías con imágenes como fuente de decoración.

- Un esfuerzo único, solo para que los elementos visuales o la información se vuelvan obsoletos con el tiempo.

- Una aplicación aislada del trabajo estándar de los líderes.

Puntos clave

- La gestión visual es una parte esencial de un sistema de gestión Lean.
- Para que la gestión visual sea eficaz y sostenible, debe integrarse con:

  - Gestión estratégica
  - Seguimiento directivo *(gemba)*
  - Análisis de situaciones *(kata)*
  - Trabajo estandarizado
  - Gestión de proyectos
  - Gestión diaria
  - Gestión de resultados

  - Las 5 S
  - Flujo continuo
  - Preparaciones rápidas
  - Mantenimiento productivo
  - *Kanban*
  - Etc.

Ejercicio: ¿Qué elementos *andon* identificas en la foto?

- Materiales:
- Métodos:
- Máquinas:
- Mano de obra:
- Mediciones:
- Medio ambiente:
- Seguridad:

Varias formas de comunicación

- El aspecto distintivo de la **comunicación visual** es que está pensado para un grupo. Esto ayudará a las personas a trabajar en la misma dirección.
- Un *andon* puede ser:
  - Una señal.
  - Un sonido.
  - Una etiqueta.
  - Una pantalla.
  - Una gráfica de tendencia.
  - Un esquema de colores.
  - Etc.

Ejemplo *andon* para evitar que los faros queden encendidos

Niveles de *poka-yoke* aplicando *andon*

1. Compartir información	Incluir instrucciones para *apagar las luces antes* de *parar el motor* en el manual del propietario
2. Compartir estándares establecidos	Copiar las instrucciones en el tablero del automóvil de tal manera que sea fácil que las vea el conductor: «Las luces deben apagarse antes de salir del automóvil»
3. Incorporar estándares al propio lugar de trabajo	Instalar una luz roja cerca de las instrucciones de tal forma que ambas sean fácilmente vistas por el conductor
4. Avisar acerca de anormalidades	Instalar una campana que suene inmediatamente al abrir la puerta del automóvil si las luces están encendidas
5. Detectar anormalidades	Instalar dispositivos que impidan que las llaves se puedan sacar del bombín de arranque del automóvil, hasta que las luces sean apagadas
6. Prevenir anormalidades	Instalar un dispositivo que apague las luces automáticamente cuando el motor se pare

El uso de gestión visual *(andon)* tiene una repercusión inmediata en diferentes ámbitos del proceso de producción:

- Mejora la **calidad.**
- Reduce el **costo.**
- Mejora el **tiempo de respuesta.**
- Aumenta la **seguridad.**
- Mejora la **comunicación.**

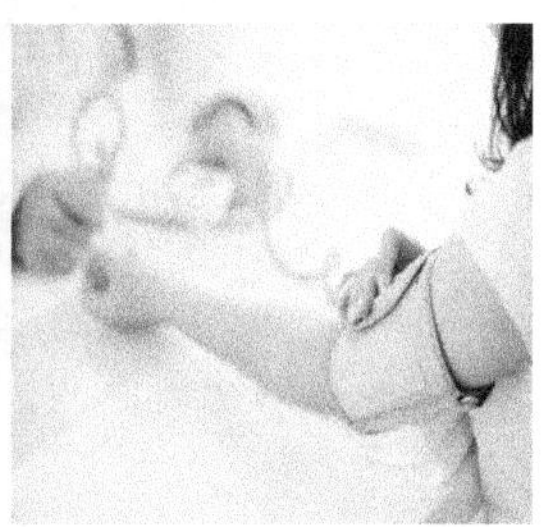

Además de proporcionar:

- **Atención inmediata** a los problemas.
- **Mecanismo simple** para comunicar información.
- Mejora la **rendición de cuentas.**
- **Velocidad y calidad** en las decisiones.

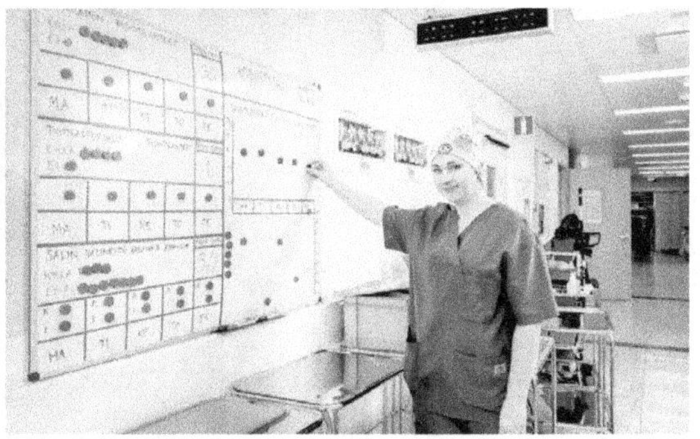

1. Identificar la información que se desea conocer o los errores que se desean evitar.

2. Diseñar una manera simple y visual de mostrar y controlar la actividad.

3. Probar el método y buscar retroalimentación de los involucrados.

4. Formar a todo el personal para que puedan utilizar el mecanismo proporcionado.

5. Revisar y mejorar regularmente.

Andon es aplicable ampliamente en:

Servicios y producción

- Hospitales y clínicas.
- Restaurantes.
- Laboratorios.
- Producción.
- Logística.
- Etc.

Hospitales

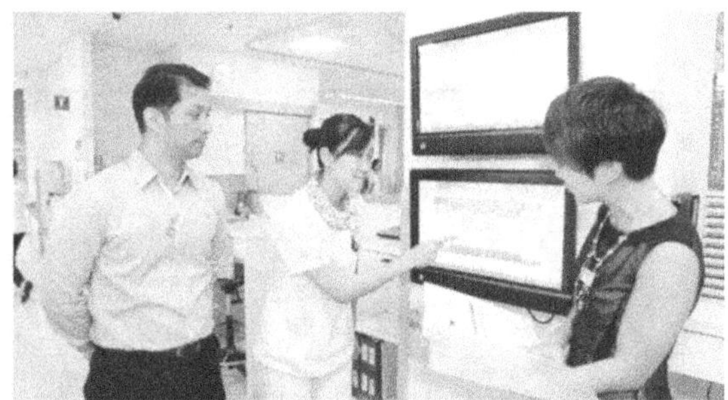

Recepción de pacientes

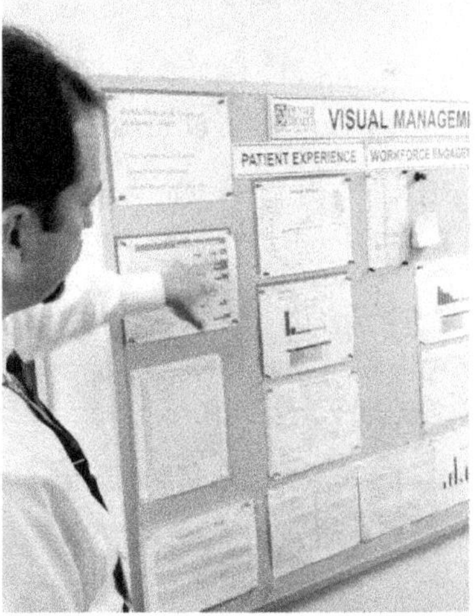

Tablero de resultados

Reuniones ágiles

- Tableros de producción *(andon)*.
- Solo información relevante.
- Las personas están informadas.
- Todos aportan y proponen.
- Se sugiere un plan.
- Todos tienen el mismo fin en mente.

Fuente: Productos Verde Valle.

Andon de línea o célula

Para llevar el registro, por horas, de los resultados contra la meta.

- Los operadores y líderes se reúnen cada día al inicio del turno.

- Establecen metas y requerimientos.

- Durante el turno los operadores actualizan la información cada hora.

- Toman decisiones en base a los resultados.

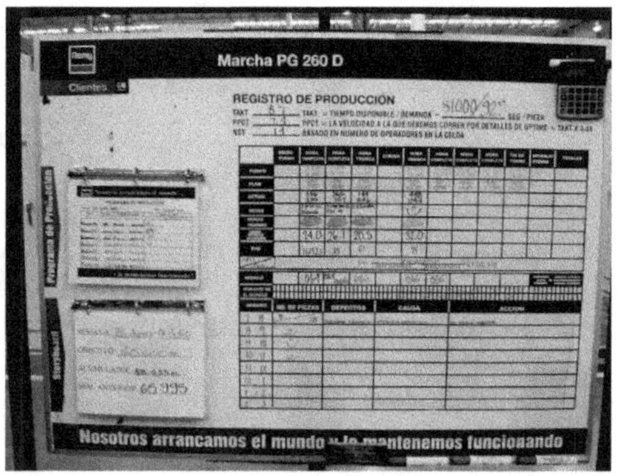

Andon de familia de productos o servicios

- El equipo de la cadena del proceso (cadena de valor) se reúne para analizar resultados.

- Se muestra el estado actual y futuro para los siguientes 2 a 4 meses.

- Se analizan estrategias, estructura y programa de talento.

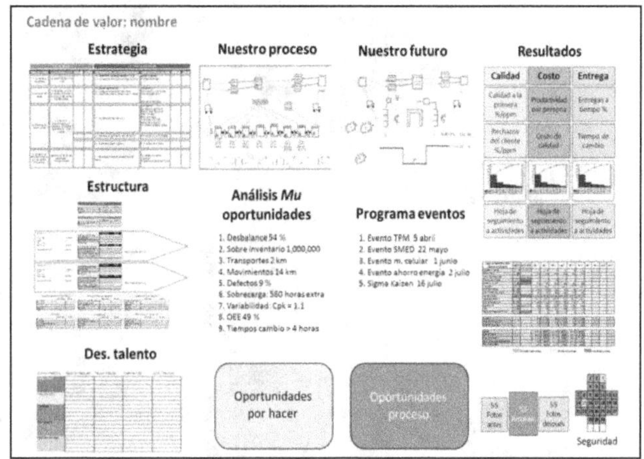

Consejos para crear un espacio visual

- Marcar todas las ubicaciones del inventario.

- Señalar la posición de los equipos.

- Indicar visualmente la cantidad de papelería permitida.

- Etiquetar todos los armarios, estanterías, etc. con su contenido.

Andon de seguridad

Áreas peligrosas

Equipo de protección

Etiquetas de peligro

Pasillos

Andon de control

Control de presión

Control de nivel de aceite

Control de tensión

LSSI
LEAN SIX SIGMA INSTITUTE

Andon de oficina

Depósitos de documentos

Extintor

Estatus de multihabilidades

Archivos

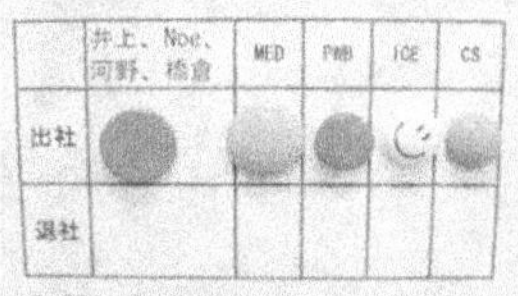

Movimientos de personal

Andon de operaciones

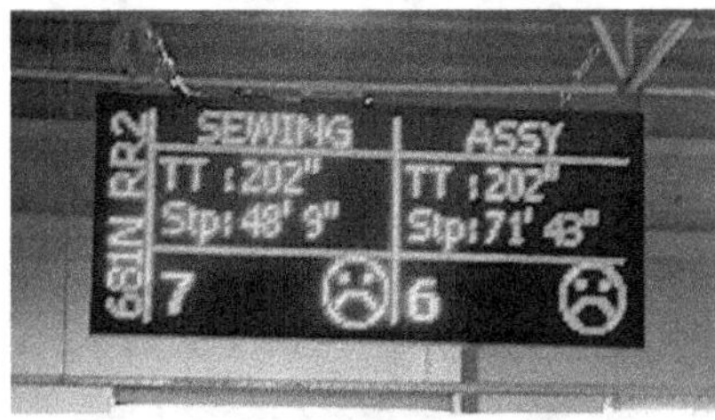

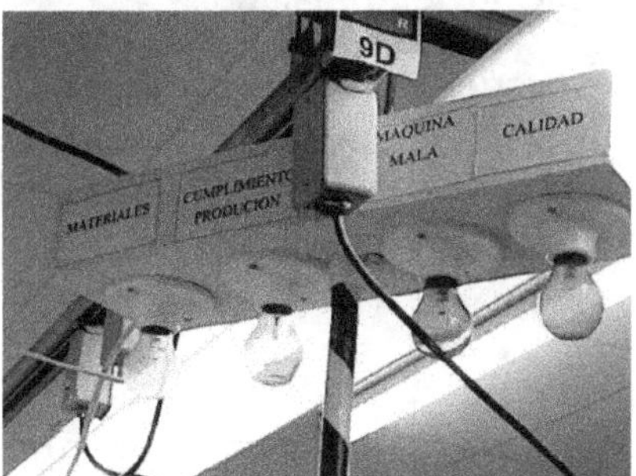

Andon de control visual

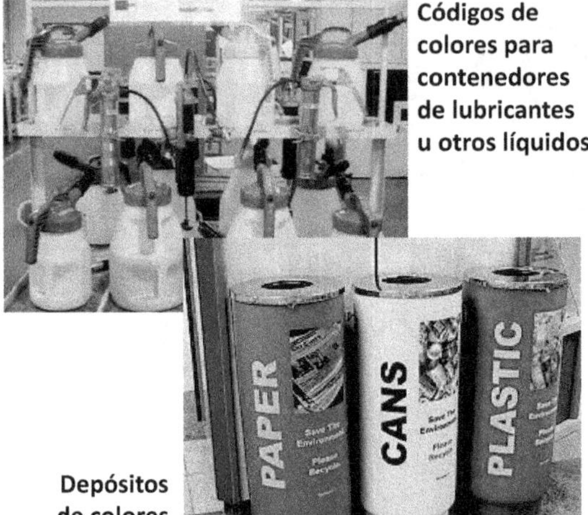

Códigos de colores para contenedores de lubricantes u otros líquidos

Depósitos de colores

Tarjetas de oportunidad

Código de colores para estatus de proyectos

Andon de señal visual

- Los sensores de advertencia visual indican al personal que hay un problema.

- Estos sensores utilizan colores, alarmas y luces para llamar la atención del trabajador.

- Se pueden utilizar junto con un sensor de contacto o de energía para atraer aún más la atención de los operadores.

Ejemplo de tipos de *andon* en Sanidad

- *Andon* **de colores** para indicar el estatus de la áreas para pacientes.

- *Andon* para hacer **reuniones de equipo**.

1. Identifica en tu área de trabajo, las oportunidades que encuentras para aplicar la gestión visual mediante elementos *andon*.

2. Diseña una manera sencilla y visual de mostrar lo aprendido en este capítulo.

3. Prueba el método y busca retroalimentación con las personas involucradas.

Instrucción de trabajo estándar

Objetivos

1. Entender los elementos básicos de las instrucciones de trabajo estándar para asegurar el desempeño óptimo de cualquier actividad.
2. Conocer el procedimiento para crear instrucciones estándar en cualquier proceso.

Contenidos

> Antecedentes
> ¿Qué es una instrucción de trabajo estándar?
> Desarrollo de talento a través de estándares
> Beneficios

Antecedentes

Los métodos de trabajo estándar fueron desarrollados por Taiichi Ohno y Shigeo Shingo en Toyota durante las décadas de 1950 y 1960.

**«Donde no hay estándar, no puede haber Kaizen.»
Taiichi Ohno**

Shigeo Shingo

Taiichi Ohno

¿Qué es un estándar?

Es un **patrón**, **modelo** o **referencia** que proporciona expectativas claras para el desarrollo de cualquier actividad.

- La metodología de mejora continua requiere de estándares para sostener los nuevos métodos, configuraciones y beneficios obtenidos.

- Los estándares determinan la línea base para analizar nuevas oportunidades de mejora permitiendo alcanzar sus metas.

La ausencia de estándares crea confusión y frustración

¿Cuál es la conexión correcta?

¿Qué interruptor enciende cada fuego?

Evolución de la señal de STOP

No había estándares para las señales viales.

- Hoy en día, la señal de STOP es reconocida en todo el mundo.

- Sin embargo, ¿sabes cómo era en sus inicios?

Observa:

El problema era la falta de estándares

La falta de estándares ocasionaba accidentes, lesiones y desorganización.

Tipo de estándares

- Regulaciones.
- Estándares de calidad.
- Especificaciones.
- Requerimientos técnicos.
- Estándares de proceso.
- Manuales.
- Avisos.
- Memorándums.

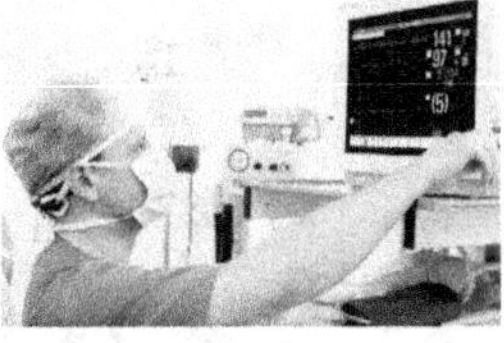

Un buen estándar debe ser visual y ayudar a identificar situaciones anormales en los procesos.

LSSI
LEAN SIX SIGMA INSTITUTE

¿Qué es una instrucción de trabajo estándar?

Instrucciones de trabajo estándar (SWI: *Standard Work Instructions*) son instrucciones diseñadas para asegurar que los procesos sean consistentes, oportunos y repetibles.

- Se imprimen y colocan cerca de la estación de trabajo.
- Los objetivos y resultados reales de la utilización de las instrucciones de trabajo estándar son mejoras en:
  - La calidad del producto o servicio terminado.
  - La consistencia del producto o servicio terminado.
  - El rendimiento del proceso.
  - La seguridad del empleado.

Instrucción de trabajo estándar

INSTRUCCIÓN DE OPERACIÓN						
Departmento: Ensamble	Area: Producción	Operación: Corte	Tipo de producto: Tablero		Preparado por: Luis Socconini	Pág. 1 de 1

NO.	SECUENCIA DE OPERACIONES	PUNTOS CLAVE	RAZONES PARA PUNTOS CLAVE	ILUSTRACIONES
1	Tome el material.	Tome el material con ambas manos.	Necesita asirlo firmemente para evitar accidentes.	
2	Fije el material en la mesa de trabajo.	Utilice abrazaderas para mantener fija la pieza.	De esa manera no se mueve, evitando defectos y accidentes.	
3	Coloque las puntas en dirección al filo de la mesa.	Cuide que la pieza esté bien balanceada de ambos lados.	Esto asegura que el corte se realice sin problemas.	
4	Corte la pieza a la medida establecida.	Utilice la sierra afilada.	No se producen bordes filosos.	
5	Ponga las piezas cortadas en la mesa siguiente.	Colóquelas con el lado etiquetado hacia arriba.	Será fácil identificarlas.	

REGISTRO DE CAMBIOS					CONSIDERACIONES DE SEGURIDAD	CONSIDERACIONES DE SEGURIDAD	FIRMAS			
Fecha	Rev	Descripción del cambio	Sup.	Aprob.			Fecha	Turno	Supervisor	Operador
########	00	Edición inicial	7	56	-El equipo de seguridad debe ser utilizado en todo momento	-El equipo de seguridad debe ser utilizado en todo momento				

Componentes del trabajo estándar

Yellow Belt

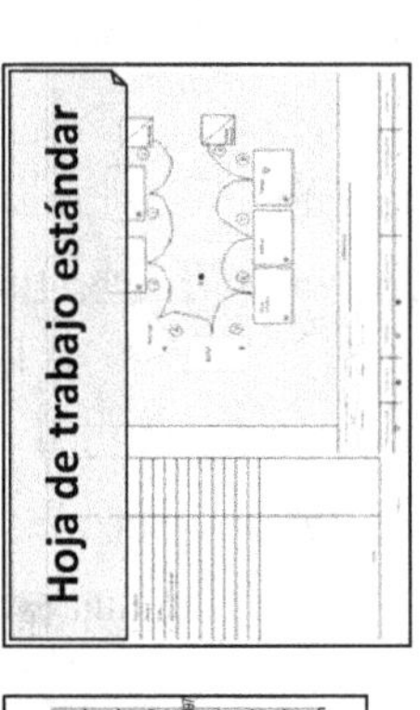
Hoja de trabajo estándar

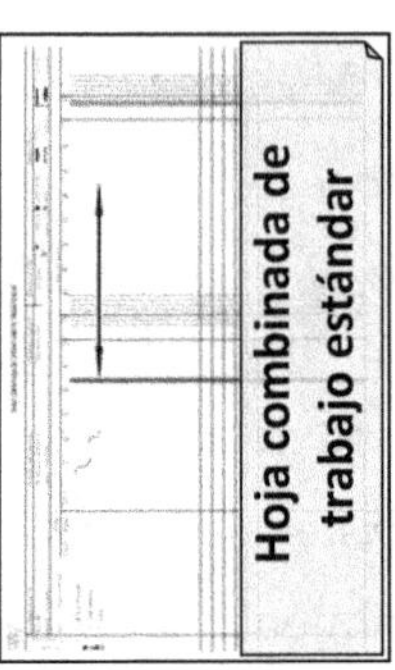
Hoja combinada de trabajo estándar

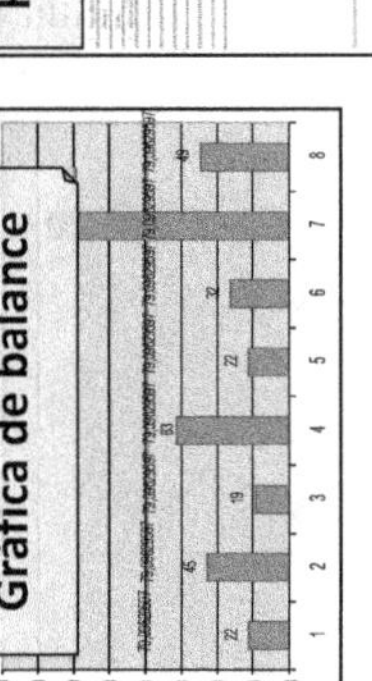
Gráfica de balance

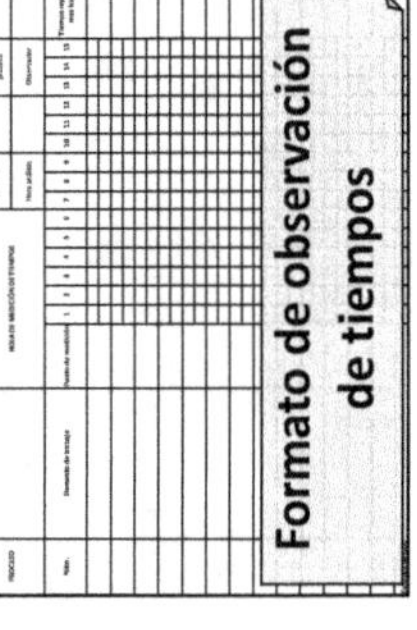
Formato de observación de tiempos

White Belt

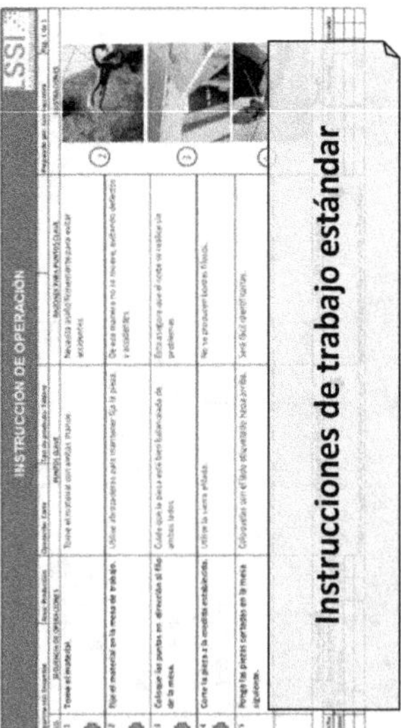
Instrucciones de trabajo estándar

LSSI
LEAN SIX SIGMA INSTITUTE

En el contenido del programa *Yellow Belt* aprenderemos a:

1. Preparar a la organización

2. Identificar el conocimiento crítico

3. Transferir el conocimiento

4. Verificar el aprendizaje

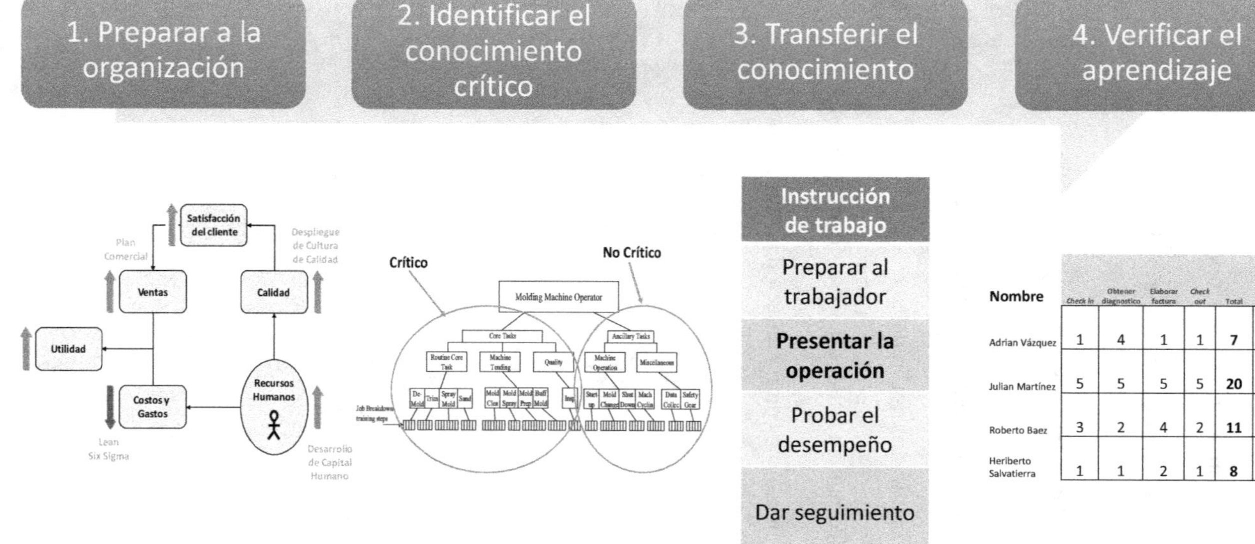

Instrucción de trabajo

Preparar al trabajador

Presentar la operación

Probar el desempeño

Dar seguimiento

Nombre	Check in	Obtener diagnostico	Elaborar factura	Check out	Total	Ranking
Adrian Vázquez	1	4	1	1	**7**	B
Julian Martínez	5	5	5	5	**20**	D
Roberto Baez	3	2	4	2	**11**	C
Heriberto Salvatierra	1	1	2	1	**8**	A

Beneficios

- Alcanzar estabilidad en los procesos.

  La estandarización asegura que los procedimientos serán desarrollados siempre de la misma manera para cumplir los objetivos de seguridad, calidad y velocidad.

- Provee una clara descripción de las actividades en la estacion de trabajo.

- Muestra los puntos clave relacionados a la operación.

- Define los elementos del trabajo.

- Identifica los puntos críticos de seguridad y calidad.

Nota: no son necesarias para operaciones muy simples.

LSSI
LEAN SIX SIGMA INSTITUTE

Introducción
a *Yellow Belt*

Objetivos

1. Entender las responsabilidades de los *Yellow Belt.*
2. Entender cómo se utilizan las herramientas en los ciclos de adecuación y de mejora.
3. Explicar qué herramientas utilizaremos en los proyectos.

Contenidos

> Principios Lean
> Responsabilidades
> Aplicación de las herramientas
> Metodología de los ciclos de mejora

Las 4 P de Toyota

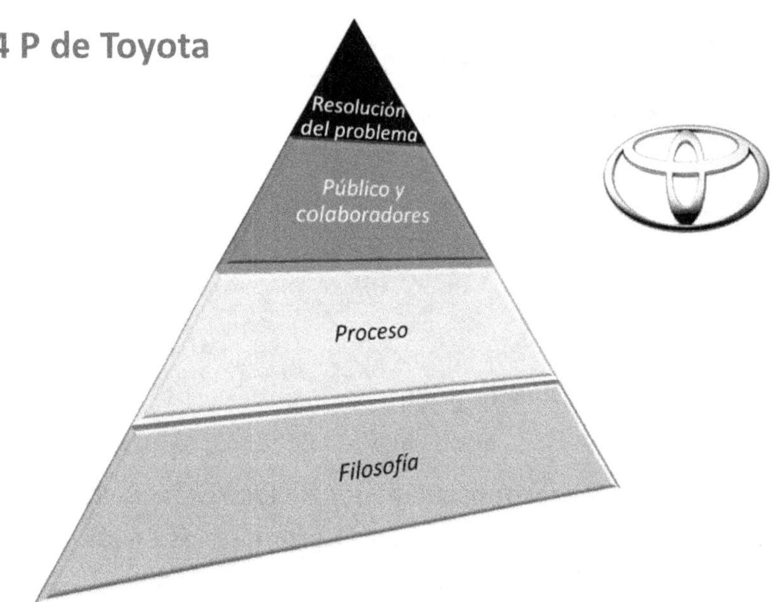

Filosofía
1. La filosofía a largo plazo.

Proceso
2. Crear flujo continuo.
3. Usar sistemas *pull*.
4. Equilibrar la carga.
5. Calidad a la primera.
6. Estandarizar procesos.
7. Control visual.
8. Solo tecnología confiable.

Desarrollando al personal y los proveedores
9. Desarrollar líderes.
10. Desarrollar y retar al personal.
11. Respetar retando a los proveedores.

Resolver problemas genera aprendizaje
12. Ir al lugar de los hechos.
13. Tomar decisiones.
14. Aprender mediante la mejora *(kaizen)*.

20 a 50 por cada 100 empleados.

Experto en la metodología y herramientas Lean.

El personal, de manera individual

- Mantiene sus espacios de trabajo ordenados, estandarizados y asegura la calidad de su trabajo.
- Utiliza las herramientas *Yellow Belt* en sus tareas para solucionar problemas y mejorar continuamente.
- Realiza su trabajo con calidad y a tiempo.

En equipo

- Lideran equipos de mejora y solución de problemas.
- Entrenan a los *White Belt*.
- Dan seguimiento a actividades de proyectos.

Conocimiento

- Metodología DMAIC, herramientas Lean de velocidad y calidad.

Selección del líder y del equipo de trabajo

Un punto clave para el éxito y la velocidad de implementación es:

- Selección de un **líder confiable y respetado,** además de con conocimiento del proceso.

- Selección del **equipo.**

- **Entusiasmo y liderazgo** apoyado por la alta dirección.

Aplicación de las herramientas

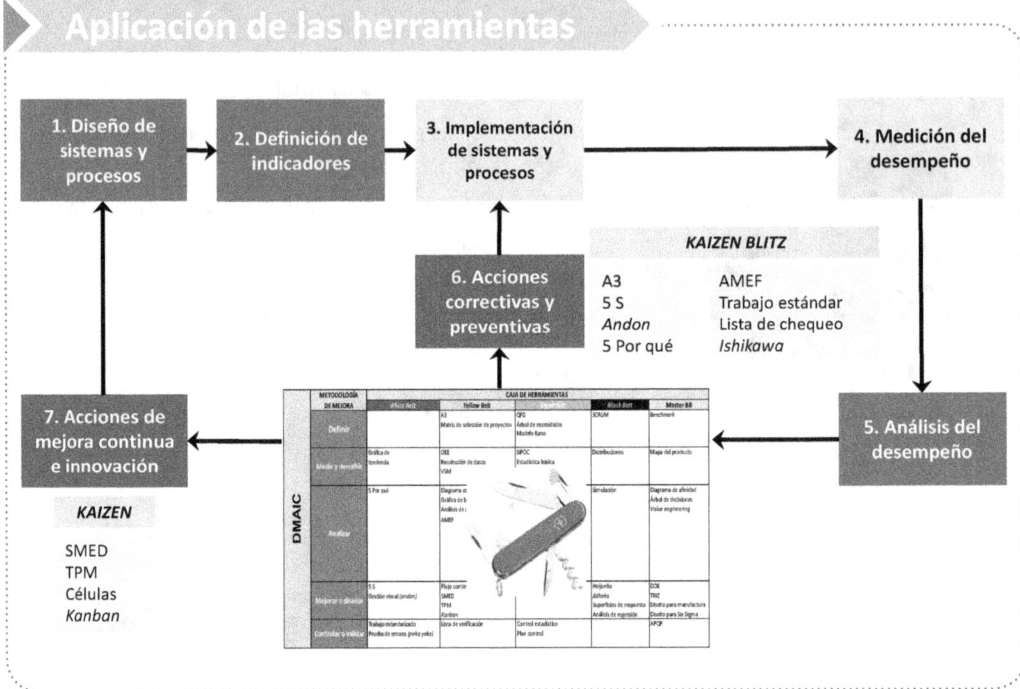

Metodología de los ciclos de mejora

Definir
  1. Definir el problema y seleccionar el proyecto.

Medir
  2. Describir y representar el proceso.
  3. Evaluar los sistemas de medición.

Analizar
  4. Evaluar la capacidad del proceso.
  5. Determinar las variables significativas.

Mejorar
  6. Optimizar y robustecer el proceso.
  7. Validar la mejora.

Controlar
  8. Controlar y dar seguimiento al proceso.
  9. Mejorar continuamente.

Yellow Belt

Lean Management + Lean Basic + Lean Improvement Tools

Herramientas estratégicas (Lean Management)

- Modelo de negocios: *canvas.*
- Planificación estratégica: *hoshin kanri.*
- Estructuras por cadenas de valor.
- Desarrollo de talento.

Herramientas básicas *(White Belt)*

- Solución de problemas.
- 5 S, orden y limpieza.
- Gestión visual: *andon.*
- Instrucción de trabajo estándar.

Yellow Belt

Lean Management + Lean Basic + Lean Improvement Tools

Definir

- Análisis de los 4 cuadrantes (4 Q).
- Definición y documentación de proyectos: A3.

Medir y representar

- Recolección de datos.
- Efectividad total del equipo (OEE).
- Mapa de valor actual (VSM).

Analizar

- Diagrama de espagueti.
- Gráfica de balance.
- Análisis de desperdicios.
- Análisis de modo y efectos de fallos (AMEF).

Mejorar

- *Kaizen.*
  - Flujo continuo.
  - Preparaciones rápidas (SMED).
  - Mantenimiento productivo total (TPM).
  - *Kanban.*
- Mapa de valor futuro.

Controlar

- Trabajo estándar.
- *Poka yoke.*
- *Kata.*

Análisis de los 4 cuadrantes

Objetivos

1. Entender como desarrollar un análisis de los 4 cuadrantes para medir cualquier tipo de indicador utilizando herramientas básicas de la calidad.
2. Aprender el uso de tres herramientas básicas de la calidad:

   - Diagrama de tendencias.
   - Diagrama de Pareto.
   - Análisis de causa-efecto.
   - Lista de acciones.

Contenidos

> Antecedentes
> ¿Qué es un análisis de los 4 cuadrantes?
> Beneficios
> Elementos clave
> Procedimiento

Antecedentes

Muchas compañías fracasan porque:

- No tienen un objetivo bien definido.
- Emprenden jornadas de eliminación de desperdicios a gran escala, buscando mejoras en todas las áreas al mismo tiempo.

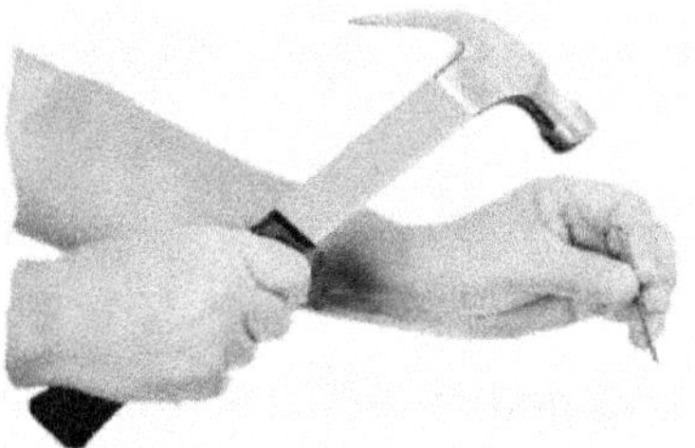

«Si tu única herramienta es un martillo, tiendes a tratar cada problema como si fuera un clavo.» Abraham Maslow

¿Qué es un análisis de los 4 cuadrantes?

Es un método para entender una situación desde un punto de vista objetivo, analizando su impacto y las causas raíz, y así tomar decisiones ágiles.

LSSI
LEAN SIX SIGMA INSTITUTE

Beneficios

- **Solución de problemas** en el lugar donde se generan.
- Mejor **entendimiento** de cualquier indicador.
- Enfoque en solo los **aspectos más importantes** para la operación.
- Mejor **toma de decisiones** basada en datos reales.
- Sirven de base para realizar un ciclo *kata*.

Box Score → 4 Cuadrantes

	Sem 1	sem 2
Unidades por persona	36.16	42.05
Envíos a tiempo	98.00%	94.00%
Días puerta a puerta	23.58	20.5
Calidad a la primera	96%	92%
Costo promedio por producto	$388.46	$348.66
Efectividad Total del Equipo (OEE)	55%	72%
Días de cobranza	34.5	37
Productiva	9.30%	10.80%
No productiva	63.70%	54.80%
Capacidad disponible	27.00%	34.40%
Ventas	$1,101,144	$1,280,400
Costo de material	$462,480	$512,160
Costo de conversión	$250,435	$231,884
Utilidad de la cadena	**$388,229**	**$536,356**
ROS	*35%*	*42%*
Valor del inventario	$593,008	$577,987

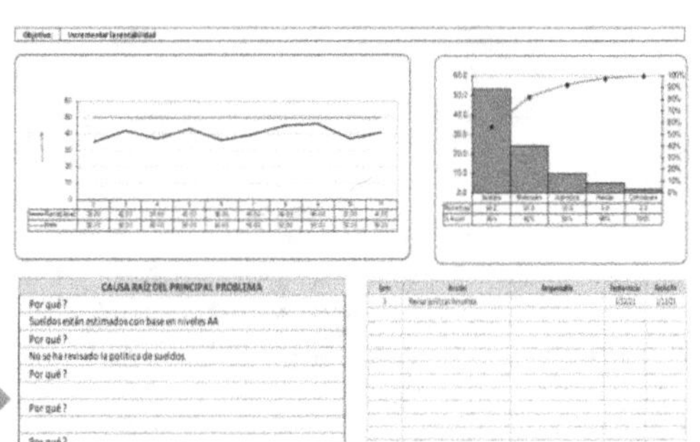

Cada KPI (indicadores clave) del tablero de resultados *(box score)* debe tener un análisis de los 4 cuadrantes correspondiente para poder entender las mediciones con mayor detalle en cualquier momento.

1. Diagrama de tendencias

2. Diagrama de Pareto

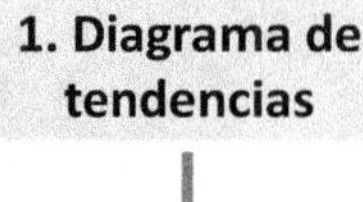

Objetivo:	Incrementar la rentabilidad

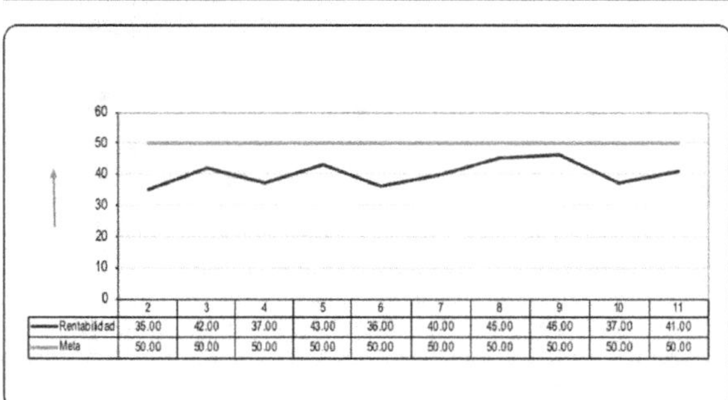

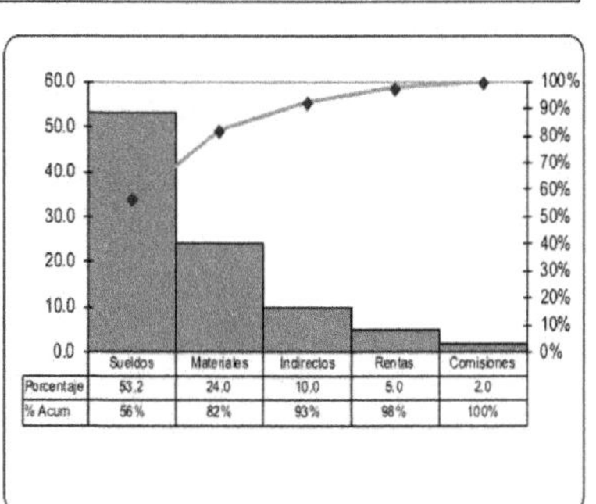

CAUSA RAÍZ DEL PRINCIPAL PROBLEMA
Por qué ?
Sueldos están estimados con base en niveles AA
Por qué ?
No se ha revisado la política de sueldos
Por qué ?
Por qué ?
Por qué ?

Sem	Acción	Responsable	Fecha inicio	Fecha fin
3	Revisar políticas de sueldos		1/12/21	1/12/21

3. Análisis causa-efecto

4. Acciones

Nota: para el análisis causa-efecto se pueden utilizar los diagramas de pescado, árbol de realidad actual y/o análisis de los 5 POR QUÉ.

1. ¿Cuál es el estado actual **(diagrama de tendencias)?**

    - ¿Cuál es el problema o situación?

    - ¿Cuál es el resultado histórico?

2. ¿Cuál es el aspecto más importante a evaluar del estado actual **(diagrama de Pareto)?**

    - ¿Qué **20 %** de los problemas genera el **80 %** de los resultados?

    - ¿Cuáles son las dos o tres cosas en las que hay que enfocarse?

3. ¿Cuál es la causa raíz del problema **(los 5 POR QUÉ)?**

4. ¿Qué tenemos que **mejorar, prevenir o controlar (acciones)?**

1. Diagrama de tendencias

Un diagrama de **tendencias** se utiliza para entender el comportamiento de los indicadores (datos) con respecto a un periodo de tiempo.

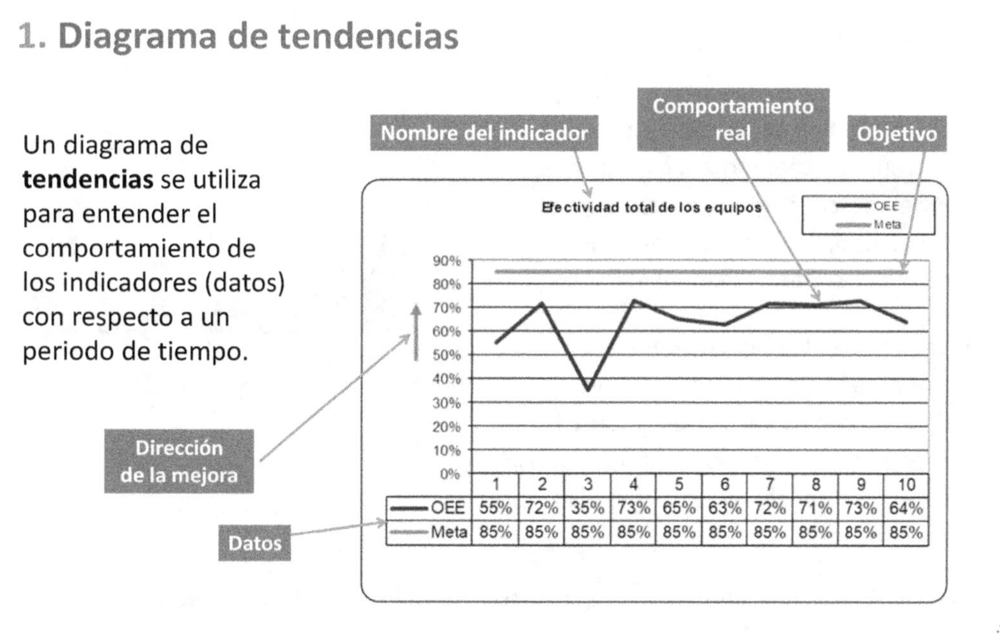

	1	2	3	4	5	6	7	8	9	10
OEE	55%	72%	35%	73%	65%	63%	72%	71%	73%	64%
Meta	85%	85%	85%	85%	85%	85%	85%	85%	85%	85%

¿Qué expresa el diagrama de tendencias?

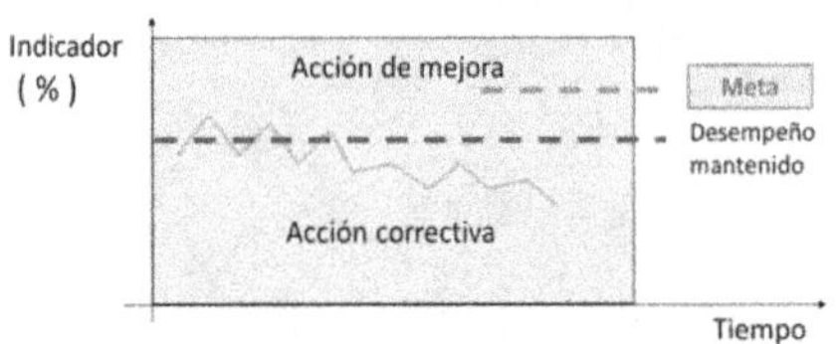

La acción preventiva previene **ocurrencia.**

La acción correctiva previene **recurrencia.**

La acción de mejora **supera** un nivel de desempeño previamente mantenido.

La acción de gestión **mantiene** lo ganado.

¿Cómo crear un diagrama de tendencias?

1. Recolectar datos e introducirlos en una hoja de cálculo.
2. Seleccionar las columnas (incluyendo títulos) donde se encuentren los datos que se desean representar.
3. Seleccionar la opción *gráfico de líneas*.
4. Crear el gráfico.

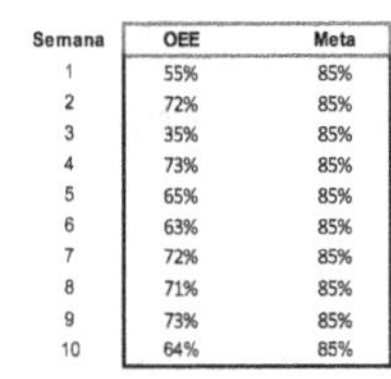

Semana	OEE	Meta
1	55%	85%
2	72%	85%
3	35%	85%
4	73%	85%
5	65%	85%
6	63%	85%
7	72%	85%
8	71%	85%
9	73%	85%
10	64%	85%

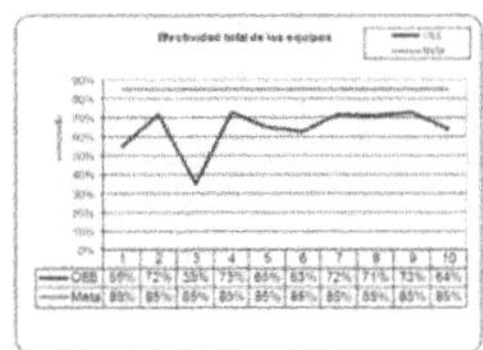

2. Diagrama de Pareto

- Es una **gráfica de barras** para datos de conteo o categóricos, colocados en orden descendente con respecto a su frecuencia, y unida a una ojiva que mide la frecuencia acumulada.

- Se utiliza en la etapa de **definir y analizar** para tener un enfoque de los recursos del proyecto sobre los productos, problemas, departamentos, defectos o causas que generan el mayor rendimiento.

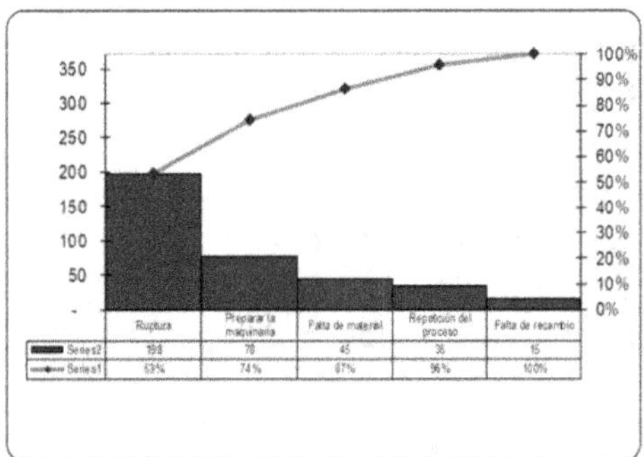

«Pocos vitales y muchos triviales.» Dr. Joseph Juran

Procedimiento para el diagrama de Pareto

1. Decidir qué problemas se van a investigar y cómo recolectar los datos.
2. Diseñar una hoja para recopilar los datos.
3. Capturar los datos de frecuencia y ordenarlos de mayor a menor.
4. Calcular los totales acumulados.
5. Calcular los porcentajes y sus acumulados.
6. Realizar la gráfica.

Análisis del indicador:
efectividad total de los equipos (OEE)

Causas	Cantidad o frecuencia	Cantidad acumulada	Porcentaje	Porcentaje acumulado
Ruptura	198	198	53%	53%
Preparar la maquinaria	78	276	21%	74%
Falta de material	45	321	12%	87%
Repetición del proceso	35	356	9%	96%
Falta de recambio	15	371	4%	100%
Totales	371		100%	

Ejemplo de diagrama de Pareto

Análisis del indicador:
efectividad total de los equipos (OEE)

Causas	Cantidad o frecuencia	Cantidad acumulada	Porcentaje	Porcentaje acumulado
Ruptura	198	198	53%	53%
Preparar la maquinaria	78	276	21%	74%
Falta de material	45	321	12%	87%
Repetición del proceso	35	356	9%	96%
Falta de recambio	15	371	4%	100%
Totales	371		100%	

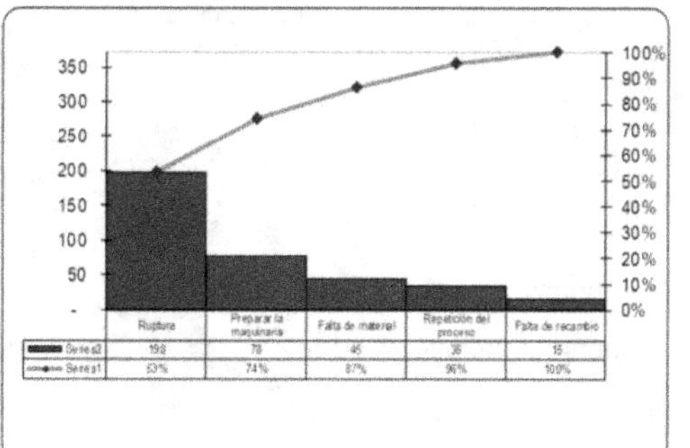

3. Análisis causa-efecto

Análisis de los 5 POR QUÉ

Se contesta consecutivamente a la pregunta "¿por qué?" hasta 5 veces para encontrar la causa raíz del principal problema (el que ocupó el número 1 en el diagrama de Pareto).

Análisis del indicador: OEE
Principal problema: roturas

CAUSA RAÍZ DEL PRINCIPAL PROBLEMA
¿Por qué?
Se funden los fusibles
¿Por qué?
Las máquinas se sobrecalientan
¿Por qué?
Los cambios de aceite no se realizan a tiempo
¿Por qué?
No existe un programa de mantenimiento preventivo
¿Por qué?

4. Acciones

Resultados

	Sem 1	sem 2
Unidades por persona	36.16	42.05
Envíos a tiempo	98.00%	94.00%
Días puerta a puerta	23.58	20.5
Calidad a la primera	96%	92%
Costo promedio por producto	$388.46	$348.66
Efectividad total del equipo (OEE)	55%	72%
Días de cobranza	34.5	37
Productiva	9.30%	10.80%
No productiva	63.70%	54.80%
Capacidad disponible	27.00%	34.40%
Ingreso	$1,101,144	$1,280,400
Costo de material	$462,480	$512,160
Costo de conversión	$250,435	$231,884
Beneficio de la cadena	$388,229	$536,356
ROS	35%	42%
Valor del inventario	$593,008	$577,987

Tipos de acciones

Correctivas

Preventivas

Mejora

Innovación

Acción

Implementar

Documentar

Enseñar

Métodos y herramientas

METODOLOGÍA DE MEJORA		CAJA DE HERRAMIENTAS				
	White Belt	Yellow Belt	Green Belt	Black Belt	Master BB
Definir		A3 Matriz de selección de proyectos	QFD Árbol de necesidades Modelo Kano	SCRUM	Benchmark
Medir y describir	Gráfica de tendencia	OEE Recolección de datos VSM	SIPOC Estadística básica Muestreo MSA (R&R)	Distribuciones	Mapa del producto
Analizar	5 Por qué	Diagrama espagueti Gráfica de balance Análisis de desperdicios AMEF	Histograma Desempeño del proceso Capacidad del proceso (C_p, C_{pk}) Correlación Prueba de hipótesis Intervalos de confianza Diagrama de caja (Box Plots) ANOVA Multivari	Simulación	Diagrama de afinidad Árbol de decisiones Value engineering
Mejorar o diseñar	5 S Gestión visual (andon)	Flujo continuo SMED TPM Kanban	Diseño de experimentos	Heijunka Jidhoka Superficies de respuesta Análisis de regresión	DOE TRIZ Diseño para manufactura Diseño para Six Sigma
Controlar o validar	Trabajo estandarizado Prueba de errores (poka yoke)	Lista de verificación	Control estadístico Plan control		APQP

Tableros *kata*

- El resultado más importante de cualquier tipo de análisis es poder tomar las mejores decisiones de mejora, resolver un problema o controlar una situación.

- En los ciclos *kata,* el proceso de análisis de los 4 cuadrantes ayudará a la **formulación de hipótesis y generación de ideas** de experimentación.

Compromisos y decisiones

Sem	M.A.	Descrición	Fecha	Responsable
2	A.M	TPM	5/17/18	P. Infante
4	A.C	Reparar circuito	5/24/18	S. Negrete
7	A.M	Capacitar personal	6/7/18	J. Solis

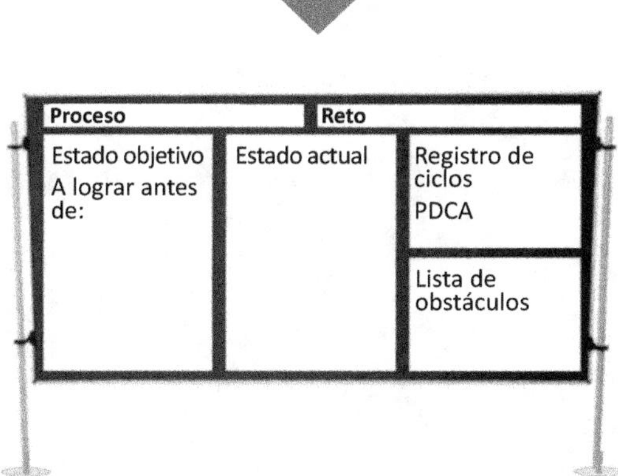

Definición y documentación de proyectos

Objetivos

1. Comprender la importancia de la planificación y documentación inicial de cualquier proyecto de mejora.
2. Elaborar informes A3 de manera fácil y estructurada para documentar cada proyecto de una manera ejecutiva.

Contenidos

> Antecedentes
> ¿Qué es un A3?
> Beneficios
> Elementos de un A3
> Procedimiento
> Ejemplo

Antecedentes

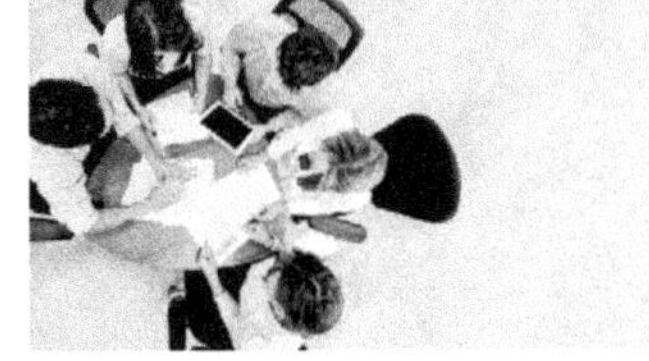

- Los proyectos son parte de la ejecución táctica de la estrategia.

- Prácticamente todas las empresas llevan a cabo proyectos de algún tipo.

- Errores en el planteamiento de proyectos:

  - No vincularlos con las estrategias de la empresa y que no se entienda el impacto en los beneficios de la compañía.

  - No definirlos correctamente en términos de objetivos, alcance, responsables, actividades y seguimiento.

- La definición de proyectos representa la cimentación del desarrollo del mismo.

Definición de proyectos: A3

¿Qué es definición de proyectos?

- Es la planificación y documentación inicial de un proyecto para tener claro el objetivo, el alcance, los resultados esperados y los problemas que se desean resolver.

- En la definición se establecen los elementos que se utilizarán para comparar la situación inicial con los entregables y resultados del proyecto.

- Sin una buena definición, no se sabe si los resultados logrados fueron realmente los deseados.

¿Qué es un A3?

- Es una manera fácil y estructurada de presentar un **resumen ejecutivo** de la solución de un problema.

- Es una manera **ágil de escribir** informes y **comunicar** problemas y soluciones.

Origen

- **A3** es el nombre internacional estándar para el tamaño de papel 297 x 420 mm.

- El concepto fue desarrollado por Toyota para describir el proceso de solución de problemas en **una sola página**.

- **A3** es una combinación de un **informe de una página** y el proceso de pensamiento aplicado a la **solución de problemas**.

Aplicaciones

Inicialmente, los **A3** solo eran utilizados para resolver problemas simples y comunes. Sin embargo, ahora se utiliza **A3** para:

- Proyectos estratégicos.

- Solución de problemas.

- Eventos *kaizen.*

- Implementación de Lean Six Sigma.

Beneficios

- Asegura que los proyectos de mejora están alineados y priorizados con respecto a la estrategia.

- Estandariza la identificación de proyectos de mejora en la organización para evitar decisiones que no estén basadas en datos.

- Evita que la cantidad de proyectos asignados por proceso o área rebasen la capacidad de recursos humanos acordada.

- Proporciona al personal de todos los niveles de la organización la estructura y metodología necesarias para **resolver problemas de manera efectiva**.

Elementos de un A3

1. **Título**: nombra el problema, tema o situación.
2. **Código de referencia**: número o código para documentar el problema.
3. **Responsable**: identifica quien es dueño del problema.
4. **Fecha**: fecha de inicio del A3 y su última revisión.
5. **Antecedentes**: establece el caso de negocio o contexto del problema.
6. **Situación actual**: describe el estado actual y la información que se tenga del problema.
7. **Objetivos**: identifica el resultado esperado.
8. **Análisis:** evalúa el estado actual y la causa raíz.
9. **Recomendaciones:** propone acciones correctivas o de mejora para lograr los objetivos.
10. **Plan:** presenta un calendario de actividades requerido para lograr los objetivos.
11. **Seguimiento:** establece juntas de seguimiento para asegurar resultados, identificar otros problemas, desarrollar nuevas recomendaciones y comunicar las mejoras.

Titulo: **¿De qué estas hablando?**

Responsable/ Fecha

1. Antecedentes

¿Por qué estas hablando de eso?

2. Condiciones actuales / Mediciones

¿Cuál es el problema?

3. Metas / Objetivos

¿Cuáles son los resultados requeridos?

4. Análisis

¿Cuál es la causa raíz del problema?

Lado izquierdo: situación actual

5. Recomendaciones

¿Cuáles son tus recomendaciones de mejora?

6. Plan de acciones

¿Qué actividades son necesarias para la implementación? ¿Quién es responsable? ¿Cuáles son las fechas de entrega?

7. Seguimiento / Control

¿Cómo sabemos si las acciones implementadas tuvieron el impacto necesario? ¿Qué otros problemas podemos anticipar?

Lado derecho: situación futura

Antecedentes: definir el caso de negocio o la declaración del problema

1. Antecedentes

Caso de negocio

- El uso de la herramienta *Caso de negocio* ayuda a **identificar** las áreas problema o las de mejora de la actividad de la empresa.

- Proporciona una **descripción resumida** de las características de una situación.

- Estima el **valor potencial** de la implementación de un proyecto.

Plantilla para el caso de negocio

Definir el caso de negocio o declaración del problema

¿Qué es el caso de negocio?

Es una definición general del área de oportunidad asignada al equipo del proyecto.

Como compañía, el desempeño de nuestro ______________ para el área ____________ no está cumpliendo ____________. Esto está causando problemas de ______________, los cuales cuestan alrededor de ______________ dólares por año.

Piense en términos de:
HOSHIN KANRI
REQUERIMIENTOS
(Internos y externos)

Piense en términos de:
MUDA
MURA
MURI

Ejemplos de casos de negocio

Como compañía, el desempeño de nuestras cuentas por cobrar para el área de facturación no está cumpliendo la meta de 47 días de pago. Esto está causando problemas de falta de liquidez y presupuesto, lo cual cuesta alrededor de cuatro millones de euros por año.

Como compañía, el desempeño de nuestro porcentaje de calidad para el área de montaje no está cumpliendo la meta del 97 % de calidad. Esto está causando problemas de falta de espacio, envíos tarde y costos de calidad, lo cual cuesta alrededor de $ 600 000 dólares por año.

Como compañía, el desempeño de nuestra puntualidad en las entregas para el área de productos alimenticios no está cumpliendo la programación, ni los costos establecidos. Esto está causando problemas de pérdida de clientes, pérdida de contratos y bajada de ventas, lo cual cuesta alrededor de $ 800 000 dólares por año.

Condiciones actuales / Mediciones

Titulo: **¿De qué estás hablando?**

Responsable/ Fecha

1. Antecedentes

Caso de negocio

2. Condiciones actuales / Mediciones

¿Cuál es el problema?

3. Metas / Objetivos

4. Análisis

5. Recomendaciones

6. Plan de acciones

7. Seguimiento / Control

Cómo definir el problema se vio en las herramientas básicas Lean *(White Belt)* en la parte de Solución de problemas.

Lado izquierdo: situación actual

Lado derecho: situación futura

Establecer la línea base:

- Para tener una idea de la magnitud del problema o área de mejora.

- Se debe expresar en un nivel con unidades: horas, pedidos, porcentaje tarde, etc.

- Hay que demostrar el desempeño actual *(baseline)* para el cual se desea un nivel de desempeño (objetivo).

- Se tiene que verificar que la información es de largo plazo cuando se estima la línea base.

Establecer el alcance y los objetivos del proyecto

3. Alcance / Línea base / Objetivos

¿Cuáles son los resultados requeridos?

Proyectos tipo: *Eliminación del hambre en el mundo*

- Su alcance es tan grande que es **imposible manejarlo**.
- Es **difícil relacionar** los resultados con las acciones.

Proyectos con alcance adecuado:

- El proyecto es **suficientemente grande** como para ser un reto para los participantes.
- El equipo siente que la **solución es alcanzable** y estará dentro de su área de responsabilidad.

¿Qué es un CTQ?

CTQ  Clave para la calidad

Un **CTQ** (siglas de *critical to quality)* es una **característica** de un producto o servicio, la cual **satisface** un **requerimiento clave del cliente**.

Todas esas características clave se documentan en base al caso de negocio establecido previamente.

Establecer el objetivo del proyecto

El objetivo es una declaración más específica de las salidas deseadas del problema. Puede utilizar la siguiente guía:

- DPMO actual es de 10,000, el objetivo debe ser mejorarlo a 1,000 o menos para Diciembre próximo.

- DPMO actual es 1,000, el objetivo será 500 DPMO para Enero próximo.

- Tiempo de entrega: de 20 a 5 días para Enero próximo.

- OEE de 67 % a 75 % en 3 meses.

Alcance, línea base y objetivos

Caso de negocio	Alcance	CTQ	Línea base	Objetivo	Ahorro
Como compañía, el desempeño de nuestra puntualidad de entregas para el área de productos médicos no está cumpliendo la programación ni los costos establecidos. Esto está causando problemas de falta de espacio, envíos tarde y costos de calidad, los cuales cuestan alrededor de $ 800 000 dólares por año.	Familia de monitores de presión arterial	Entregas a tiempo	85 %	95 %	$ 800 000
		Precio razonable	$ 120.00	$ 100.00	

Voz del cliente

Análisis

Titulo: **¿De qué estás hablando?**

Responsable/ Fecha

1. Antecedentes

Caso de negocio

2. Condiciones actuales / Mediciones

3. Metas / Objetivos

4. Análisis

¿Cuál es la causa raíz del problema?

Ejemplos de herramientas a utilizar: VSM, AMEF, gráfica de balance, diagrama de espagueti, los 5 por qué.

5. Recomendaciones

6. Plan de acciones

7. Seguimiento / Control

Lado izquierdo: situación actual

Lado derecho: situación futura

Recomendaciones / Plan de acciones / Seguimiento

Titulo: **¿De qué estás hablando?**

Responsable/ Fecha

1. Antecedentes

Caso de negocio

2. Condiciones actuales / Mediciones

3. Metas / Objetivos

4. Análisis

5. Recomendaciones

¿Cuáles son tus recomendaciones de mejora? Ejemplos: VSM futuro, TPM, *kanban,* flujo continuo, SMED, etc.

6. Plan de acciones

¿Qué actividades son requeridas para la implementación, quién es el responsable y cuáles son las fechas de entrega?

7. Seguimiento / Control

¿Cómo sabemos si las acciones implementadas tuvieron el impacto necesario? ¿Qué otros problemas podemos anticipar? Ejemplos: caminata *gemba,* tablero de resultados.

Lado izquierdo: situación actual

Lado derecho: situación futura

¿Qué es una gráfica de Gantt?

- La **gráfica de Gantt** es una herramienta que permite mostrar **gráficamente la planificación de las tareas** necesarias para la realización de un proyecto.

- Esta herramienta fue ideada por Henry L. Gantt en 1917.

La gráfica de Gantt permite y ayuda a:

- Programar actividades y tareas.

- Vigilar el cumplimiento de un proyecto en un tiempo establecido.

- Determinar el avance en cualquier momento.

- Asignar responsabilidades de cada ejecución.

Elementos de la gráfica de Gantt

Eje vertical: las actividades que constituyen el trabajo a ejecutar

GANTT DE PROYECTO LEAN SIX SIGMA
PROYECTO #

	Duración	Inicio	Fin	1	2	3	4	5	6	7	8	9	10	11	12	13	14	15	16	17	18	19	20
DEFINIR	13	01/01/2008	14/01/2008																				
Definir el proyecto, desarrollo de la carta de proyecto	7	01/01/2008	08/01/2008																				
Definir el proceso y métricos del problema	3	04/01/2008	07/01/2008																				
Formación del equipo	2	06/01/2008	08/01/2008																				
Aprobación del proyecto	1	07/01/2008	08/01/2008																				
MEDIR	16	07/01/2008	23/01/2008																				
Describir el proceso	2	07/01/2008	09/01/2008																				
Medir el desempeño del proceso	2	09/01/2008	11/01/2008																				
Evaluar el sistema de medición	2	11/01/2008	13/01/2008																				
Definir la línea base	10	21/01/2008	31/01/2008																				
Revisar y actualizar estatus del proyecto	0	21/01/2008	21/01/2008																				
ANALIZAR	28	21/01/2008	18/02/2008																				
Analizar el proceso	8	21/01/2008	29/01/2008																				
Analizar las fuentes de variación	10	31/01/2008	10/02/2008																				
Determinar las variables significativas	10	10/02/2008	20/02/2008																				
Revisar y actualizar estatus del proyecto	0	10/02/2008	10/02/2008																				
MEJORAR	25	10/02/2008	06/03/2008																				
Determinar nuevas condiciones de operación	10	10/02/2008	20/02/2008																				
Estimar los beneficios para el proceso mejorado	5	15/02/2008	20/02/2008																				
Determinar y ajustar los modos de falla	5	15/02/2008	20/02/2008																				
Implementar y verificar los cambios al proceso	5	20/02/2008	25/02/2008																				
Revisar y actualizar estatus del proyecto	0	20/02/2008	20/02/2008																				
CONTROLAR	17	20/02/2008	08/03/2008																				
Implementar acciones de control	9	20/02/2008	29/02/2008																				
Implementar plan control con el dueño del proceso	2	22/02/2008	24/02/2008																				
Implementar plan de análisis mensual de logros	5	22/02/2008	27/02/2008																				
Documenta lecciones aprendidas	1	23/02/2008	24/02/2008																				
Terminación formal del proyecto	0	23/02/2008	23/02/2008																				

Eje horizontal: un calendario o escala de tiempo definido en términos de la unidad más adecuada al trabajo que se va a ejecutar: hora, día, semana, mes, etc.

La posición de cada bloque en el diagrama indica el inicio y el fin de la actividad

Introducir el numero de días que durará la intervención de la actividad descrita

Cada actividad se representa mediante un bloque rectangular cuya longitud indica su duración

Titulo: Entregas a tiempo y mejora en fiabilidad de equipos

Iniciales/Resp. ☐ ☐ ☐ ☐

Antecedentes: situación alrededor del problema →

1. Antecedentes

Como compañía, el desempeño de nuestra puntualidad de entregas para el área de productos médicos no está cumpliendo la programación ni los costos establecidos. Esto está causando problemas de falta de espacio, envíos tarde y costos de calidad, lo cual cuesta alrededor de $ 800 000 dólares por año

2. Condiciones actuales / Mediciones

Problema e impacto actual →

¿Dónde estamos?
* **Los pedidos no se están entregando a tiempo**

3. Metas / Objetivos

Alcance	CTQ	Línea base	Objetivo	Ahorro
Familia de monitores de presión arterial	Entregas a tiempo	85 %	95 %	$ 800 000
	Precio razonable	$ 120.00	$ 100.00	

Causa: definición de causas a partir del diagrama de pescado y árbol de realidad actual →

4. Análisis

¿Cuál es la causa raíz del problema?

* **Falta de mantenimiento preventivo**
* **Los operadores no han sido formados correctamente**

Escoge la herramienta más simple para identificar la causa raíz: los 5 por qué, el diagrama de pescado, el árbol de realidad actual, etc.

Acciones: actividades, responsables y fechas compromiso →

5. Recomendaciones

Las propuestas para llegar al estado futuro:
* **Implementación de mantenimiento productivo total**
* **Desarrollar un programa de capacitación para operadores**

6. Plan de acción y objetivos

Evento *kaizen* TPM

Días: 1 2 3 4 5

1. Capacitación en TPM
2. Evento de superlimpieza
3. Generar tarjetas de oportunidad
4. Desarrollar AMEF de equipos
5. Implementar mantenimiento autónomo
6. Desarrollar calendario de mantenimiento preventivo
7. Desarrollar instructivos para mantenimiento preventivo
8. Implementar controles visuales
9. Desarrollar instrucciones de seguridad
10. Formar a operarios y supervisores

Indicadores para monitorear la mejora:
* **Entregas a tiempo**
* **Efectividad total de los equipos (OEE)**

Seguimiento: verificar resultados, acciones y prevención →

7. Seguimiento / Control

* **Analizar tableros de puntuación en reuniones semanales**
* **Caminatas *gemba* para analizar los tableros hora por hora**

Como doblar un A3

- Dado que el A3 es un papel más grande de lo que normalmente se usa en las oficinas, es difícil de archivar de manera adecuada.

- Toyota recomienda una manera especifica para doblar un informe A3 para obtener una hoja de 105 x 210 mm que se pueda archivar fácilmente.

1. Doblar por la mitad de derecha a izquierda

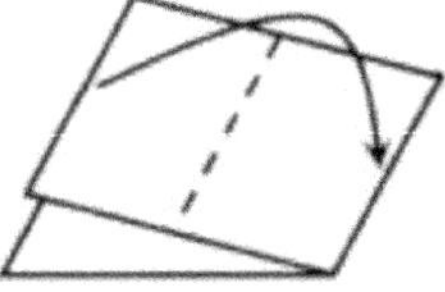

2. Doblar por la mitad de izquierda a derecha

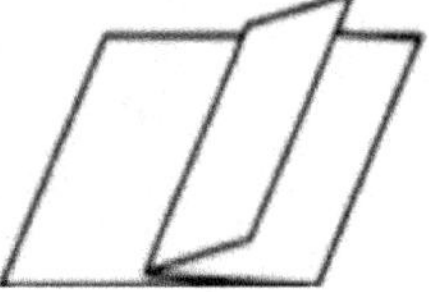

3. Listo para archivar

LSSI
LEAN SIX SIGMA INSTITUTE

Recolección de datos

14

Objetivos

1. Identificar el tipo de información que se requiere
   para desarrollar un proyecto de mejora o solución
   de problema.
2. Estandarizar el tipo de datos a recolectar y las fuentes
   de donde obtenerlos.
3. Conocer la forma de estudiar los tiempos de un proceso.

Contenidos

> Introducción
> Beneficios
> Procedimiento

Introducción

Obtener datos

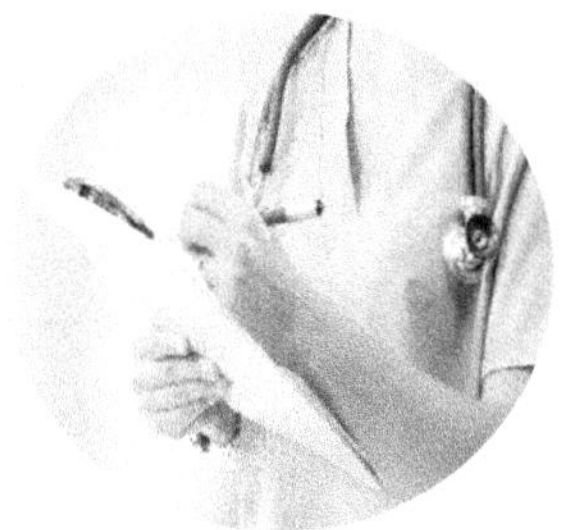

- Los datos son la base para la toma de decisiones en Lean Six Sigma.

- La recolección de datos debe ser tan clara y simple como sea posible con el fin de evitar errores.

Errores comunes en la recolección de datos

- **Medición:** errores de procedimiento, de instrumento o de calibración.

- **Operacional:** falta de seguimiento de los manuales de instrucciones, de formación, de datos o errores en la toma.

- **Influencia por interacción:** ejecutar una medición puede afectar el desempeño de la operación.

- **Percepción:** quien recolecta los datos tiende a ver lo que quiere ver.

- **Muestreo:** los datos recolectados no representan el proceso en su totalidad.

Beneficios

- Identificar correctamente aquellos datos que son relevantes para establecer un estado actual.

- Aprender el proceso y conocer al personal a través de la recolección de datos, permite una ejecución más eficiente del proyecto.

- Reconocer oportunidades potenciales para mejorar la calidad de los datos que se generan en los procesos y corroborar que los datos recolectados son fidedignos.

Procedimiento

1. Identificar las fuentes de datos.

2. Recolectar los datos.

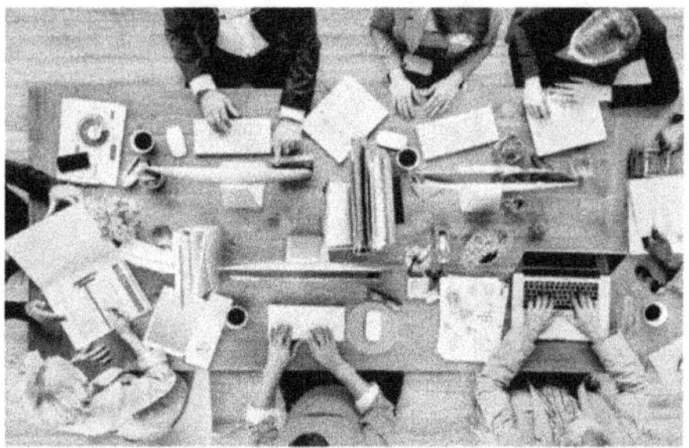

1. Identificar las fuentes de datos

Flujo de información	Flujo de material

Ejemplos

- Demanda mensual o semanal.
- Pronósticos.
- Confirmación de órdenes.
- Pedidos de insumos.

- Tiempos de ciclo para cada operación (TC).
- Tiempos de cambio de producto (TCP).
- Efectividad total (OEE).
- Número de personas u operadores.
- Niveles de inventario en proceso (las cantidades más comunes).
- Métodos de transporte del proveedor a la operación y al cliente.
- Porcentaje de rechazos *(scrap)*.

2. Recolectar los datos

- En sus diferentes formas, la recolección de datos permite obtener datos de una manera confiable, y facilita el uso de herramientas más sofisticadas.

Tipos
- A. Etiqueta autoadhesiva
- B. Hoja de estudio de tiempos
- C. Fotos y videos

A. Etiqueta autoadhesiva

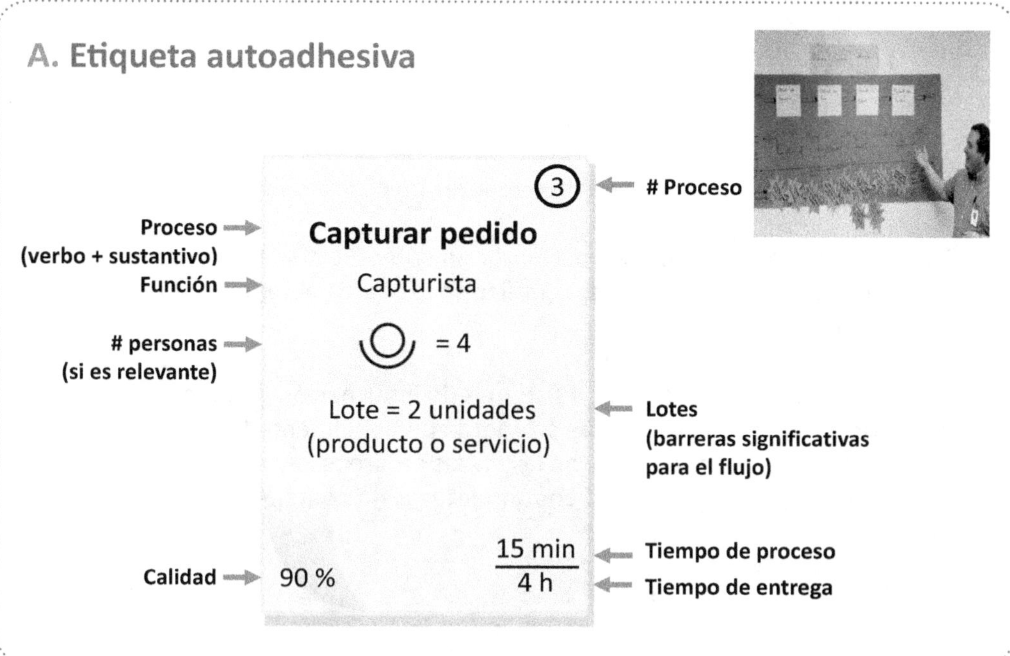

B. Hoja de estudios de tiempos

LSSI			PROCESO						Fecha Análisis		01/02/2020		Observador		E. Uribe
HOJA DE MEDICIÓN DE TIEMPOS			Fabricación de Tableros						Hora Análisis		7:00 a 15:00 hrs		Validó		E. Alatorre

No.	Operación	Punto de Medición	1	2	3	4	5	6	7	8	9	10	11	12	13	14	15	Tiempo repetido más bajo
1	Cortar piezas	Estación de corte	21	20	22	22	25	22	23	21	22	22	20	27	22	22	21	22
			22	22	23	22	22	21	22	22	20	25	22	23	22	22	22	
2	Pintar	Estación de pintura	47	45	45	43	47	45	45	45	43	49	45	45	43	45	45	45
			45	47	45	43	45	45	45	40	45	45	43	45	45	43	41	
3	Perforar	Estación de taladro	19	17	21	19	19	21	19	19	20	21	19	19	25	19	21	19
			23	19	19	19	21	20	19	19	21	19	19	21	20	19	19	
4	Ensamble electrónico	Estación de ensamble 1	65	65	63	63	67	63	63	63	61	63	65	63	67	63	67	63
			63	63	65	63	63	67	65	63	63	63	61	62	63	65	63	
5	Cargar software	Mesa de carga de software	22	23	23	22	22	22	21	22	25	23	22	22	23	25	22	22
			21	22	23	22	21	23	22	23	22	22	25	22	22	22	22	
6	Ensamble módulo de control	Estación de ensamble 2	33	32	35	32	32	35	33	32	32	32	35	32	32	35	32	32
			35	32	32	35	32	32	35	32	33	32	32	32	35	32	33	
7	Ensamble final	Estación de ensamble 2	134	137	135	139	130	131	134	134	133	135	134	137	131	134	129	134
			134	137	134	131	130	130	134	134	133	134	134	137	134	133	134	
8	Empaque	Estación de empaque	51	49	49	47	51	49	49	50	51	49	49	50	53	49	49	49
			45	50	49	49	47	49	49	51	49	53	49	49	51	49	49	
	Tiempo de ciclo																	386

Recomendaciones para recolectar datos

- No utilizar datos históricos. Se deben realizar mediciones propias.

- Caminar por la planta o la oficina. Utilizar un cronómetro para tomar el tiempo de cada paso del proceso. Confiar en los datos obtenidos, no en lo que se diga.

- Los inventarios registrados en los sistemas de información pueden ser imprecisos. Hay que asegurar que se anotan personalmente los inventarios de la materia prima, de las piezas en proceso y del producto terminado. Hay que procurar no contar piezas, sino contenedores, palés, cajas, etc.

15

Efectividad total del equipo (OEE)

Objetivos

1. Aprender a calcular la capacidad real de un proceso, es decir, que tan bien se están utilizando los recursos propios para satisfacer a los clientes, al cumplir con sus requerimientos de suministro y calidad.
2. Utilizar OEE *(overall equipment effectiveness)* para identificar el nivel de oportunidad para mejorar un proceso.
3. Conocer con detalle la manera de maximizar la efectividad de los equipos:

   - Comprendiendo las seis grandes pérdidas.
   - Calculando la efectividad total de los equipos (OEE).

Contenidos

¿Qué es efectividad total del equipo?

Efectividad total del equipo es uno de los indicadores más importantes de un proceso.

- Representa el porcentaje del tiempo realmente utilizado en **agregar valor** a los clientes.

- Aquellos procesos que funcionan de acuerdo a su tiempo de ciclo y sin generar defectos son considerados eficientes.

OEE *(overall equipment effectiveness)* = disponibilidad × eficiencia × calidad

- **Disponibilidad** es el porcentaje de tiempo en el que el proceso presenta su plena capacidad de operación (sin producir productos o servicios con defectos).

- **Eficiencia** es el porcentaje de tiempo en que se trabaja a la velocidad estándar.

- **Calidad** es el porcentaje de productos o servicios buenos en comparación con el total de productos o servicios generados.

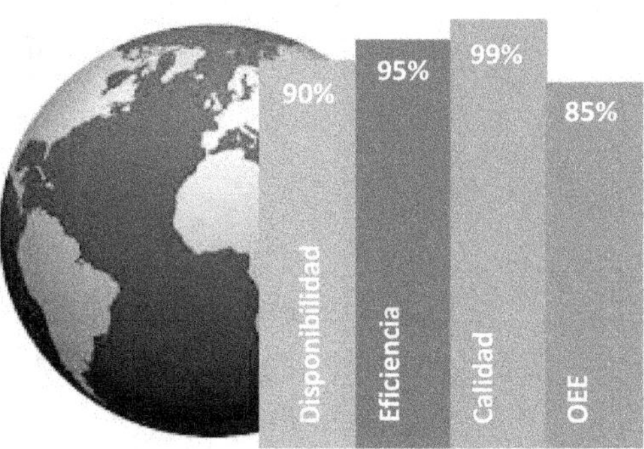

Las seis grandes pérdidas de OEE

1. **Paros por fallos:** el proceso o equipo debería estar funcionando, pero no lo hace por presentar fallos. Necesita ser reparado o ajustado.
2. **Paros por preparación:** el proceso o equipo se encuentra detenido para cambiar de producto o realizar alguna preparación.
3. **Paros menores**: son paros muy pequeños por mal funcionamiento o fallos. Generalmente son tan breves que son difíciles de monitorear y registrar (menos de 5 min).
4. **Reducción de velocidad:** es el tiempo que se pierde cuando no es posible mantener la velocidad máxima teórica del proceso o equipo.
5. **Rechazos en arranque:** es el tiempo dedicado a generar defectos mientras el proceso o equipo se estabiliza después de un cambio o ajuste.
6. **Rechazos y retrabajos:** es el tiempo dedicado a producir defectos y rechazos cuando el proceso o el equipo se encuentra en pleno funcionamiento.

Procedimiento

1. Capturar el tiempo muerto durante un día de trabajo.

2. Contar el número de rechazos y retrabajos realizados durante el día.

3. Calcular la **disponibilidad**: tiempo operativo / tiempo disponible.

4. Calcular la **eficiencia**: unidades producidas / (tiempo operativo × capacidad).

5. Calcular la **calidad**: unidades buenas a la primera / unidades totales producidas.

6. Calcular la **efectividad total del equipo.**

7. Comunicar al equipo los resultados y tomar decisiones para mejorar.

Ejemplos

En un día normal de trabajo se obtuvieron
los siguientes datos del proceso de diagnóstico:

Tablero día por hora

Meta: 73 unidades   **Fecha:** 02/07/19
Capacidad: 10 unidades por hora

Hora	Meta	Real	Acumulado	Tiempo muerto (min)	Tipo	Defectos
8 a 9	10	10	10			
9 a 10	8	7	17	10	Descanso	
10 a 11	10	10	27			
11 a 12	10	5	32	20	Preparación	
12 a 1	5	4	36	30	Almuerzo	
1 a 2	10	11	47			
2 a 3	10	2	49	30	Ruptura	3
3 a 4	10	11	60			
Totales	**73**	**60**		**90**		**3**

Efectividad total del equipo

Meta: 73 unidades   **Fecha:** 02/07/19
Capacidad: 10 unidades por hora

Hora	Meta	Real	Acumulado	Tiempo muerto (min)	Tipo	Defectos
8 a 9	10	10	10			
9 a 10	8	7	17	10	Descanso	
10 a 11	10	10	27			
11 a 12	10	5	32	20	Preparación	
12 a 1	5	4	36	30	Almuerzo	
1 a 2	10	11	47			
2 a 3	10	2	49	30	Ruptura	3
3 a 4	10	11	60			
Totales	**73**	**60**		**90**		**3**

Tiempo total = 480 min

Tiempo dispobible = 440 min — Tiempo planeado 40 min

Tiempo operativo = 390 min — Tiempo muerto 50 min

Tiempo neto = (390 × 0.97) = 378 min — Perdida de velocidad 12 min

Tiempo productivo = (378 × 095) = 359 min — Mala calidad 19 min

$$\text{Disponibilidad} = \frac{\text{Tiempo operativo}}{\text{Tiempo dispobible}} = 390 / 440 = \textbf{89 \%}$$

$$\text{Eficiencia} = \frac{\text{Unidades producidas}}{\text{Tiempo operativo} \times \text{capacidad}} = \frac{63}{(390/60) \times 10} = \textbf{97 \%}$$

$$\text{Calidad} = \frac{\text{Unidades buenas a la primera}}{\text{Unidades producidas}} = \frac{60}{63} = \textbf{95 \%}$$

OEE = 359 / 440 = 82 %

OEE = disponibilidad × eficiencia × calidad
OEE = 0.89 × 0.97 × 0.95 = 82 %

Obtener el OEE de un servicio de lavandería

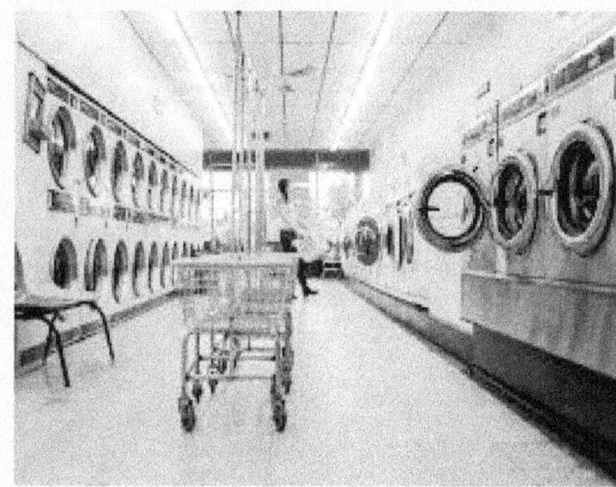

- Tiempo total disponible = 480 min.
- Tiempo previsto = 30 min para comer.
- Rupturas = 10 min.
- Tiempo de preparación = 20 min.
- Capacidad = 36 kg/h.
- Producción real = 245 kg.
- Trabajos repetidos = 11 kg.

Obtener:

1. Disponibilidad.
2. Eficiencia.
3. Calidad.
4. OEE.

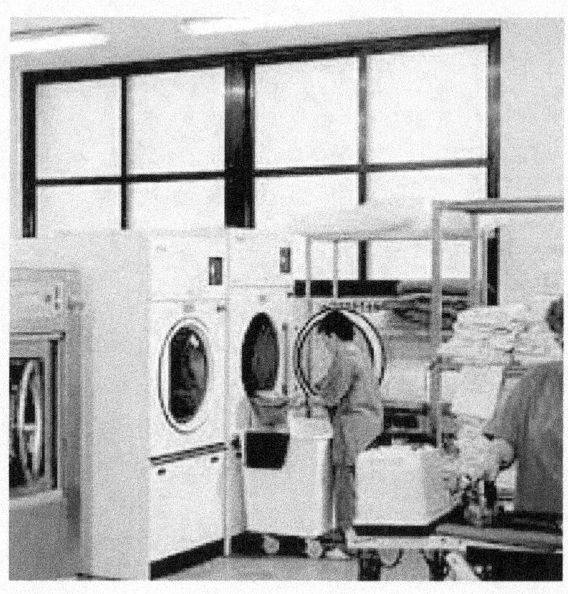

Mapa de valor actual (VSM)

Objetivos

1. Entender la importancia de realizar un mapa de valor para cada proceso que ha de ser mejorado.
2. Conocer el procedimiento general para hacer un mapa de cualquier tipo de proceso.
3. Identificar las áreas clave y cuellos de botella que requieran la implementación de mejoras.

Contenidos

> Antecedentes
> ¿Qué es el mapa de valor actual?
> Beneficios
> Elementos clave
> Procedimiento y ejemplo

Antecedentes

Una de las mayores causas de fracaso al practicar Lean Six Sigma es querer implementar las herramientas en **todos** los lugares y al mismo tiempo, sin establecer un **enfoque** preciso de las necesidades de la organización.

Es lo que denominamos *popcorn kaizen.*

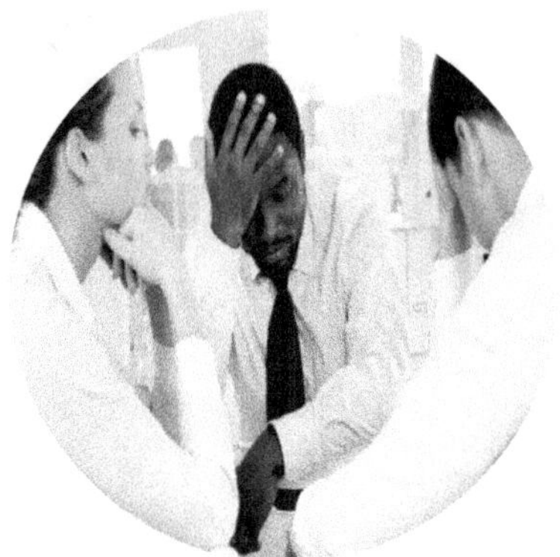

Muy pocas personas dentro de una organización pueden contestar, correctamente, a todas las preguntas siguientes:

- ¿Cuál es la demanda actual de nuestro servicio o producto?
- ¿Cuál es nuestra capacidad actual?
- ¿Cuáles son los cuellos de botella en el sistema? ¿Dónde se encuentran ubicadas estas restricciones?
- ¿Cuál es el costo actual para la elaboración de cada producto o servicio?
- ¿Estamos ganando o perdiendo dinero?

Principios Lean

- Especificar el **valor** desde la perspectiva del cliente.

- Identificar el **flujo** o la **cadena de valor** para cada familia de productos o servicios.

- Asegurar **el flujo continuo** para cada producto o servicio mediante la eliminación de desperdicios.

- Entregar solamente cuando el cliente lo solicite (sistema ***pull),*** asegurando la entrega justo a tiempo *(just in time).*

- Gestionar hacia la **perfección.**

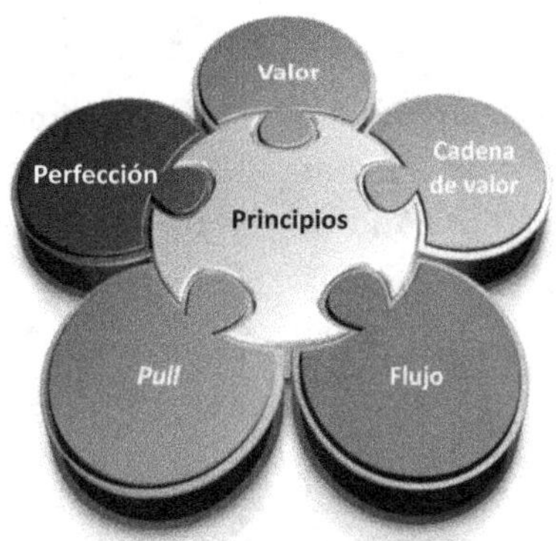

Fuente: *Lean Thinking,* por James P. Womack y Daniel T. Jones.

¿Qué es el mapa de valor actual?

Es una **representación gráfica** de los pasos de un proceso y su flujo de información. Permite entender el flujo del proceso e identificar actividades que no agregan valor, y así establecer planes de mejora.

El mapa del flujo de valor ***(value stream)*** incluye todas las actividades necesarias para satisfacer las solicitudes del cliente, desde el pedido hasta la entrega.

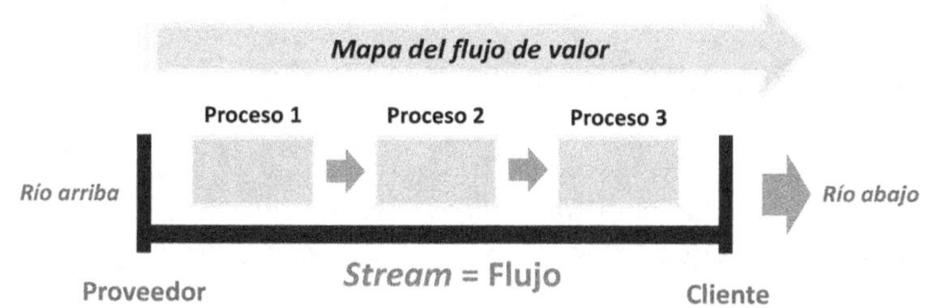

Tipos de mapa

VSM – Mapa del estado actual

- El mapa actual es un documento de referencia utilizado para identificar las actividades que **no agregan valor (desperdicios)** en el proceso, así como las **áreas de oportunidad** para la mejora.

VSM – Mapa del estado futuro

- El mapa de valor futuro define **la mejor solución, a corto y mediano plazo,** para la operación, proponiendo las **mejoras que han de ser incorporadas** en el sistema productivo.

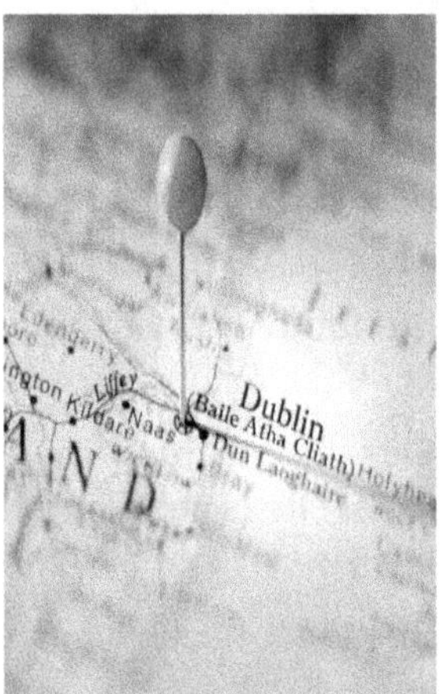

El VSM proporciona una visión general del proceso de negocio de extremo a extremo.

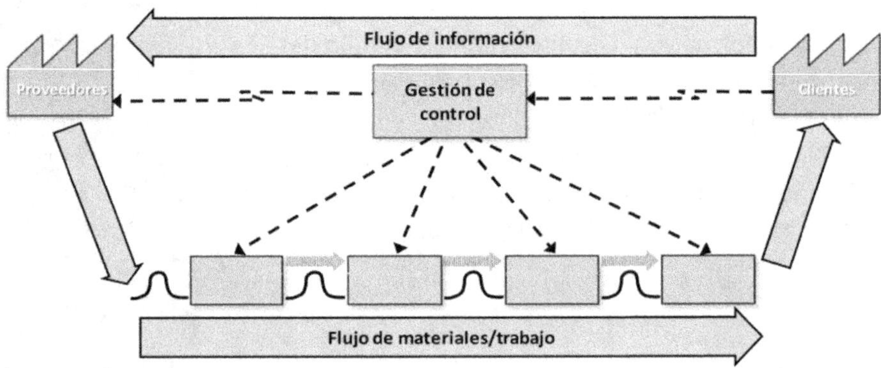

- Establece la interacción entre el flujo de material o trabajo, y el flujo de información.
- Proporciona un lenguaje visual común para entender un sistema complejo.
- Ayuda a identificar las operaciones que agregan valor en un servicio o producto.

¿Dónde se puede utilizar el mapa de valor?

- Procesamiento de pedidos
- Servicios
- Compras
- Diseño
- Ventas y mercadotecnia
- Cirugía

- Procesos de soporte
- Construcción
- Cuentas por pagar
- Proceso de reclutamiento, contratación y desarrollo
- Procesos de producción
- Otros tipos de procesos

Se puede emplear en todo aquello que agregue valor a los clientes.

Beneficios

- Proporciona un **método gráfico** para entender toda la cadena de suministro en un solo documento.

- Ayuda en el desarrollo de una **estrategia de mejora** para la cadena de valor antes de ejecutar cambios.

- Revela **el flujo de proceso** y las **fuentes de desperdicios.**

- Establece un **lenguaje común** para el análisis de procesos.

- Promueve un modelo para **crear flujo** e **implementar** conceptos y técnicas **Lean Six Sigma.**

- Provee soporte para la detección de **cuellos de botella** y **áreas de oportunidad.**

Símbolos del mapa de flujo de valor

Símbolo	Nombre	Descripción
	Proceso	Representa un proceso u operación a través de la cual fluye el material o el trabajo. Por lo general, no se muestran pasos de proceso detallados, a menos que existan acumulaciones significativas de inventario o transferencias por lotes.
	Fuentes externas	Simboliza al proveedor o al cliente. El proveedor es el punto de inicio y generalmente se coloca en la parte superior izquierda del mapa. El cliente es el punto final y por lo general se coloca en la parte superior derecha.
	Envíos	Representa el transporte de materiales que se reciben desde una fuente externa o bien la entrega de los productos o servicios terminados a los clientes.
	Cuadro de datos	Este símbolo se coloca bajo cualquier otro símbolo para mostrar información o datos clave. Normalmente, muestra datos tales como la frecuencia de envío, el tamaño del lote, la información de material, etc. Cuando se ubica debajo del símbolo de proceso, normalmente muestra información como tiempo de ciclo, cambio en el tiempo, tiempo de actividad, tiempo de procesamiento, capacidad disponible, tamaño del lote, rendimiento, etc.
	Inventario	Representa el nivel de inventario antes y después de un proceso. El nivel de inventario se indica debajo del símbolo.
	Empleados	Simboliza el personal. El número de operadores se muestra debajo del símbolo.
	Flecha de empuje	Representa el movimiento de materiales de un proceso a otro. Se utiliza cuando el proceso anterior *empuja* los materiales al siguiente proceso, independientemente de si es necesario.

Símbolo	Nombre	Descripción
	Recepción de material y envío	Simboliza el movimiento de productos terminados al cliente. También se puede utilizar para representar el movimiento de materias primas desde el proveedor hasta la fábrica.
	Flujo de información electrónica	Representa el flujo electrónico de información o datos.
	Flujo de información manual	Simboliza el flujo de información manual.
	Go see (ir a ver)	Se refiere a una inspección visual durante el proceso. La programación *Go see* es un conteo manual de inventario para hacer modificaciones en el mismo.
	Línea de tiempo (actividades que agregan valor)	Representa una línea de tiempo en la que una actividad agrega valor.
	Línea de tiempo (actividades que NO agregan valor)	Simboliza una línea de tiempo en la que una actividad no agrega valor.
	Flecha de retiro	Representa la eliminación de material del proceso anterior.
	FIFO	Simboliza un sistema de inventario de primeras entradas y primeras salidas *(first in - first out)*.
	Kanban de retiro	Usado para indicar la eliminación de piezas de un supermercado.
	Kanban de producción	Se utiliza para señalar un proceso previo para que produzca piezas para un proceso posterior. Usualmente contiene una cantidad predefinida.
	Ubicación de *kanban*	Representa el lugar donde las tarjetas *kanban* se ubican.

Símbolo	Nombre	Descripción
	Señal *kanban*	Se usa para indicar que un proceso necesita cambiar e iniciar la producción de una parte o servicio específico. Se utiliza normalmente cuando el nivel de inventario en el supermercado está por debajo del nivel mínimo requerido.
	Supermercado	Representa un nivel de inventario predeterminado que el próximo proceso o cliente puede usar o extraer siempre que sea necesario. El proceso del proveedor repondrá el inventario del supermercado una vez que haya sido consumido por el próximo proceso.
	Buffer - Stock de seguridad	Simboliza las existencias de seguridad requeridas para continuar la producción cada vez que el proceso encuentra problemas relacionados con las fluctuaciones en la demanda o la inactividad de la producción. Es un *buffer* (reserva) para problemas internos y un *stock* de seguridad para problemas externos.
OXOX	Nivelación de carga	Se usa para nivelar el volumen de producción y mezcla.
	Kaizen	Representa áreas de oportunidad y la ejecución de eventos *kaizen* para alcanzar el estado futuro.

Errores comunes durante el proceso de realización del mapa

- No elaborar los mapas de valor actual y futuro **antes de un evento** *kaizen*.

- Crear mapas **sin haber recolectado los datos suficientes.**

- Realizar el mapa de procesos con las personas inadecuadas o sin un equipo.

Etapas para el proceso realización del mapa de la cadena de valor

El ciclo de desarrollo para la realización del mapa de las cadenas de valor para cada familia de productos o servicios, debe realizarse dos o tres veces al año dependiendo de las necesidades específicas de la organización.

1. Definir la familia

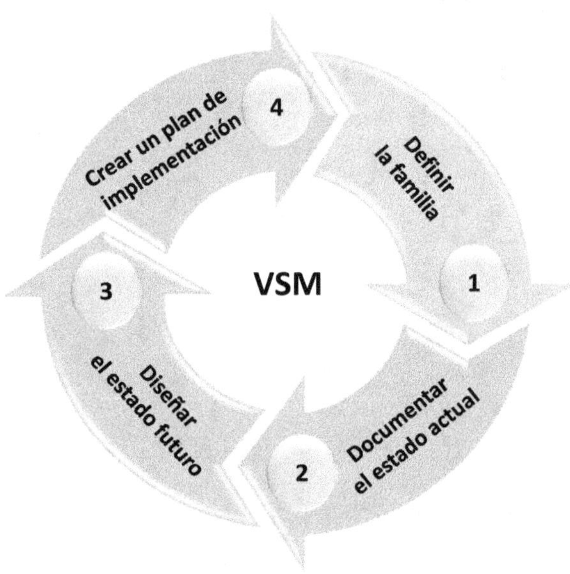

1.1   Definir el **alcance** del problema.

1.2   Determinar la **familia** de productos o servicios.

1.3   Completar la carta del mapa de valor.

1.1 Definir el alcance del problema: producción

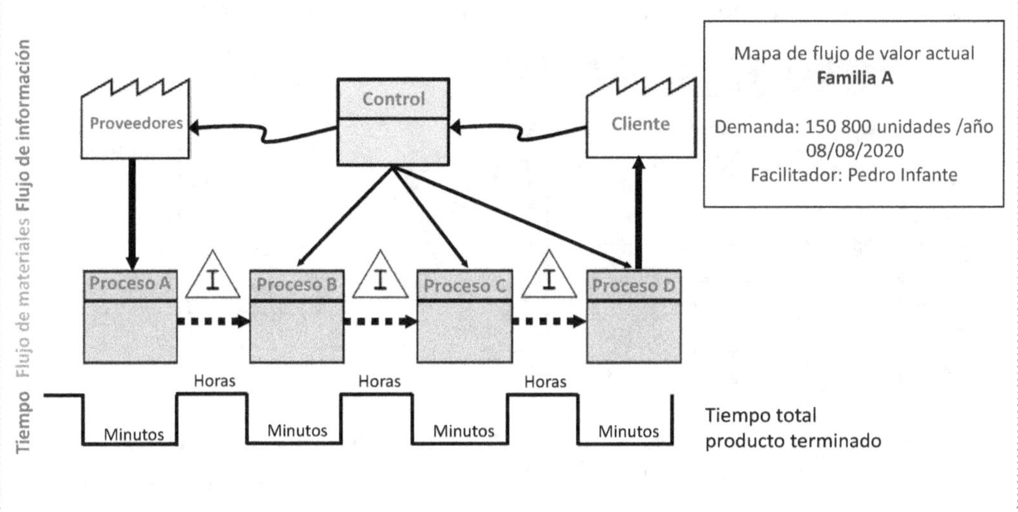

1.1 Definir el alcance del problema: oficina o servicio

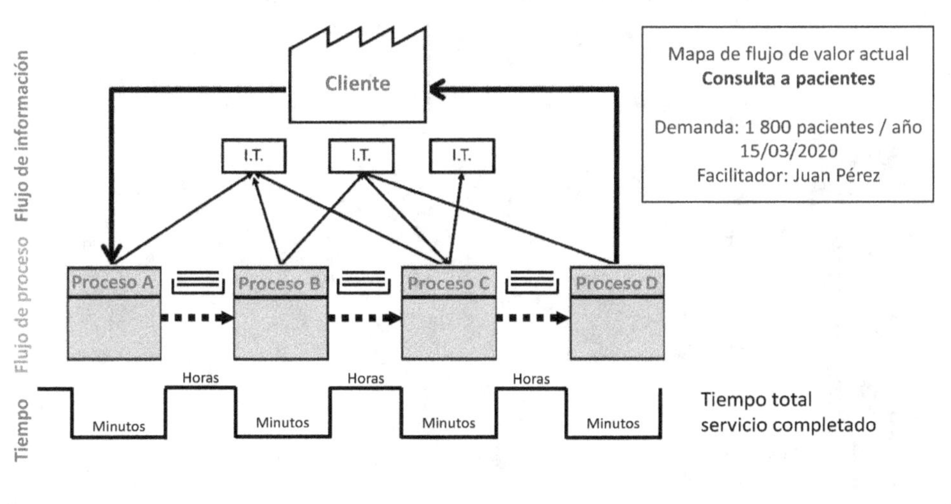

1.2 Determinar la familia de productos: producción

Agrupe las familias de productos por procesos, pasos y equipos similares.

Productos	Fabricación		Perforación			Sold.	Montaje		Embalaje	
	1	2	3	4	5	6	7	8	9	10
A	X			X		X	X		X	
B	X				X	X	X		X	
C		X				X	X		X	
D		X	X				X		X	
E	X					X	X		X	
F						X	X		X	

Familia de productos:

Los productos en una familia pasan por procesos idénticos o muy similares (mismo flujo) y tienen tiempos de proceso similares.

En este ejemplo, las dos estaciones de trabajo utilizan procesos de montaje y embalaje similares; por lo tanto, se les puede considerar como una sola estación para su análisis.

1.2 Determinar la familia de servicios

Agrupar familias de servicios por procesos, pasos o secuencia, o equipos similares.

Servicios	Paso 1	Paso 2	Paso 3	Paso 4	Paso 5	Paso 6	Vol.
Servicio A	X	X	X		X	X	500
Servicio B	X	X	X		X	X	730
Servicio C		X		X	X		20
Servicio D	X		X		X	X	50
Servicio E		X		X	X		150
Servicio F	X	X				X	120
Servicio G	X	X	X	X	X	X	10

1.3 Completar la carta del mapa de valor

Carta del mapa del flujo de valor

Alcance		Partes responsables		Logística y agenda	
Cadena de valor	Flujo de valor a ser mejorado	**Patrocinador directivo**	Director, vicepresidente o gerente	**Fecha del evento (VSM)**	De 1 día a 3 días, normalmente
Condiciones específicas	¿Qué circunstancias están incluidas o excluidas? (el tipo de cliente, ubicación geográfica, etc.)	**Cadena de valor *champion***	Director o gerente	**Fechas de inicio y fin**	Fechas de inicio y fin del desarrollo de VSM
Demanda del cliente	¿Cuantas veces el cliente hace pedidos?	**Gerente VSM**	Líder del proceso de valor	**Ubicación**	Se necesita una pared grande (etiquetas autoadhesivas)
Detonador	¿Qué necesita el flujo de valor?				
Primer paso	Actividad del primer bloque	**Líder implementador**	MBB o BB	**Comidas**	Horas de descando y comidas
Último paso	Actividad del último bloque				
Limitaciones	¿Qué NO está autorizado el equipo a cambiar?	***SCRUM Master***	Persona dedicada a organizar los equipos, eliminar obstáculos, coordinar la logística, etc.	**Responsable de presentación**	Persona que ayuda a integrar el conocimiento y generar consenso
Plazo de ejecución	Normalmente de 90 días a 120 días			**Participantes**	Lista de participantes en la presentación

Problemas del estado actual y necesidades del negocio		Equipo de realización del mapa de procesos			
1	¿Qué está impulsando la necesidad de mejora?		**Función o rol**	**Nombre**	**Información de contacto (tel., correo)**
2		1			
3		2			
Condición medible del objetivo		5			
1	Reducir (medición definida) de X a Y (Z % de mejora)	6			
2		7			
3		8			

Beneficio a los clientes		Soporte en caso necesario			
1	¿Cómo se beneficiarán los clientes internos o externos como resultado de las mejoras en el flujo de valor?		**Función o rol**	**Nombre**	**Información de contacto (tel., correo)**
2		1			
3		2			

Beneficios al negocio		Aprobaciones		
1	¿Qué otros beneficios tendrán los clientes comerciales o internos como resultado de las mejoras al VSM?	**Patrocinador ejecutivo**	**Gerente VSM**	**Facilitador MBB o BB**
2				
3		Firma:	Firma:	Firma:
4		Fecha:	Fecha:	Fecha:

2. Documentar el estado actual

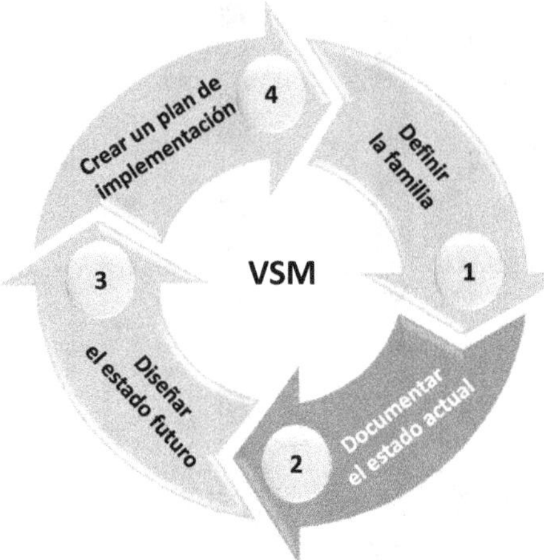

2.1 Elaborar **el diagrama de espagueti.**

2.2 Realizar **el mapa de valor actual.**

2.3 Calcular la velocidad de la demanda *(takt time).*

2.4 Elaborar la **gráfica de balance** para identificar el cuello de botella.

2.5 Documentar los **desperdicios.**

2.6 Cuantificar el **estado actual.**

Este procedimiento se expone a través de un ejemplo.

Ejemplo de manufactura

La compañía **Lean** Shop fabrica tableros para el control de la producción y de los indicadores. Los modelos de tablero que fabrica son los siguientes:

AX - 1	Tablero básico
AZ - 2	Tablero de control remoto
WB - 3	Tablero WEB
XR - 4	Tablero colors
MN - 5	Manual estándar
MN - 6	Manual financiero
MN - 7	Manual global

LSSI
LEAN SIX SIGMA INSTITUTE

Información sobre los procesos

Inventario de materia prima: tres días.

OPERACIÓN 1: Cortar piezas
Máquinas: cortadoras semiautomáticas
  con alimentación manual de materiales.
Tiempo de ciclo (TC): 22 s.
Tiempo de cambio entre productos (TCP):
  25 min.
OEE: 80 %.
Operadores por equipo: 1.
Inventario en proceso: 712 piezas.

OPERACIÓN 2: Pintar
Cabinas de pintura individuales con
  mecanismo de horneado automático.
Tiempo de ciclo (TC): 45 s.
Tiempo de cambio entre productos (TCP):
  5 min.
OEE: 95 %.
Operadores por equipo: 1.
Inventario en proceso: 450 piezas

OPERACIÓN 3: Perforar
Taladros de pedestal con capacidad para una
  broca.
Tiempo de ciclo (TC): 19 s.
Tiempo de cambio entre productos (TCP):
  0 min. (todas las perforaciones son estándar).
OEE: 95 %.
Operadores por equipo: 1.
Inventario en proceso: 632 piezas.

OPERACIÓN 4: Ensamble electrónico
Mesa de ensamble con capacidad para
  almacenar los componentes.
Tiempo de ciclo (TC): 63 s.
Tiempo de cambio entre productos (TCP):
  0 min. (actividades solamente manuales).
OEE: 100 %.
Operadores por estación: 1.
Inventario en proceso: 310 piezas.

OPERACIÓN 5: Cargar *software*
Computadora personal con dispositivo de
  carga de software a chip.
Tiempo de ciclo (TC): 22 s.
Tiempo de cambio entre productos (TCP):
  0 min. (solo seleccionar el archivo).
OEE: 98 %.
Operadores por estación: 1.
Inventario en proceso: 110 piezas.

OPERACIÓN 6: Ensamble de módulo de control
Mesa de ensamble con capacidad para
  almacenar los componentes.
Tiempo de ciclo (TC): 32 s.
Tiempo de cambio entre productos (TCP):
  0 min. (actividades manuales).
OEE: 100 %
Operadores por estación: 1.
Inventario en proceso: 217.

OPERACIÓN 7: Ensamble final y pruebas
Mesa de ensamble con capacidad para
  almacenar los componentes.
Tiempo de ciclo (TC): 134 s.
Tiempo de cambio entre productos (TCP): 0 min
OEE: 100 %.
Operadores por estación: 1.
Inventario de producto terminado: 1 456 piezas.

OPERACIÓN 8: Empaque
Mesa de empaque.
Tiempo de ciclo (TC): 49 s.
Tiempo de cambio entre productos (TCP):
  0 min. (actividades solamente manuales).
OEE: 100 %.
Operadores por estación: 1.

Fase 1: Definir la familia de Productos / Servicios

Para establecer las familias de productos, se deben enlistar todos los números de parte e indicar las operaciones por las que pasa un producto, así como anotar el tiempo de ciclo para cada operación.

Tiempo de ciclo = tiempo que transcurre desde que se inicia una operación hasta que se termina.

Operaciones Productos		Cortar piezas	Pintar	Perforar	Ensamble electrónico	Cargar software	Ensamble de módulo de control	Ensamble final y pruebas	Empaque y envios	Total
Modelo	Descripción									
AX - 1	Tablero básico	18	45	12	45	22	30	114	35	**321**
AZ - 2	Tablero de control remoto	20	45	14	63	22	24	134	42	**364**
WB - 3	Tablero WEB	18	45	19	56	22	31	121	33	**345**
XR - 4	Tablero colors	22	45	11	50	22	32	119	44	**345**
MN - 5	Manual estandar	15	45	15	x	x	x	123	47	**243**
MN - 6	Manual financiero	10	45	15	x	x	x	123	49	**242**
MN - 7	Manual global	6	45	15	x	x	x	123	43	**232**

- En esta tabla podemos observar que los primeros cuatro productos pasan por el mismo número de operaciones, mientras que los tableros manuales no pasan por tres operaciones.

- En este momento tenemos dos familias identificadas.

- Una familia es un grupo de números de parte que pasan por el mismo número de operaciones.

Modelo	Descripción	Corta piezas	Pinta	Perforar	Ensamble electrónico	Cargar software	Ensamble de módulo de control	Ensamble final y pruebas	Empaque y envíos	Total
AX - 1	Tablero básico	18	45	12	45	22	30	114	35	321
AZ - 2	Tablero de control remoto	20	45	14	63	22	24	134	42	364
WB - 3	Tablero WEB	18	45	19	56	22	31	121	33	345
XR - 4	Tablero colors	22	45	11	50	22	32	119	44	345
MN - 5	Manual estandar	15	45	15	x	x	x	123	47	243
MN - 6	Manual financiero	10	45	15	x	x	x	123	49	242
MN - 7	Manual global	6	45	15	x	x	x	123	43	232

Fase 2: Documentar el estado actual

2.1 Elaborar el diagrama de espagueti

El **diagrama de espagueti** es una herramienta gráfica que se utiliza para representar el movimiento de personal, materiales e información en cualquier tipo de proceso (por ejemplo: producción, administración, de servicios).

Es una efectiva herramienta para:

- Identificar movimientos y transportes innecesarios.

- Cuantificar el recorrido del producto o material y de las personas que forman parte de un proceso.

- Incentivar modificaciones en el *layout* encaminadas a reducir e incluso eliminar el transporte y los movimientos innecesarios.

Diagrama de espagueti

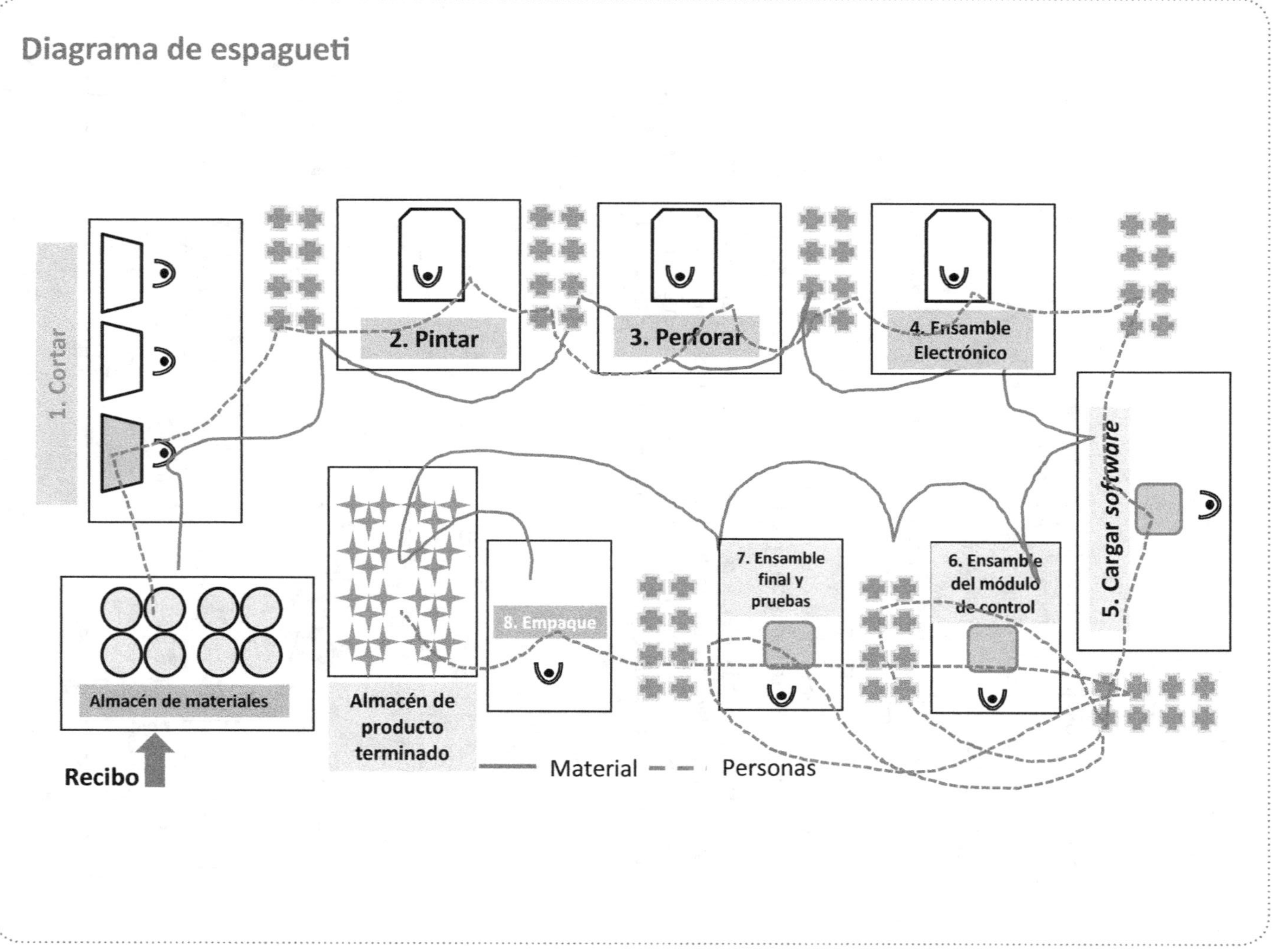

2.2 Crear el mapa de valor actual

Procedimiento para crear el mapa de valor actual

1. Colocar el símbolo del cliente en la esquina superior derecha y conectar el flujo de la información con el control de producción, el cual envía a su vez los requerimientos al proveedor con las previsiones de material.

2. Dibujar los transportes de los proveedores.

3. Dibujar la secuencia de las operaciones estableciendo el tiempo de cada operación, el tiempo de cambio de productos, la disponibilidad de los equipos y los inventarios en proceso.

4. Conectar la fábrica de la información con la de los productos mediante las flechas que indican que el programa de producción se realiza para cada operación.

5. Integrar todo el mapa e identificar el tiempo que agrega valor. En la parte inferior dibujar una escalera; en los escalones inferiores se coloca el tiempo que agrega valor y en los superiores el tiempo que no agrega valor. En este caso, convertir los inventarios a días, dividiendo cada inventario entre la demanda diaria (341).

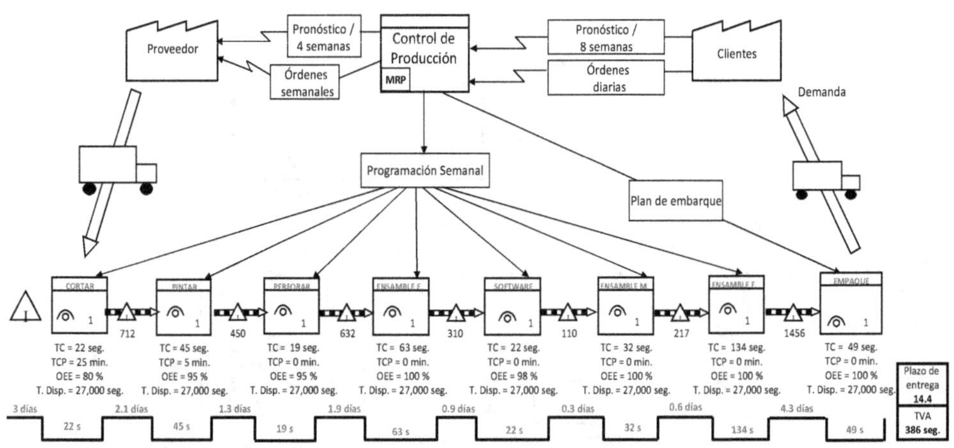

2.3 Calcular la velocidad de la demanda *(takt time)*

$$\text{Takt time} = \frac{\text{Tiempo disponible}}{\text{Demanda}}$$

Datos iniciales:

Tiempo total = 8 h = 480 min.

Tiempo de comidas = 30 min.

Tiempo disponible = 450 min * 60 s / min = 27 000 s.

Demanda mensual = 7 510 unidades.

Días laborables = 22.

Demanda diaria = 7510 unidades / 22 = 341 unidades.

* Calculamos el tiempo *takt*.
  Tiempo disponible = 27 000 s.

* Demanda = 341 tableros diarios.

* Tiempo *takt* = 27 000 s / 341 piezas = 79 s/pieza.

* Eso significa que el cliente está dispuesto a comprar
  un tablero cada 79 segundos, por lo que ese será el
  objetivo de producción.

2.4 Elaborar la gráfica de balance

- Es una efectiva herramienta gráfica que permite **identificar:**

  - Desperdicios.
  - Sobrecargas.
  - Variabilidad.

- Se utiliza para comparar el tiempo de ciclo de cada persona contra el *takt time.*

- Permite visualizar, contrastar y equilibrar las cargas de trabajo de todas las personas que operan en una célula o proceso.

La gráfica de balance resume la duración real de los ciclos del equipo (tiempo de ciclo) de cada proceso. Esta se explicará con mas detalle en la fase de Mejorar.

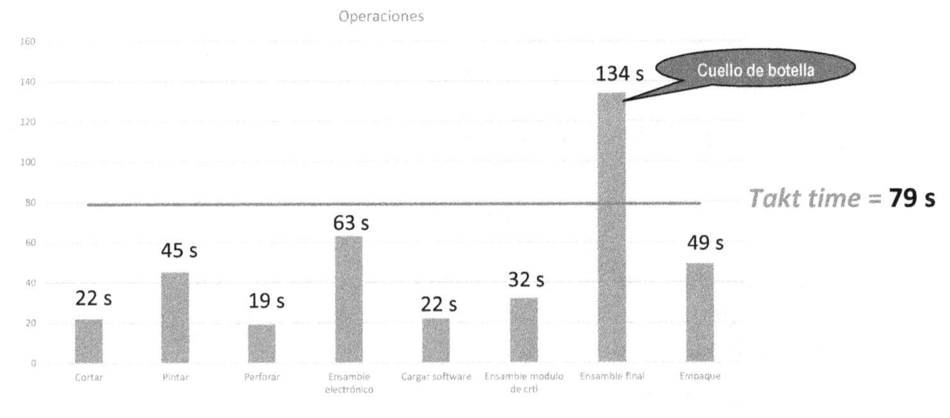

2.5 Documentar los desperdicios

Desperdicio	Notas	Oportunidad	Acción Propuesta
Sobre-producción			
Sobre-inventario			
Rechazos / Retrabajos			
Movimientos innecesarios			
Procesos innecesarios			
Esperas y búsquedas			
Transportes			
Talento sin acción			
Gasto de energía			
Contaminación			

¿Qué actividades agregan valor al proceso?

Identificar las actividades que agregan valor y las que no lo agregan

Actividades que agregan valor

- Son las acciones que transforman o cambian el producto o servicio.
- Son las actividades por las que el cliente está dispuesto a pagar.

Actividades que no agregan valor

- Son las acciones que consumen tiempo o recursos, pero no agregan valor al producto o servicio.
- Son las actividades que el cliente no está dispuesto a pagar.

Ventana de valor agregado

		Agrega valor?	
		Sí	No
¿Necesario?	Sí	Mejorar	Minimizar
	No	Vender al cliente	Eliminar

2.6 Cuantificar el estado actual

Mediciones	Estado actual	Estado futuro (meta)	Mejora (%)
Espacio necesario (metros cuadrados)	1 259		
Número de trabajadores	10		
Distancia recorrida (metros)	185		
Tiempo de entrega (días)	14.4		
Inventario de materiales (días)	3		
Inventario de proceso (días)	7.1		
Inventario terminado (días)	4.3		
Vueltas de inventario	18.3		

17

Análisis del modo y efecto de fallos (AMEF)

Objetivos

1. Utilizar el análisis del modo y efecto de fallos (AMEF) para prevenir cualquier tipo de problema.
2. Aprender a identificar problemas potenciales (errores) y sus posibles efectos.
3. Entender cómo utilizar la información para priorizarla y poder concentrar los recursos en planes de prevención, supervisión y respuesta.

Contenidos

> Introducción
> Antecedentes
> ¿Qué es el AMEF?
> Beneficios
> ¿Cuándo se utiliza?
> Tipos de AMEF
> Procedimiento
> Ejemplos

¿En cuántos de los problemas que vivimos sabemos que si hubiéramos hecho alguna acción de prevención, los podríamos haber evitado?

- En la vida diaria todos estamos expuestos a riesgos.

- En todo proceso de servicio y producción existen riesgos, pero muy pocos los analizan con detalle y mediante un método organizado.

- Gracias al método de **análisis del modo y efecto de fallos (AMEF),** se ha evitado que los riesgos de cualquier tipo y en cualquier parte se conviertan en verdaderos problemas.

Antecedentes

- El AMEF fue usado por primera vez de manera informal en 1960, en la industria aeroespacial, durante el programa Apolo.

- A finales de la década de 1970, la industria automotriz, motivada por los altos costos de las demandas de responsabilidad civil, comenzó a incorporar el uso del AMEF en la administración de sus procesos.

- Ford fue la primer compañía de Estados Unidos que implantó el uso del AMEF en sus **sistemas de administración de calidad**.

- En 1993, Chrysler, Ford y GM crearon el documento *Potential failure mode and effects analysis* que cubría los dos tipos vigentes del AMEF. El documento formó parte de la norma QS 9000 (actualmente ISO/TS 16949).

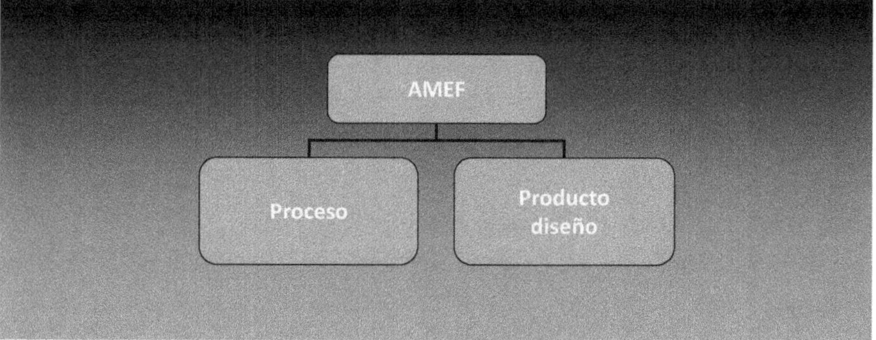

¿Qué es el AMEF?

Es un método formal, analítico y preventivo para:

1. Reconocer y evaluar fallos potenciales de productos y procesos y los efectos de los mismos.

2. Identificar acciones para reducir la probabilidad de que ocurran fallos potenciales.

3. Documentar el proceso completo y mantener el conocimiento fundamental *(know-how).*

4. Es el mayor depósito de información de una empresa.

Beneficios

- Identifica las funciones y requerimientos del proceso.
- Identifica los posibles modos de fallo del proceso causados por deficiencias de operación.
- Analiza los efectos de los posibles fallos con el cliente.
- Identifica las variables del proceso en las cuales debe tenerse control con el fin de reducir la ocurrencia o mejorar la detección de las condiciones del fallo.
- Genera una lista ordenada de posibles modos de fallo, las cuales, a través de un sistema de priorización, sirven para establecer acciones preventivas o correctivas.
- Apoya el desarrollo de planes de control.
- Incrementa la confiabilidad de los productos o servicios (reduce los tiempos de desperdicios y retrabajos).

¿Cuándo se utiliza?

- Se ha solucionado un problema y no queremos que suceda otra vez.

- Queremos evitar que un problema suceda.

- Queremos conocer un proceso a detalle.

- Necesitamos entender qué pasos de un proceso o componentes de un producto tienen áreas de mejora.

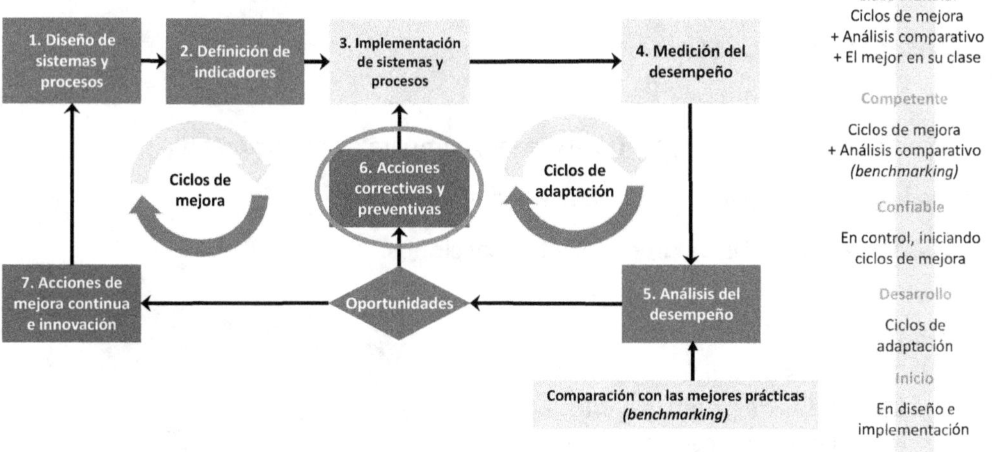

Tipos de AMEF

AMEF de diseño

Utilizado para analizar productos, herramientas de gran volumen o maquinaria estándar.

- Evalúa subsistemas y componentes del producto.

- No se deben utilizar controles de proceso para superar debilidades del diseño.

Entradas:
- Especificaciones.
- Requerimientos de organismos oficiales.
- Limitantes físicas o técnicas de manufactura y de mantenimiento del producto.

AMEF de proceso

- Asume que el producto, según el diseño, cumplirá su intención final.

- Evalúa cada proceso y sus respectivos elementos.

- Usado en el análisis de procesos y transacciones.

Entradas:
- Diagramas de flujo.
- Resultados de pruebas piloto.
- Historial de procesos similares (causas de retrabajo y rechazos de clientes).
- AMEF de diseño (si se tiene disponible para efectos).

Secuencia de desarrollo

Desarrollo de documentos

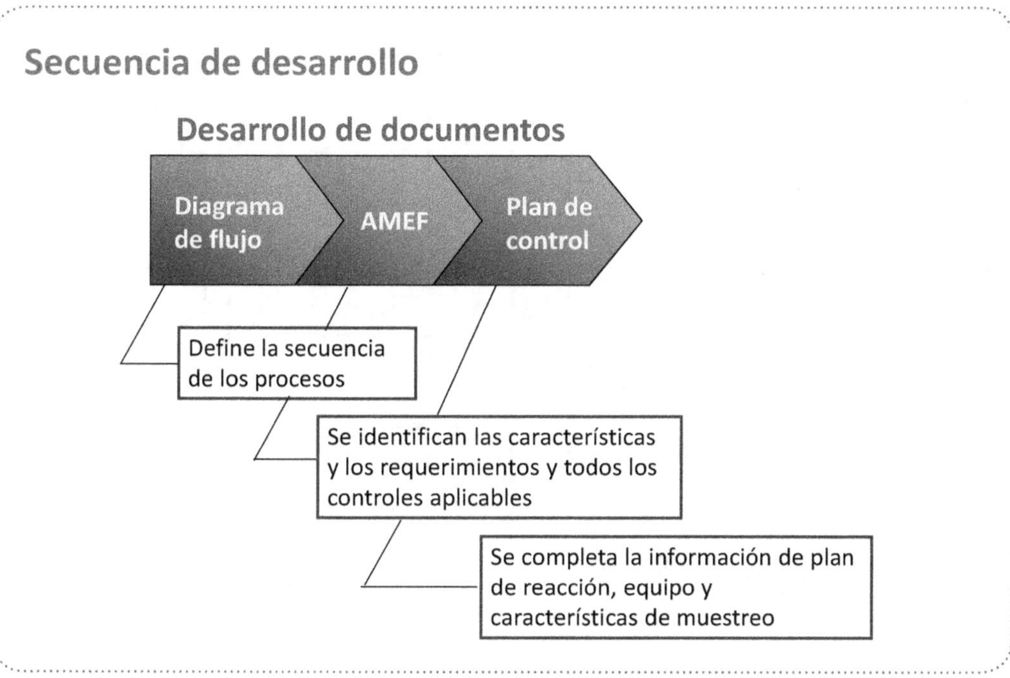

Contenido del AMEF

Funciones y requerimientos	▪ ¿Qué hace el proceso o elemento? ▪ ¿Qué especificaciones debe cumplir?
Fallos potenciales	▪ ¿Qué incumplimientos potenciales pueden presentarse?
Causas y efectos para cada fallo	▪ ¿Por qué se genera el incumplimiento? ▪ ¿En qué afecta el incumplimiento?
Medidas de control actuales (prevención)	▪ ¿Qué mecanismos de prevención existen actualmente?
Medidas de control actuales (detección)	▪ ¿Qué mecanismos de detección existen actualmente?
Evaluación del riesgo	▪ ¿Cuál es el riesgo de que suceda el fallo?
Medidas de control adicionales	▪ ¿Qué se necesita implementar adicionalmente para disminuir el riesgo?
Segunda evaluación del riesgo	▪ ¿Cuál es el nivel de riesgo después de las acciones adicionales?

Formato estándar

Sistema · Subsistema · Componente · Número

Artículo · Responsable de diseño · Página

Modelo · Fecha · Preparado por:

Equipo · Creado: · Modificado:

AMEF de proceso

Núm.	Componente	Función	Falla potencial	Efecto	SEV (1)	Causas potenciales	OCC (2)	Controles actuales	DECT (3)	RPN (4)	Acciones recomendadas	Responsables	Acciones tomadas	SEV (5)	OCC (6)	DET (7)	RPN (8)

RESULTADO DE LAS ACCIONES

Procedimiento

1. Crear los elementos y la estructura del sistema	• En un AMEF de flujo de proceso, esto se obtiene del diagrama del proceso. • Si es un AMEF de diseño se utiliza el plano de componentes.
2. Definir las funciones de cada paso	• Este paso es clave, pues en el siguiente se introduce la pregunta: ¿qué puede suceder para que el proceso no cumpla con la función especificada?
3. Definir los fallos en cada paso	• Para cada elemento de la estructura del AMEF se debe preguntar: ¿qué puede ir mal?, es decir, ¿qué fallos se pueden dar sin incumplir la función del proceso o producto?, y ¿cuál sería la causa que podría producir estos fallos?
4. Evaluación de riesgos	• Finalmente, es momento de evaluar la importancia del riesgo por el posible fallo, y determinar si es necesario realizar alguna acción para reducirlo.

1. Crear los elementos y la estructura del sistema

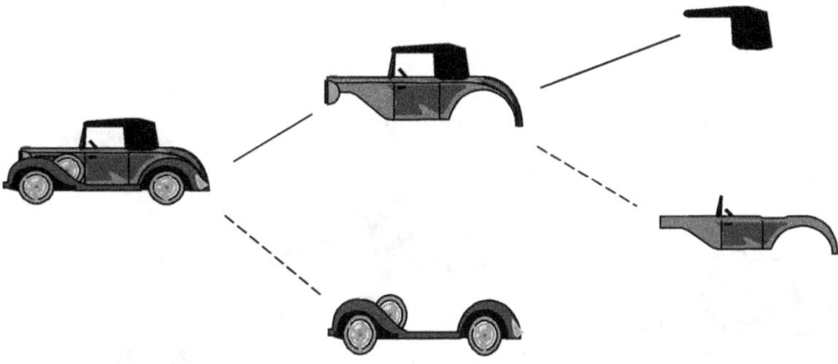

- Estructurado jerárquicamente, en forma de árbol.

- Se crea de lo general a lo particular, con tantos niveles como sea necesario.

2. Definir las funciones de cada paso

2.1 Agregar funciones a cada elemento del sistema

- Las especificaciones y requerimientos son básicos para el proceso.
- Funciones de nivel superior en términos generales.
- Se incrementa el detalle gradualmente en niveles inferiores.

La descripción de la función debe estar en términos de:

VERBO + SUSTANTIVO

2.2 Generar la red de funciones

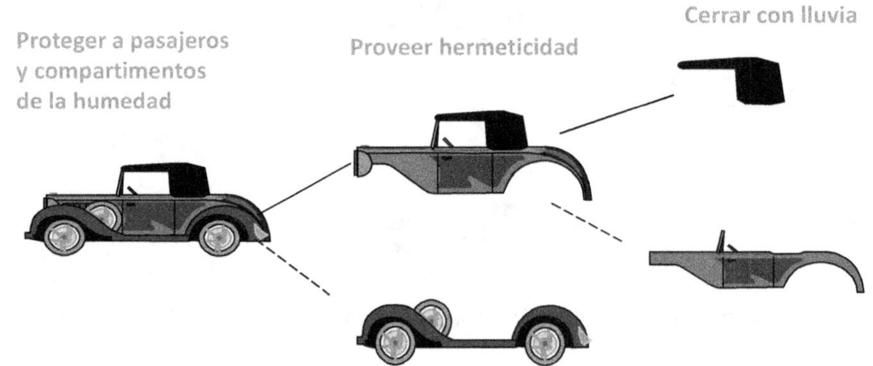

3. Definir los fallos en cada paso

Un **mal funcionamiento** es el modo de fallo de un elemento del sistema.

3.1 Agregar todos los mal funcionamientos posibles a cada función, desde el elemento raíz hasta los elementos del sistema del nivel inferior.

¡En este punto, no se deben limitar por la probabilidad de que ocurran!

- El caso más sencillo es la negación de la función.

- Se debe ser tan preciso en la descripción de las características de los fallos como sea posible (descritas en términos físicos o técnicos).

- Si existen diferentes características de fallo, teniendo causas o efectos diferentes, se debe considerar como un fallo diferente.

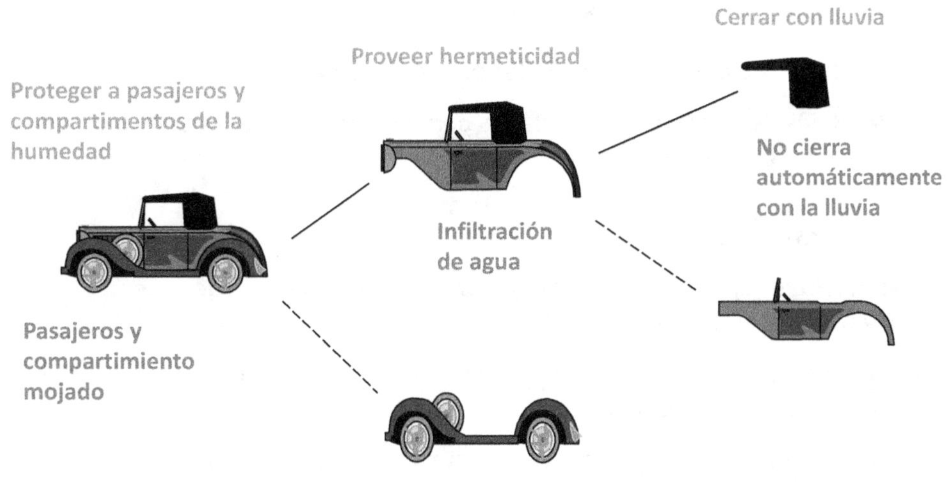

3.2 Generar la red de fallos

A cada fallo se les asignan causas (nivel inferior) y efectos (nivel superior).

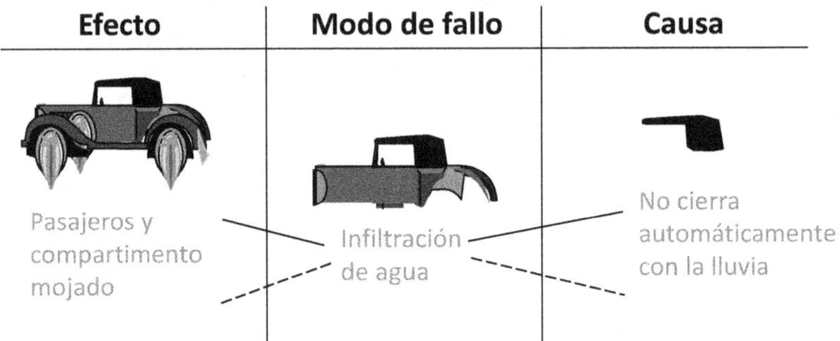

4. Evaluación de riesgos

4.1 Métodos de control

- **Medidas preventivas**: actividades planificadas para evitar la ocurrencia.

- **Medidas de detección**: actividades para la detección de la causa o el modo de fallo resultante.

4.2 Evaluación

- **Severidad (S):** con respecto al efecto (el mismo efecto debe tener siempre la misma evaluación).

- **Ocurrencia (O):** probabilidad de que ocurra la causa del fallo con respecto a métodos de control preventivos.

- **Detección (D):** probabilidad de no detectar la causa o el modo de fallo con respecto a métodos de control de detección.

- **RPN = S x O x D (severidad-ocurrencia-detección)**

Calificación	Severidad	Ocurrencia (ppm)	Detección
1	**Menor:** cliente no lo nota	x < 1 ppm	**Muy alta:** probabilidad de detectar el defecto (siempre)
2	**Baja:** ligera incomodidad del cliente; probablemente note un pequeño deterioro	1 < x < 250	
3			**Alta:** probabilidad de detectar el defecto (casi siempre)
4	**Media:** alguna insatisfacción del cliente; nota un deterioro en el desempeño del producto	250 < x < 12 500	
5			**Moderada:** Se puede detectar el defecto
6			
7	**Alta:** alto grado de insatisfacción del cliente; hace inoperable el producto	12 500 < x < 50 000	**Baja:** probablemente no se detecte el defecto
8			
9	**Muy alta:** cliente molesto, producto inseguro	50 000 < x	
10			No se puede detectar

RPN: número de prioridad de riesgos
(risk priority number)

$$RPN = S \times O \times D$$

- La implementación de acciones reduce la **ocurrencia** o la **detección**.

- La **severidad** solo puede disminuir con un cambio en el diseño.

- El método más recomendable para la reducción de la **ocurrencia** o **detección** es la implementación de sistemas *poka-yoke,* aplicación de **Six Sigma** y **trabajo estándar**.

> Ejemplos

AMEF de diseño

Nombre de la parte (¿Qué es?)	Función de la parte (¿Qué hace?)	Modo de fallo (¿Qué puede fallar?)	Efecto de fallo (¿Cuál es la consecuencia?)	SEV [1]	Mecanismo de fallo (¿Qué lo puede ocasionar?)	OCURR [2]	Controles para modo de fallo (¿Qué controles existen para perevenir o detectar el defecto?)	DETEC [3]	RPN [4]
Caja de Empaque	Contener computadora	La caja se abre del fondo	Computadora cae y se daña	8	Pegado deficiente de la caja	4	Aplicación manual de pegamento / Inspección aleatoria para verificar pegado	4	128

Acciones correctivas recomendadas	Responsable y fecha	Acciones implementadas y fecha de efectividad	SEV	OCURR	DETEC	RPN
Aplicación automática de pegamento mediante dispensador	Juan Solís 29/07/14	Instalación de dispensador 29/07/14	8	1	1	8
Prueba de resistencia al 100 % mediante dispositivo de presión automático	Federico Márquez 31/07/14	Instalación de dispositivo de prueba 31/07/14				

AMEF de proceso

Paso del proceso (¿Cuál es?)	Función de la operación (¿Qué hace?)	Modo de fallo (¿Qué puede fallar?)	Efecto de fallo (¿Cuál es la consecuencia?)	SEV	Mecanismo de fallo (¿Qué lo puede ocasionar?)	OCURR	Controles para modo de fallo (¿Qué controles existen para perevenir o detectar el defecto?)	DETEC	RPN
Ensamble	Ensamblar conector y ventiladores en chasis	Conector invertido	Explotar al conectar a la corriente eléctrica	9	1) Descuido en la operación / 2) No se conoce la operación	4	1) Supervisión / 2) Entrenamiento del personal / 3) Inspección de producto terminado	4	144

Acciones correctivas recomendadas	Responsable y fecha	Acciones implementadas y fecha de efectividad	SEV	OCURR	DETEC	RPN
1) Fixture *poka yoke* para asegurar el ensamble correcto del conector	P.J. Ramírez 29/07/14	1) Fixture 29/07/14	9	1	1	9
2) Prueba funcional de la fuente al 100 % del producto	M.F. Ruiz 31/07/14	2) Prueba funcional al 100 % 31/07/14				

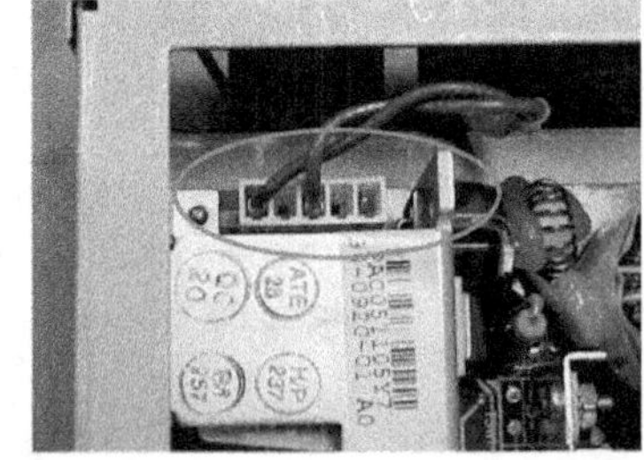

18

Kaizen

Objetivos

1. Conocer las formas en las que se aplica *kaizen* en lo personal y dentro de una compañía u organización.
2. Comprender la función de los eventos de mejora *kaizen* en la transformación de una empresa.
3. Aprender el procedimiento para implementar eventos *kaizen*.

Contenidos

> Antecedentes
> ¿Qué es *kaizen*?
> Tipos de eventos *kaizen*
> ¿Para qué sirve *kaizen*?
> Elementos clave
> Procedimiento

Antecedentes

Kai = cambiar   *Zen* = mejorar

- Tiene su origen en la escuela budista de la India, y se practica en China, Corea y Japón, en donde se busca la **mejora de la persona.**

- *Kaizen*, como lo conocemos en Lean Manufacturing, se originó en Toyota Motor Company.

- Muchos de los conceptos y herramientas de *kaizen* provienen de:

  - Ingeniería industrial.

  - Las enseñanzas del Dr. Edward Deming.

  - Los libros de Masaaki Imai: *Kaizen* y *Gemba Kaizen.*

Kaizen personal

- El **autocontrol** es la clave del dominio de la vida.

- El **éxito** empieza por las personas y luego en los equipos.

- El **esclarecimiento** se logra mediante el cultivo constante de la mente, el cuerpo y el alma.

- El **objetivo de la vida** es encontrar tu propósito y llevarlo a cabo.

¿Qué es *kaizen*?

- La palabra japonesa *kaizen* (改 善) significa cambio *(kai)* para convertirse en bueno *(zen)*.

Kaizen = cambiar para mejorar.

«Esto no es teoría ... es una forma de vida.»

- Para su uso en organizaciones, *kaizen* significa **mejora continua gradual.**

- **Todos** están activamente **involucrados.**

- *Kaizen* es una **herramienta poderosa** que muchas organizaciones internacionales líderes utilizan para mejorar sus **personas y procesos.**

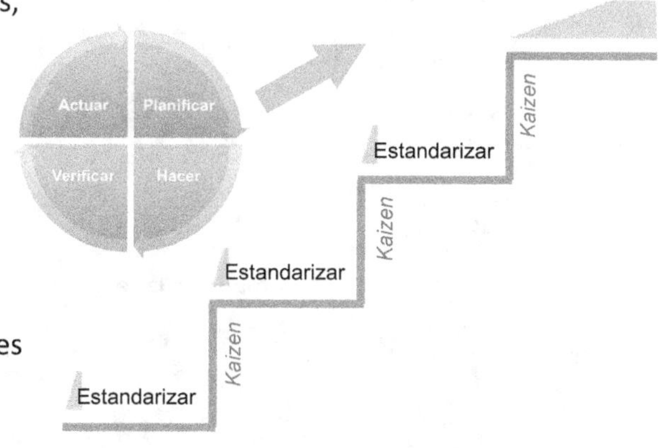

- ***Kaizen blitz:*** para realizar mejoras rápidas o resolver problemas simples **(3-5 horas)**.

- **Eventos *kaizen:*** para resolver problemas e implementar herramientas Lean: TPM, SMED, etc. **(3-5 días)**.

- **Six Sigma *kaizen:*** para problemas complejos y rediseño de procesos o productos **(3-5 semanas)**.

Metas:
Satisfacción del cliente,
Rentabilidad sostenida
Beneficio social, empresarial y personal

Velocidad

Flujo continuo

TPM

Preparaciones rápidas

Sistema *pull*

Equipo motivado

Calidad

Andon

Jidhoka

Poka yoke

Six Sigma

AMEF

Solución de problemas

Enfoque en la restricción (TOC)

Estabilidad: orden y limpieza, gestión visual, estandarización, etc.

Liderazgo: estrategia, estructura, gestión de talento, VSM, etc.

¿Para qué sirve *kaizen*?

K A I Z E N

- Mejoras con clientes.
- Mejoras en ventas.
- Implementación de las 5 S.
- Implementación de TPM.
- Automatización.
- Diseño de *layout*.
- Diseñó de productos.

- Gestión visual *(andon)*.
- Implementación de *kanban*.
- Implementación de *poka yoke*.
- Implementación de flujo continuo.
- Implementación de preparaciones rápidas.
- Desarrollo de talento.
- Implementación de ingeniería de valor *(kaikaku)*.

Beneficios de *kaizen*

- **Capacita a las personas,** enriquece la experiencia de trabajo y se obtiene lo mejor de cada individuo.

- Promueve el **crecimiento personal** de los empleados y de la empresa.

- Mejora la seguridad, el rendimiento, el servicio al cliente y por lo tanto, la **satisfacción personal.**

- Acrecienta el **liderazgo.**

Elementos clave

- Enfoque de calidad.

- Esfuerzo humano.

- Participación total.

- Voluntad para cambiar.

- Comunicación.

¡Cambios significativos en solo 5 días!

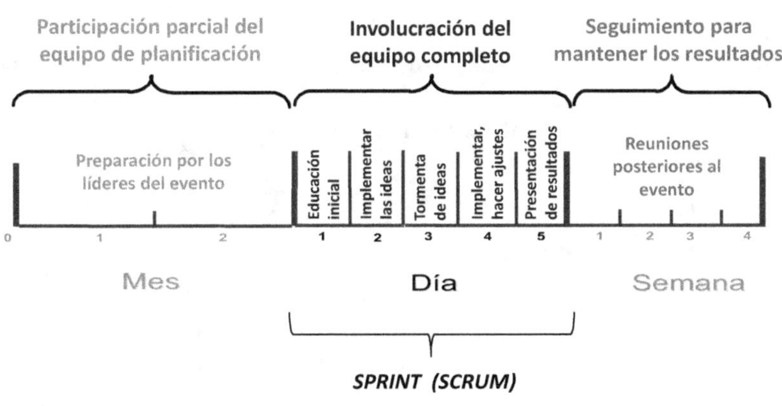

Antes del evento

Fase de preparación

1. Formar el equipo (equipo multidisciplinario).

2. Establecer el objetivo, el alcance y la documentación del proyecto *(kaizen charter)*.

3. Elaborar la agenda del evento y distribuirla entre los miembros del equipo.

4. Dibujar el mapa actual del sistema (VSM).

5. Capacitar sobre el tema del evento (opcional, puede ser el primer día del evento).

Relación entre ejecucion del evento *kaizen* y un *sprint*

Cuando se desarrolla un proyecto ágil, basado en un mapa de valor futuro, cada **evento *kaizen*** representa un ***sprint*** en el que el equipo está completamente enfocado y dedicado.

Tarjetas de oportunidad

- Durante los días del evento se proponen ideas y se llevan a cabo aquellas que puedan ejecutarse en ese mismo evento.

- Normalmente se clasifican en **oportunidades A, B o C.**

    - **A:** son de inmediata implementación (1 a 5 días).

    - **B:** se pueden llevar a cabo durante el evento o un poco después (1 a 2 semanas).

    - **C:** requieren un poco más de tiempo para llevarse a cabo, ya que pueden requerir de autorizaciones especiales, inversiones, etc. (no más de dos meses).

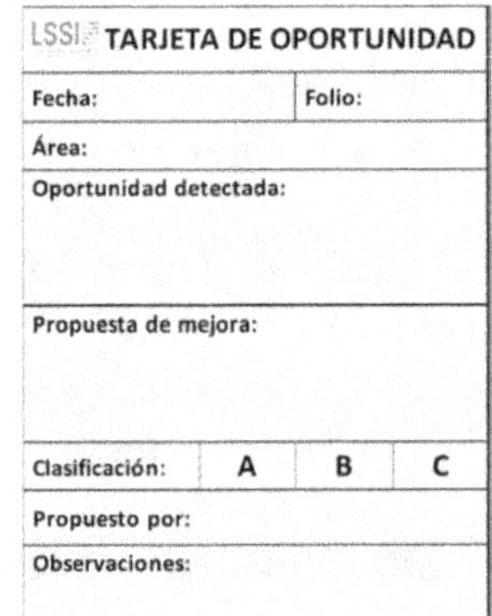

LSSI **TARJETA DE OPORTUNIDAD**

Fecha:		Folio:
Área:		
Oportunidad detectada:		
Propuesta de mejora:		

Clasificación:	A	B	C
Propuesto por:			
Observaciones:			

LSSI
LEAN SIX SIGMA INSTITUTE

Principios para la mejora

- Desechar los conceptos tradicionales y pensar que tal vez se pueden hacer las cosas mejor.
- Pensar en cómo funcionará el método, no en el porqué no podría.
- No aceptar excusas. Rehusar totalmente el *status quo*.
- No buscar la perfección. Un 60 % de la tasa de implementación se mejora en tanto que la misma es realizada en el propio lugar.
- Corregir los problemas en el momento en que se encuentran.
- No gastar dinero en las mejoras, en su lugar emplear el sentido común.
- Preguntarse «¿por qué?» cinco veces o más para encontrar la causa raíz de los problemas.
- Las ideas de diez personas son mejores que el conocimiento de una sola persona.

Flujo continuo

Objetivos

1. Aprender a diseñar procesos sin interrupciones.
2. Conocer el concepto de células de trabajo o *pods*.
3. Aprender el procedimiento para desarrollar
   el flujo continuo.

Contenidos

> Antecedentes
> ¿Qué es el flujo continuo?
> Beneficios
> Elementos clave
> ¿Quiénes participan?
> ¿Cuándo se utiliza?
> Procedimiento
> Ejemplos

Antecedentes

- En 1776, Adam Smith, economista y filósofo escocés, demostró que la **división del trabajo** en labores específicas daría como resultado un incremento en la productividad.

- Este concepto fue apoyado por Frederic Taylor, padre de la administración científica, asegurando que la labor de **especialistas dedicados a tareas repetitivas** daría como resultado un flujo más productivo.

- Con la aplicación de líneas de producción en el concepto de Henry Ford, se dio mayor ímpetu a la idea de **especializar el trabajo** y hacerlo pasar por enormes líneas de ensamblaje.

- Actualmente, las condiciones de **demanda y volumen** han cambiado de grandes lotes del mismo producto a lotes pequeños con una gran variedad, lo que hace imposible seguir trabajando de la misma manera.

- Es por eso que Lean Manufacturing propone, desde las primeras aplicaciones en Toyota por Shigeo Shingo, el trabajo en **flujo continuo**.

- Las personas de una cadena podrían ser **transferidas** a otra de acuerdo a la demanda.

¿Qué es el flujo continuo?

- Es un concepto en el que la distribución de las operaciones se mejora significativamente haciendo fluir el **proceso ininterrumpidamente** entre operaciones, reduciendo drásticamente el **tiempo de respuesta** y maximizando las habilidades y el desempeño del personal.

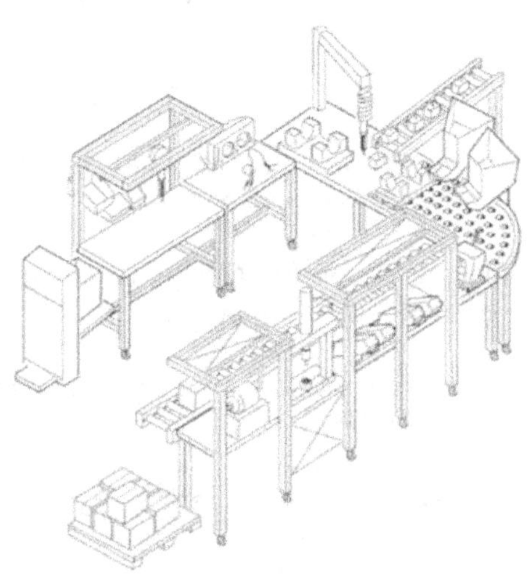

Empresas por departamentos

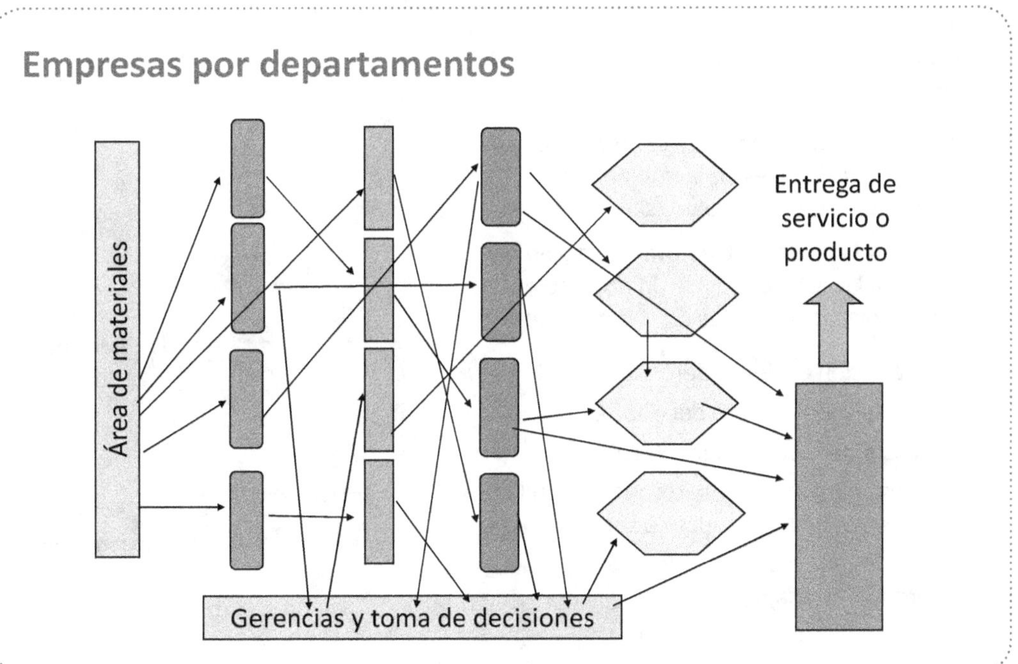

Los diseños del proceso *(layouts)* por departamentos presentan los siguientes problemas:

- Los **defectos** no son detectados hasta que el servicio es realizado o el producto es terminado.

- Algunos de los **defectos** no fueron generados en la operación, sino por el **manejo de materiales.**

- Las personas o partes pasan **demasiado tiempo esperando** entre cada fase del proceso.

- Los inventarios de materiales y productos ocupan **mucho espacio.**

¿Qué es una célula de trabajo?

- Para la metodología Lean, el **flujo continuo** es aplicado a través de la implementación de **células de trabajo o *pods.***

- Una **célula** es una estructura de trabajo que conecta las actividades de un proceso de acuerdo a las siguientes consideraciones:

  - Nivelación eficiente del trabajo.
  - Adecuación al ritmo del cliente.
  - Ajuste de la capacidad interna.
  - Aseguramiento del flujo continuo en la generación del producto o servicio.
  - Optimización de la distribución de las áreas de trabajo.

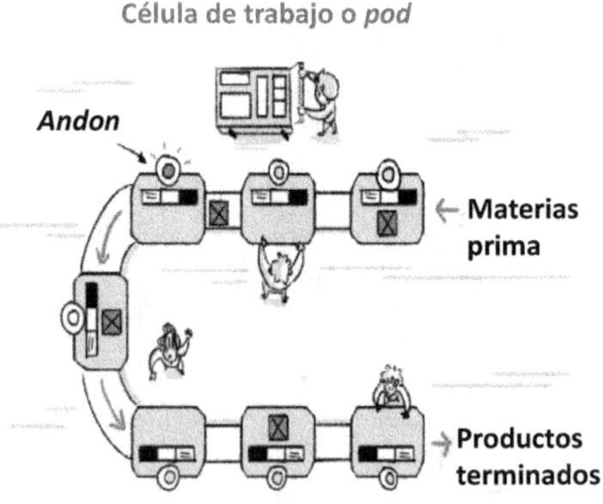

Ejemplo de célula de trabajo

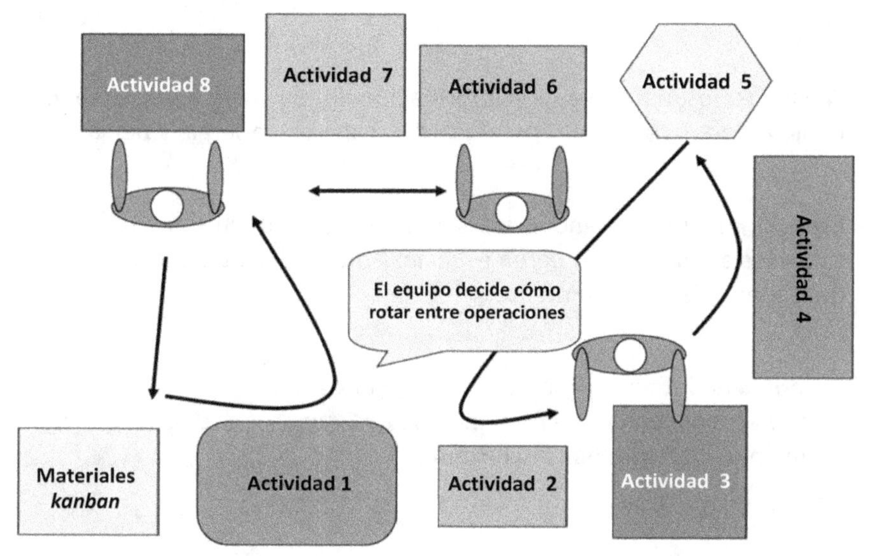

- Reducción significativa en el **tiempo de respuesta.**

- Mejora el **trabajo en equipo y la comunicación.** Las personas están lo suficientemente cerca una de la otra y pueden ayudarse mutuamente si es necesario.

- Asegura un **entendimiento completo** de todo el proceso.

- Promueve un ambiente donde el personal tiene un mayor **sentido de la responsabilidad y control** de sus actividades.

- Genera una **mayor satisfacción** en el trabajo.

Desperdicios en el diseno *(layout)*

- **Traslados:** los materiales o la información deben viajar a otra área. Este traslado requiere equipo (montacargas, carritos), energía y personas.

- **Espacio:** máquinas grandes, lotes grandes de productos en proceso y traslados a equipos requieren espacios adicionales que podrían ser utilizados más eficientemente.

- **Demoras de lotes:** el procesamiento en lotes causa demoras porque el primer artículo en el lote no se mueve al siguiente paso hasta que la última pieza del lote ha sido terminada.

¿De dónde viene el aumento en la productividad?

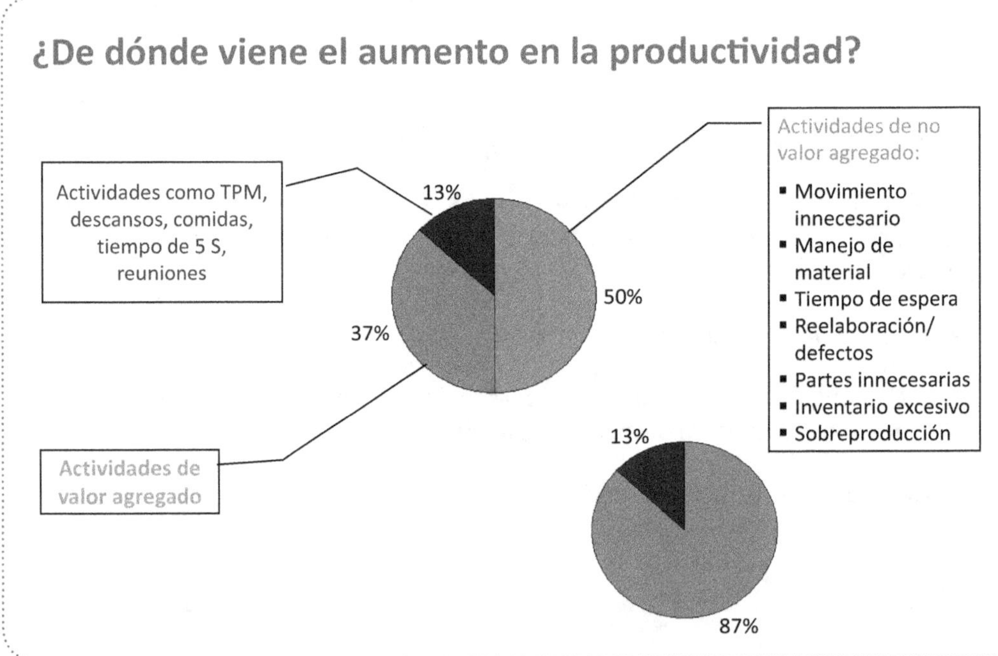

Prerrequisitos para trabajo celular

- Las células de trabajo son diseñadas para **cada familia de productos o servicios** (comparten los mismos o similares pasos del proceso y equipos de personas).

- Trabajadores **flexibles** y con **habilidades múltiples.**

¿Quiénes participan?

- De cinco a doce miembros (al menos dos miembros del proceso seleccionado).
- Personal de mantenimiento (si aplica).
- Ingenieros de proceso.
- Personal del área de calidad.
- Supervisores.
- Representante del departamento de contabilidad de costos.
- Personal del departamento de formación.

- Cuando se necesita **acortar los tiempos de respuesta** de un proceso o entrega a los clientes.

- Cuando se busca producir **mayor variedad y volúmenes bajos.**

- Cuando es difícil hacer un **pronóstico de la demanda.**

Antes del evento

Los eventos *kaizen* de **flujo continuo**, se planean con anticipación. En esta etapa de planificación se realiza lo siguiente:

1. Elegir la familia de producto o servicio y dibujar el **mapa de valor (actual y futuro).**

2. Proponer y descubrir las oportunidades para llevar a cabo un evento.

3. Seleccionar al líder del equipo.

4. Elegir al patrocinador del evento (persona con autoridad y capaz de tomar decisiones para apoyar las propuestas del equipo).

5. Conformar al equipo. Se recomienda que sean de siete a diez participantes, incluyendo personal de operaciones, ingeniería, administración y de calidad. En ocasiones participan clientes o proveedores.

6. Preparar el plan y la logística del evento (sala de reuniones, área, producción, etc.).

7. Elaborar la documentación del proceso.

Durante el evento

1. Realizar un diagrama espagueti, hacer un análisis de *mudas* y **detectar oportunidades.**

2. Obtener la velocidad de la demanda *(takt time),* la capacidad y el número de operadores.

3. Dibujar el diseño de la célula y equilibrarla.

4. **Simular** con el equipo las diferentes opciones **en el lugar de trabajo** (usar cinta adhesiva para marcar áreas, usar cajas de cartón, etc.).

5. Implementar la célula de trabajo.

6. **Practicar** la operación con el equipo y hacer cambios si es necesario.

7. Diseñar la **ergonomía** de la estación de trabajo.

8. **Documentar** el nuevo proceso y **entrenar.**

Ejemplos

Supongamos una fábrica en la que se tiene una línea de producción para una familia de productos, que se desea transformar en una célula. En esta línea se llevan a cabo ocho operaciones (codificadas de la A a la H), con los tiempos de ciclo que se muestran en la tabla. La velocidad de demanda (Takt Time) para esta familia de productos es de **79** segundos.

No. de operación	Código de operación	Descripción	Tiempo de ciclo (s)	Velocidad de la demanda
1	A	Cortar piezas	22	79
2	B	Pintar	45	79
3	C	Perforar	19	79
4	D	Ensamble electrónico	63	79
5	E	Cargar software	22	79
6	F	Ensamble módulo control	32	79
7	G	Ensamble final	134	79
8	H	Empaque	49	79
		Tiempo total de ciclo	**386**	

$$\text{Eficiencia de balance de trabajo} = \frac{\text{Tiempo total de ciclo}}{\text{Tiempo más lento} * \text{Número de operaciones}} = 0.36$$

La gráfica de balance muestra cómo están distribuidas las operaciones.

Obtención del número de trabajadores

- Para establecer el número de personas necesarias, se divide el tiempo total del ciclo, que en este caso son 386 segundos, entre la velocidad de la demanda, que es de 79 segundos, obteniéndose un total de **4.89** personas.

- Esto significa que, ocupando todo el tiempo de cada persona y combinando los trabajos de diversas operaciones, idealmente cinco personas podrían sin ningún retraso ni interferencia cumplir con el tiempo requerido para producir cada pieza en 79 segundos.

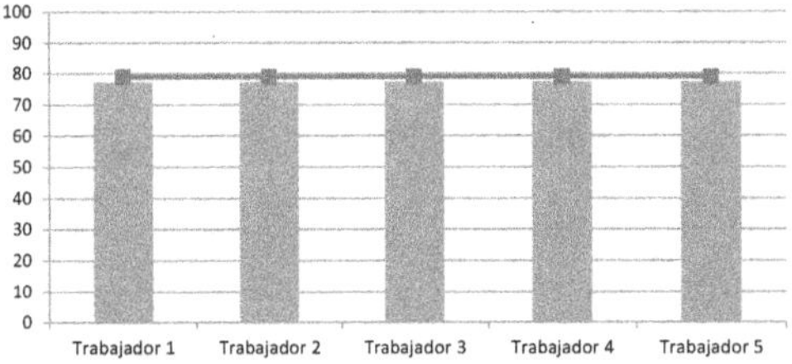

Personal	Tiempo de ciclo	Velocidad de la demanda
1	77.2	79
2	77.2	79
3	77.2	79
4	77.2	79
5	77.2	79

Balanceo de operaciones

Al implementar la célula, se reasignan las operaciones, a fin de cumplir con el requisito de que el tiempo de ciclo se encuentre por debajo de la velocidad de la demanda (79 segundos):

Personal	Tiempo de ciclo (s)	Código de operación
1	67	A + B
2	82	C + D
3	77	E + F + parte de G
4	77	Parte de G
5	83	Parte de G + H
Tiempo total de ciclo	386	

Conclusiones

- Una o más operaciones son asignadas a cada persona para compensar los tiempos. Sin embargo, deberán hacerse mejoras en el proceso para reducir los tiempos de los trabajadores 2 y 5, y poder trabajar por debajo de la velocidad de la demanda.

- Es importante mencionar que este primer diseño es de alguna manera ideal, por lo que deberá tomarse en cuenta la naturaleza de las operaciones para decidir sobre la viabilidad de combinar operaciones.

Rediseñar operaciones 2 y 5

Velocidad de la demanda = 79 s

Trabajador	Tiempo de ciclo (s)	Código de operación
1	67	A + B
2	82	C + D
3	77	E + F + parte de G
4	77	Parte de G
5	83	Parte de G + H
Tiempo total de ciclo	386	

Dibujo de la nueva célula

- Para acomodar los equipos y las mesas en la célula, se recomienda dibujar inicialmente el pasillo interno y situar **la primera y la última operación** al principio, utilizándolas para cerrar la herradura.

- Después, dibujar la segunda y penúltima operación, y así sucesivamente hasta cerrar la U.

- Se recomienda analizar diferentes opciones, hasta encontrar la óptima.

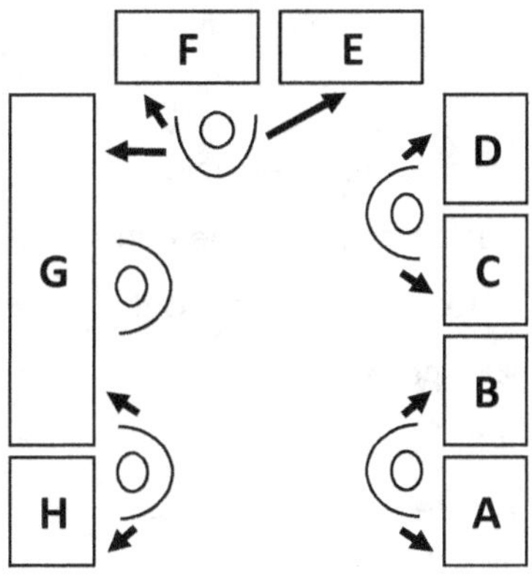

Simular opciones de célula de trabajo

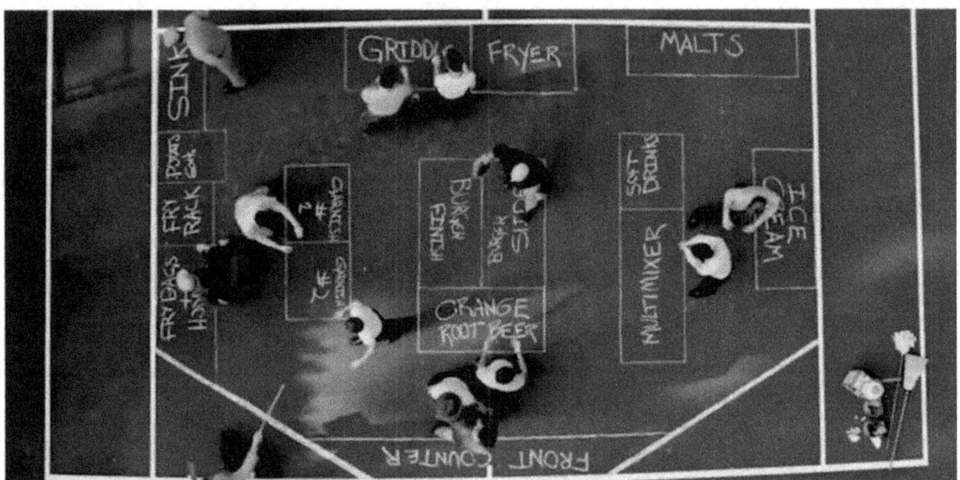

Fuente: Película *Founder*. Mc Donalds system.

Consideraciones para diseñar la ergonomía

1. Estatura.

2. Espacio de disposición.

3. Posicionamiento de materiales.

4. Trabajo por encima del corazón.

5. Campos visuales.

6. Iluminación.

7. Ajustes de posiciones.

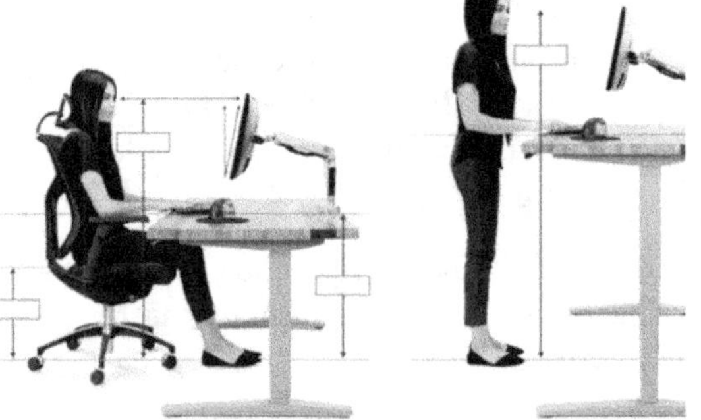

LSSI
LEAN SIX SIGMA INSTITUTE

Ejemplos de células

Células de producción
Producen en base al flujo continuo
de una pieza

Células de oficina
Proveen un servicio o proceso
completo en flujo continuo

**Célula de producción
de rines**

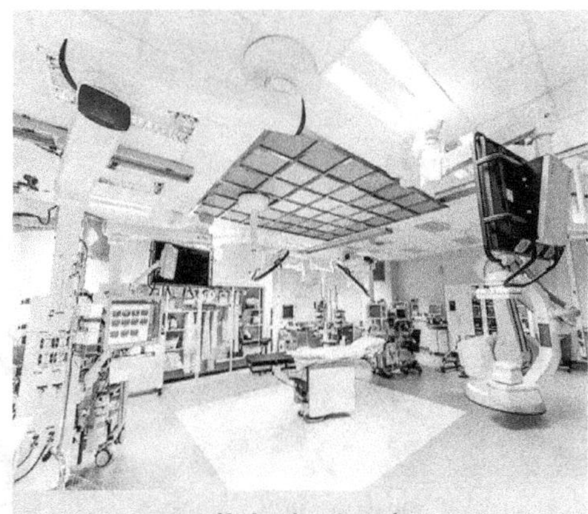

Célula de cirugía
En la misma sala se hace el diagnóstico
y la cirugía

Flujo continuo en una rutina de ejercicio

Flujo continuo en un restaurante

Cada célula de trabajo en la cocina prepara platos de comida en base a la demanda actual.

La secuencia del proceso del pedido de comida está alineado a cada proceso de la cocina.

Flujo continuo en el alquiler de automóviles

Autorregistro y pago.

Seguro y elección.

Revisión y salida.

Preparaciones rápidas (SMED)

Objetivos

1. Conocer un método para maximizar las actividades que agregan valor y minimizar actividades que no agregan valor reduciendo tiempos de preparación.
2. Entender los beneficios de implementar SMED.
3. Conocer el procedimiento para desarrollar un evento SMED.

Contenidos

> Antecedentes
> ¿Qué son las preparaciones rápidas?
> Beneficios
> Definiciones importantes
> Procedimiento
> Ejemplo

Antecedentes

- El ingeniero **Taiichi Ohno**, director de producción en Toyota, analizó cómo trabajaba la industria automotriz norteamericana, en la que se tenían muchas prensas para poder fabricar diversos modelos sin tener que cambiar los moldes, ya que en algunos casos el cambio tomaba más de 24 horas.

- En Toyota se tenía un número limitado de prensas y el reto era **fabricar una amplia gama de vehículos con menos equipo.**

Shigeo Shingo

- En 1950 estudió los cambios de molde en Mazda, y después fue contratado como consultor en Toyota.

- Su trabajo ayudo a:
  - Eliminar cuellos de botella.
  - En 1970, Shingo y Toyota habían logrado reducir los tiempos de cambio de prensas de 1 000 toneladas de cuatro horas a tres minutos.
  - **Actualmente se realiza en 30 segundos.**

¿Qué son las preparaciones rápidas?

- Las preparaciones rápidas se conocen también como **SMED** por sus siglas en inglés *(single minute exchange of die)* que significa *tiempos de preparación en un solo dígito de minuto,* **es decir, realizar cambios de producto en menos de diez minutos.**

- Es un método Lean usado para reducir desperdicio en cualquier tipo de proceso.

- **SMED** emplea este principio para realizar preparaciones rápidas en cualquier proceso (servicio, producción, administración, etc.) con el fin de maximizar la habilidad de entregar productos o servicios a tiempo.

Preparaciones rápidas es como cuando los automóviles de carreras hacen paradas rápidas para cambiar llantas, abastecerse de combustible, hacer inspecciones, limpieza, etc.

¿Qué es un evento SMED?

- Es un **evento de mejora** que se realiza con un equipo multidisciplinario de personas para reducir notablemente los tiempos de cambio.

- El objetivo es producir **mayor variedad de productos o servicios en el menor tiempo y con menos recursos.**

- Se basa en el principio de que es mejor dedicar más tiempo al procesamiento efectivo y menos tiempo a los cambios o preparaciones.

Ejemplo de cambio rápido

Mezcla de productos = | 8733 | 8206 | 8783 | 8827 | 8816 |

Día 1	8733
Día 2	8206
Día 3	8783
Día 4	8827
Día 5	8816

Cambio

Día 1	8733	8206	8783	8827	8816
Día 2	8733	8206	8783	8827	8816
Día 3	8733	8206	8783	8827	8816
Día 4	8733	8206	8783	8827	8816
Día 5	8733	8206	8783	8827	8816

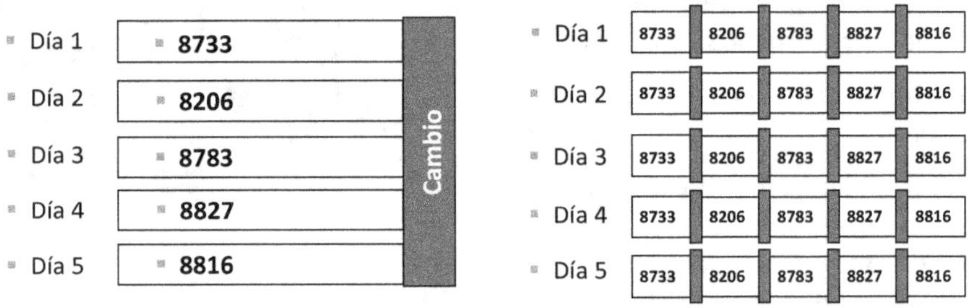

¡Más cambios con menos pérdidas!

Tiempo de preparación	Tiempo de trabajo de máquina	Tamaño del lote	Cantidad de diferentes números de parte producidos
2 h	6 h	512	1
1 h	6 h	256	2
30 min	6 h	128	4
15 min	6 h	64	8
7.5 min	6 h	32	16
3.75 min	6 h	16	32
113 s	6 h	8	64
56 s	6 h	4	128
28 s	6 h	2	256
14 s	6 h	1	512

Se ilustra cómo se incrementa la flexibilidad de una máquina tan pronto como el tiempo de cambio se reduce de 2 horas a 14 segundos.

Beneficios

- La meta del **SMED** es **reducir** drásticamente el **tiempo** desde que el cliente hace un pedido, hasta que éste se entrega en su empresa.

- La **reducción en el tiempo** de cambio ayuda a que la empresa produzca una mayor variedad de productos o servicios, utilizando los mismos recursos.

Reducción significativa de:

- Tiempo de entrega.
- Defectos.
- Inventario de trabajo en proceso.
- Inventario de producto terminado.
- Tiempos de espera.
- Inversión en inventario.

Mejora significativa de:

- Productividad.
- Capacidad.
- Flexibilidad ante la demanda.
- Rotación de inventario.

Definiciones importantes

- **Tiempo de preparación (proceso de producción):** es el lapso de tiempo que transcurre desde que se terminó de producir el articulo A con calidad, hasta que sale el siguiente articulo B con calidad.

- **Tiempo de preparación (proceso de servicio o administrativo):** es el lapso de tiempo empleado en terminar una tarea y completar la siguiente correctamente.

- **Tiempo de cambio interno:** es la parte del tiempo de cambio realizado mientras la máquina o el proceso está detenido.

- **Tiempo de cambio externo:** es la parte del tiempo de cambio que podría hacerse mientras la máquina o el proceso está trabajando.

Prerrequisitos para SMED

- Compromiso de la dirección.

- Formación inicial para todos los participantes.

- Conocimiento de cómo llevar a cabo eventos *kaizen*.

- Generación de la documentación necesaria.

- Implementación previa de las 5 S.

- Conocimiento en detalle de los procesos de cambio y procesamiento.

Antes del evento

1. Realizar un mapa de la cadena de valor *(value stream map* o VSM) del proceso de servicio o manufactura.

2. Determinar el impacto de hacer un evento *kaizen.*

3. Establecer el proceso a enfocarse de acuerdo al **cuello de botella** del VSM.

4. Establecer un equipo multidisciplinario.

5. Calendarizar el evento *kaizen.*

6. Crear una agenda para el evento y compartirla con el equipo.

7. Grabar el cambio o preparacion en video.

8. Entrenar a los miembros del equipo *kaizen.*

Durante el evento

Pasos	Antes de parar	Durante el paro	Después del paro
1. Observar y medir el tiempo total de cambio.			
2. Separar actividades internas de externas.			
3. Convertir actividades internas a externas y mover actividades externas fuera del paro.			
4. Eliminar desperdicios en las actividades internas.			
5. Eliminar desperdicio de las actividades externas.			
6. Estandarizar y mantener el nuevo procedimiento.			

1. Observar y medir el tiempo total de cambio

Grabar un video de la secuencia completa, incluyendo todos los movimientos de las personas asociados al cambio o la preparación. El resto del equipo buscará oportunidades de mejora.

Nota: activar la opción de visualizar el cronómetro en el video.

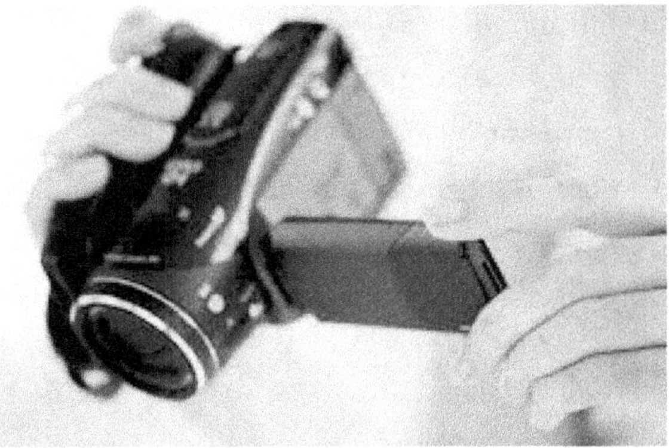

Guía para la grabación del video

- Identificar claramente a todos los que estén involucrados en el cambio.
- Respetar los deseos de quienes no quieren ser filmados.
- Grabar una visión panorámica de todo el proceso.
- Filmar movimientos manuales, obtención de las herramientas necesarias y las interacciones con otros procesos.
- A ser posible, aplicar la función ver fecha y hora.
- Usar grabadora de voces para obtener detalles.
- Ver el video con las personas involucradas lo antes posible.
- Calendarizar reuniones para revisar el video.

2. Separar las actividades internas de las externas

- Cuando se analice el video, se debe revisar cada actividad y completar el formato de análisis de reducción de tiempos de cambio.

- Clasificar todas las actividades como:

  - **Actividades externas:** son aquellas que pueden ser realizadas mientras el proceso está ejecutándose.

  - **Actividades internas:** son aquellas que solamente pueden ser realizadas cuando el proceso está detenido.

Análisis SMED para reducción de tiempos de cambio

Núm.	Operación de cambio	Operadores					Tiempo acumulado	Tiempo	Potencial	Clasificación del tiempo		
		1	2	3	4	5				Interno	Externo	Desperdicio
1	Parar máquina	X					7:00:00			X		
2	Bloquear la máquina	X					7:00:15	0:00:15		X		
3	Reunir herramientas	X					7:00:30	0:00:15	0:00:00		X	
4	Remover tuercas y rondanas	X					7:02:30	0:02:00	0:00:30	X		
6	Desconectar resistencia	X					7:02:35	0:00:05	0:00:05	X		
7	Remover molde	X					7:02:50	0:00:15	0:00:07	X		

3. Convertir actividades internas a externas

En este paso, se analizan, simplifican o mejoran las actividades que se hacen durante el paro. Para realizar esto, se deben considerar las siguientes actividades.

Actividades externas comunes en un cambio:

- Conseguir herramientas para el cambio.
- Comunicar la necesidad de un cambio.
- Establecer comunicación entre las personas involucradas.
- Realizar inspecciones y trámites administrativos para el cambio.
- Contactar al personal del cambio cuando la producción o el servicio se ha detenido.

Actividades sugeridas para este paso:

- Mantener las herramientas cerca o en un carrito de cambio.
- Usar el sistema *andon* para comunicar que un cambio será realizado.
- Estandarizar roles para cada miembro del equipo.
- Esperar hasta que esté en marcha el proceso para iniciar o completar los trámites administrativos.
- Llevar a cabo un plan de cambios y hacer seguimiento.

4. Eliminar desperdicios en las actividades internas

- Utilizar herramientas de acción rápida para reducir el tiempo de cambio.

- Trabajar en equipo para eliminar o reducir movimientos y transportes innecesarios.

- Diseñar partes y herramientas estándar para simplificar los cambios o preparaciones.

- Reubicar partes y materiales en lugares fáciles de encontrar, y así reducir los tiempos de búsqueda.

5. Eliminar desperdicio de las actividades externas

- Reducir los trámites administrativos requeridos.
- Reubicar almacenaje para reducir tiempo de traslados.
- Utilizar las lista de verificación para mejorar la eficiencia. La lista puede incluir elementos tales como:
  - Herramientas, especificaciones, personal requerido, etc.
  - Condiciones operativas correctas necesarias por cada operación.

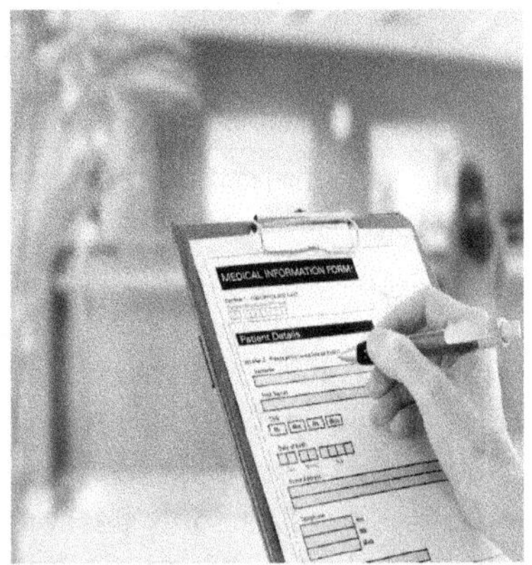

LSSI.
LEAN SIX SIGMA INSTITUTE

6. Estandarizar y mantener el nuevo procedimiento

- Documentar los procedimientos de cambio mejorados.
- Comunicar a todas las personas involucradas.
- Entrenar a las personas implicadas en el cambio.
- Colocar instrucciones de trabajo estandarizadas en los lugares de trabajo.
- Establecer una meta para los cambios.
- Medir, publicar y rastrear los tiempos de cambio.

Anterior	Mejor
6 horas	4 horas

Reglas y consideraciones para SMED

1. No tratar de implementar la iniciativa de varios cambios a la semana o al día, a menos que el mantenimiento productivo total (TPM) esté funcionando correctamente.

2. Los cambios son graduales. Deben hacerse muchos eventos de mejora para, paulatinamente, lograr los tiempos de cambio deseados.

3. Es un requerimiento implementar previamente las 5 S.

Reducción del tiempo de carga en una embotelladora

¿Cómo iniciamos?

Caso de negocio: como compañía, el desempeño de nuestro **tiempo de carga** para las áreas de logística, finanzas, comercial y almacenes, no está cumpliendo la **meta de 30 minutos**. Esto está causando problemas de **insatisfacción en cumplimiento al servicio al cliente**, lo cual genera **pérdidas de ventas y también de clientes**.

Takt time: 720 min / 45 cargas = **16 min** por carga

Costo por transacción: **$830** por carga aprox.

Ingreso	Descarga	Carga	Salida	Total
6	11	42	24	**1:18**
10	11	29	16	**1:08**
6	10	25	25	**1:09**
8	13	9	30	**1:02**
7	6	42	23	**1:17**

minutos

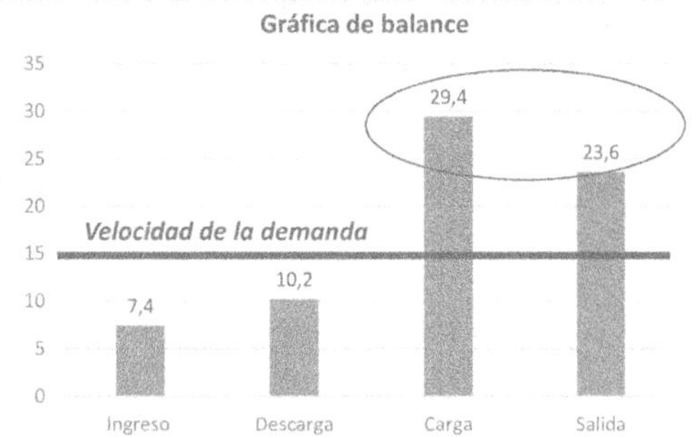

Proceso de transformación

¿Qué hicimos?

1. Entrenamiento al equipo en preparaciones rápidas.
2. Identificar oportunidades en el proceso.

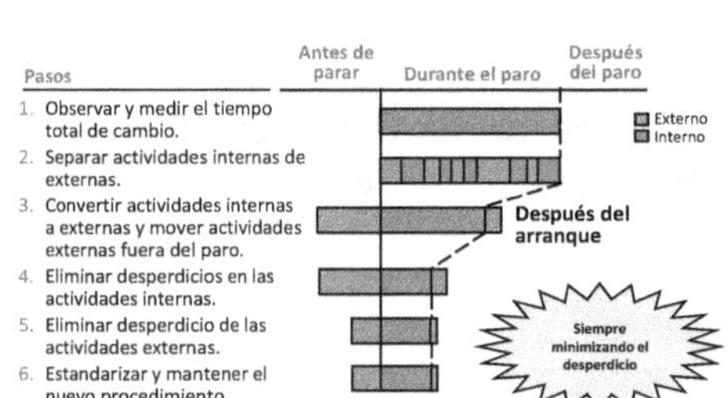

Ingreso: no existe la práctica de las recargas programadas. Las devoluciones no vienen listas en el menor espacio posible.

Descarga: no hay coordinación de los operarios del montacargas, traslados de los operarios de las carretillas muy distantes.

Carga: áreas inseguras, no hay área delimitada, exceso de movimientos, falta de chófer, no se coordina a los operarios del montacargas, repetición de trabajos, lentitud en la entrega de documentos para liberar cargas adicionales, movimientos del verificador de logística en faltantes y sobrantes.

Salida: largos tiempos de espera.

¿Qué hicimos?

Recibir: 1 a 2 min
- Mensajes de teléfono para aviso de llegadas.
- Estándar de acomodo de palés preparados.

Descargar: 5 a 8 min
- Área de descarga asignada.
- Descarga envase en mismo sitio.
- Dos carretillas asignadas.

Carga : 7 a 10 min
- Conteo previo realizado por áreas de finanzas y logística.
- Anticipación en impresión de documentos .
- Preparación de la carga en cada lado del camión.
- Dos carretillas asignadas.

Salida: 1 a 2 min
- Vigilante se prepara para hacer registro antes de la salida.

¿Qué logramos?

Actual

Ingreso	Descarga	Carga	Salida	Total
6	11	42	24	**1:18**
10	11	29	16	**1:08**
6	10	25	25	**1:09**
8	13	9	30	**1:02**
7	6	42	23	**1:17**
7.4	**10.2**	**29.4**	**23.6**	

Futuro

Ingreso	Descarga	Carga	Salida	Total
2	9	7	5	**23**
0.5	4	23	1	**29**
1	9	9.5	1	**20**
2	4	4	0.5	**11**
1.375	**6.5**	**10.875**	**1.875**	

Gráfica de balance

	Ingreso	Descarga	Carga	Salida
	7,4	10,2	29,4	23,6

Gráfica de balance futuro

	Ingreso	Descarga	Carga	Salida
	1,375	6,5	10,875	1,875

SMED ayuda a reducir el inventario

- Realizar cambios rápidos ayuda a **reducir los inventarios** ya que la compañía reabastece los artículos en base a la demanda del cliente.

- La utilización de **pronósticos de demanda,** generalmente, es un gran generador de inventarios.

Sala de cirugía

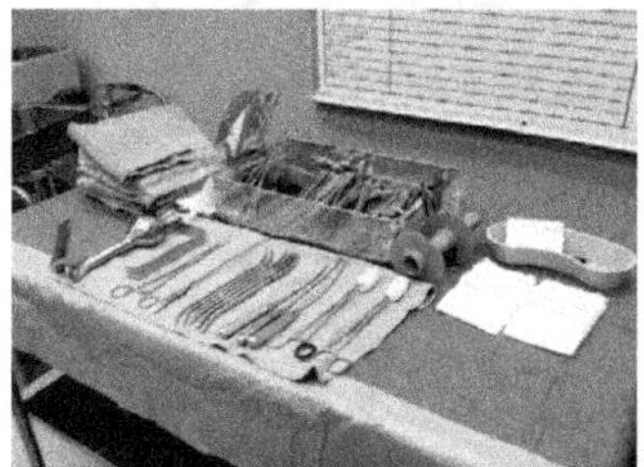

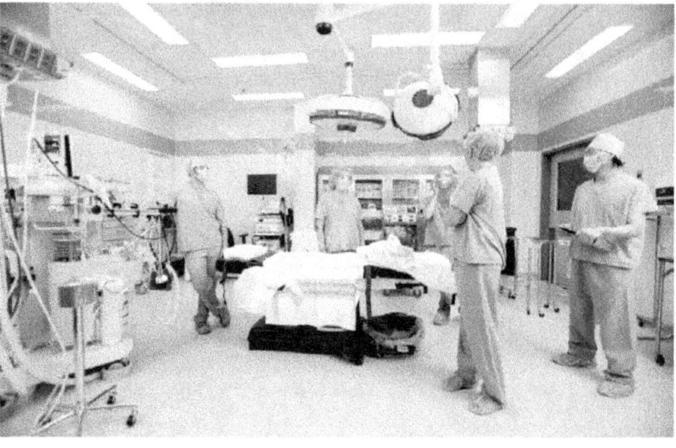

Preparaciones de más de 30 minutos a menos de 10 minutos.

Aplicaciones de SMED en diferentes industrias

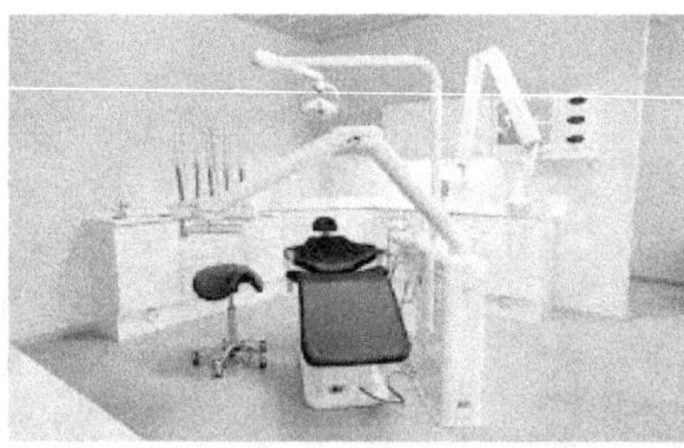

Mantenimiento productivo total (TPM)

21

Objetivos

1. Comprender la importancia del mantenimiento en una organización.
2. Entender los elementos clave del TPM.
3. Aprender el procedimiento para implementar el TPM.

Contenidos

> Antecedentes
> ¿Qué es TPM?
> Beneficios
> Tipos de mantenimiento
> Pilares
> Procedimiento

Antecedentes

- El mantenimiento es necesario tanto en empresas de servicios como de producción.

- En nuestra vida diaria, el mantenimiento es también una actividad importante.

¿Le ha pasado esto alguna vez?

- Constantes paros por reparación.
- Incumplimiento en las especificaciones del cliente.
- Altos riesgos relacionados con el equipo.
- Las actividades no se realizan a tiempo.

Origen del TPM

- El **mantenimiento productivo total** (TPM por sus siglas en inglés) tiene sus orígenes en **Estados Unidos**, donde muchas empresas manufactureras aplicaban ciertas prácticas para prevenir fallos y, con ello, impedir paros inoportunos y reparaciones de emergencia.

- Acabada la Segunda Guerra Mundial, mientras Japón reconstruía su economía, varios gerentes e ingenieros japonenses visitaron fabricas en Estados Unidos para tomar ideas y llevarlas a la práctica en su país.

- El concepto de que todo el personal de la empresa realizara tareas de mantenimiento (no solo el personal de esta área), fue introducido por primera vez por **Nippondenso,** una fábrica proveedora de autopartes para Toyota.

LSSI
LEAN SIX SIGMA INSTITUTE

Costos de mantenimiento

- Los costos de mantenimiento representan entre el 15 % y el 40 % de los costos totales de operación.

- Las reparaciones por emergencia cuestan, por lo menos, tres veces más que si las mismas reparaciones hubieran sido planificadas.

- El 58 % del costo del mantenimiento es provocado por operaciones deficientes.

- El 17 % del costo del mantenimiento es provocado por la mala lubricación de la maquinaria.

Triángulo de defectos

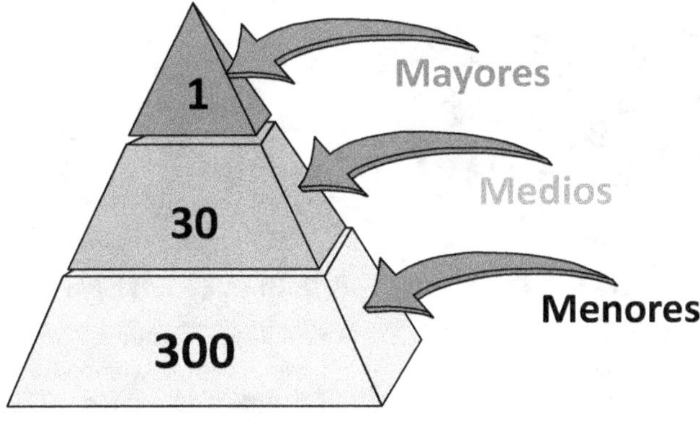

Analizando las causas de los problemas de manera estadística, encontramos que para que ocurra un problema mayor es necesario que hayan ocurrido varios problemas medios y muchos problemas menores, en la proporción indicada.

¿Qué es TPM?

El **mantenimiento productivo total (TPM)** es un método para lograr la máxima efectividad del equipo a través de la participación de todos los miembros de la organización.

Líderes + Usuarios + Mantenimiento

Definición

TOTAL

- Se refiere a todos los departamentos, procesos y servicios.
- Participación de todo el personal.
- Se enfoca a eliminar todos los defectos, problemas, accidentes, etc.

PRODUCTIVO

- Maximización de la eficiencia del sistema de producción o servicio.
- Minimización de las grandes pérdidas de los procesos productivos o servicios.

MANTENIMIENTO

- Establece un sistema integral de mantenimiento preventivo del equipo.
- Se refiere a todo el ciclo de vida del sistema de producción o servicio.

Beneficios

- Mejora la efectividad total del equipo.
- Incrementa la calidad con la que producen los equipos.
- Refuerza la duración del equipo.
- Reduce costos en la vida de los equipos.
- Convierte las actividades reactivas en proactivas.
- Acrecienta la seguridad en el trabajo y la confianza en el proceso.

Enfoque del mantenimiento autónomo

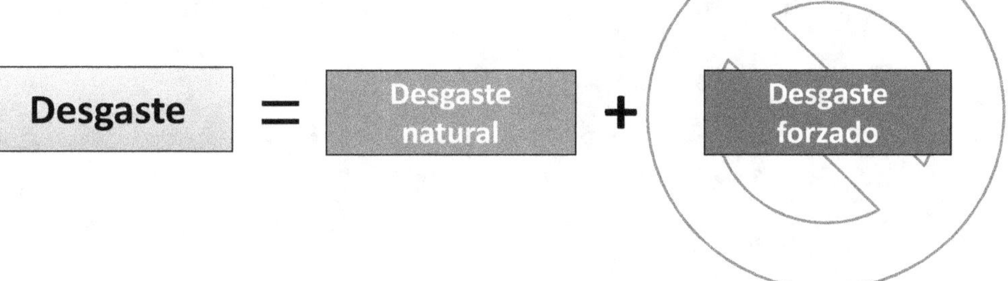

TPM ayuda a **eliminar** el desgaste forzado y reducir el desgaste natural.

Tipos de mantenimiento

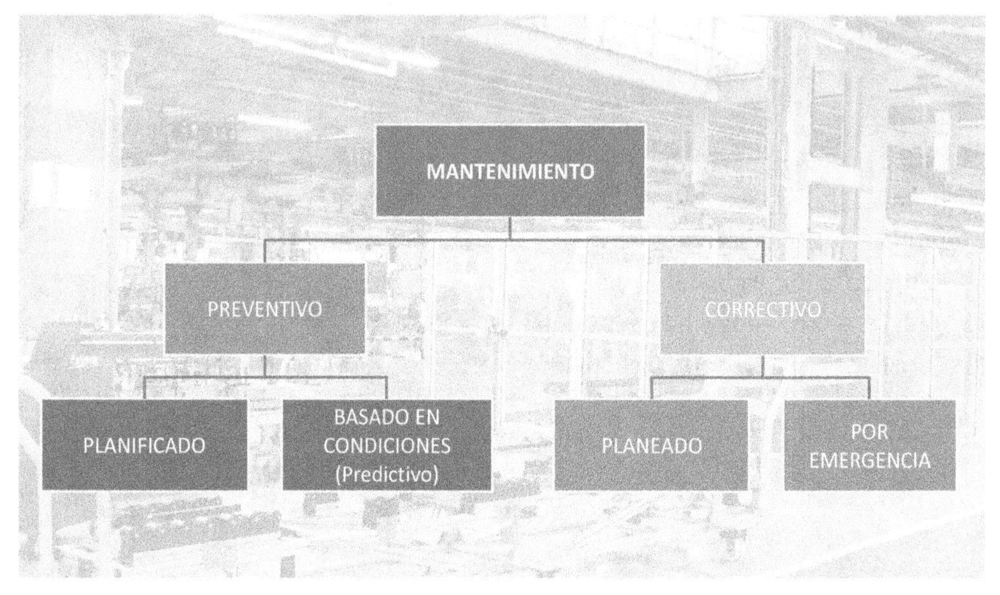

Pilares

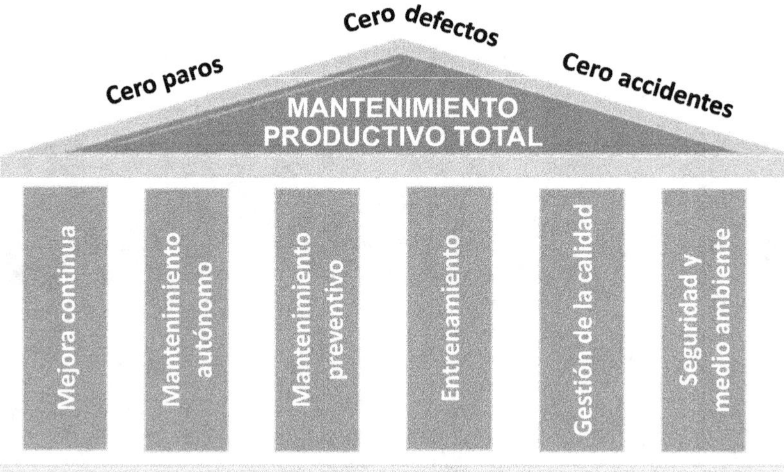

ANTES	DURANTE	DESPUÉS
	100 % **equipo completo**	
Patrocinador, líderes, BB		Patrocinador, líderes, BB
Definir el proyecto 2 - 4 semanas	Lunes | Martes | Miércoles | Jueves | Viernes	Seguimiento 4 - 8 semanas
Definir	**MAI**	**Controlar**

Agenda *kaizen* TPM

Antes del evento

- Definir el proyecto y el equipo.
- Implementar las 5 S.
- Elegir a los miembros del equipo.
- Realizar el diagnóstico TPM.
- Hacer el VSM y la gráfica de balance.
- Elaborar AMEF, matriz de fallos y matriz de alcance del equipo.
- Programar con las áreas de logística y producción la fecha del evento.
- Asegurar que se dispone de:
  - El material de limpieza para la actividad de *superlimpieza*.
  - Las tarjetas de oportunidad.
  - Los manuales de los equipos.
  - Las rutinas de mantenimiento preventivo.
  - El material de entrenamiento TPM.

LSSI TARJETA DE OPORTUNIDAD		
Fecha:	Folio:	
Área:		
Oportunidad detectada:		
Propuesta de mejora:		
Clasificación:	A	B	C
Propuesto por:		
Observaciones:		

Aplicar las 5 S en áreas de mantenimiento.

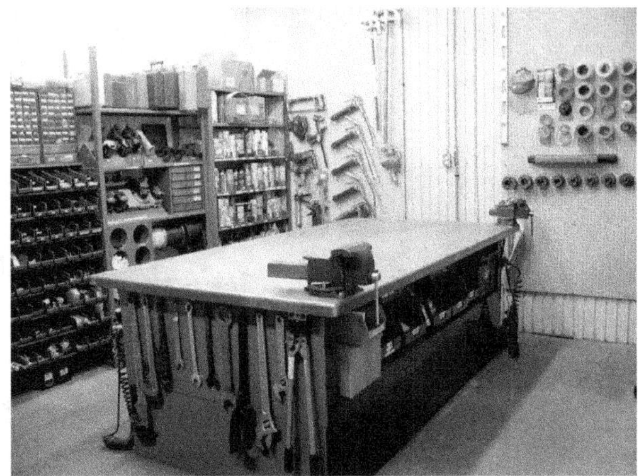

Durante el evento

Lunes	Martes	Miércoles	Jueves	Viernes
▸ Explicar A3 ▸ Entrenamiento básico ▸ Presentar VSM, OEE y diagnóstico TPM ▸ Evento superlimpieza ▸ Oportunidades	▸ Analizar matriz de fallos y de alcance. ▸ Analizar AMEF ▸ Elaborar mantenimiento autónomo (MA)	▸ Elaborar mantenimiento preventivo (MP)	▸ Elaborar lecciones de un solo punto ▸ Elaborar cuadros de fallos	▸ Formación ▸ Presentación *kaizen*

▸ Implementar oportunidades "A"

Medir	Analizar	Mejorar	Controlar

Inicio del evento

Medir

- Explicar A3 (definicion de proyecto).
- Entrenamiento (1 hora aproximadamente):
  - ¿Qué es el TPM?
  - ¿Para qué sirve?
  - Los seis pilares del TPM.
  - Explicar el OEE y las seis grandes pérdidas.
- Presentar VSM y la gráfica de balance.
- Calcular el OEE.
- Presentar el diagnostico TPM inicial.

Evento superlimpieza

El personal conoce el equipo y las condiciones cuando:

- Limpia superficialmente el equipo.
- Limpia el interior del equipo.
- Detecta fugas, equipo suelto, piezas flojas, etc.
- Trabaja en equipo y de manera entusiasta.
- Documenta en tarjetas de oportunidad.
- Detecta anormalidades.
- Pregunta a los expertos sobre posibles anomalías.
- Detecta condiciones inseguras.
- Toma fotografías.

Tareas del evento superlimpieza

- Buscar defectos visibles e invisibles:
    - Calentamiento.
    - Vibración.
    - Filtros sucios.
    - Piezas faltantes.
- Observar si el equipo permite su fácil limpieza:
    - Puntos de lubricación mal posicionados.
    - Cubiertas difíciles de retirar.
    - Piezas difíciles de limpiar.
- Asegurar que todos los instrumentos de medición funcionan bien.
- Investigar las fugas o los derrames de producto, vapor, agua, aceite y aire comprimido.
- Buscar problemas ocultos tales como corrosión y obstrucciones.

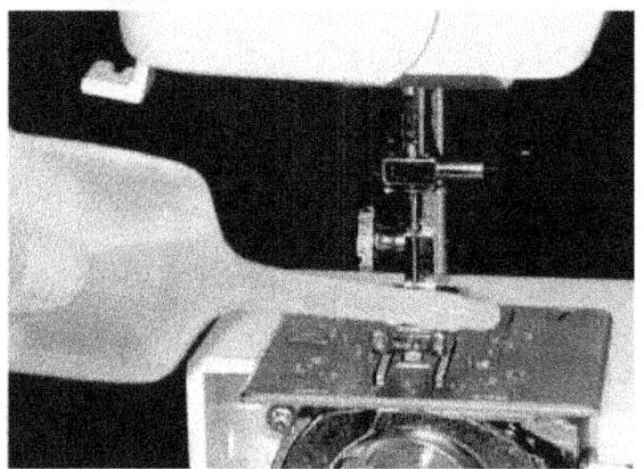

Segundo día

Analizar

- Continuar trabajando con las tarjetas de oportunidad.

- Analizar las oportunidades encontradas.

- Analizar matriz de fallos y de alcance.

- Analizar el modo y efecto de fallos (AMEF).

- Análisis causa - efecto (calidad - equipo).

- Establecer el plan de acción.

- Generar actividades de mantenimiento autónomo.

- Avanzar en oportunidades «A».

LSSI.
LEAN SIX SIGMA INSTITUTE

Tercer día

Mejorar

- Generar registros para mantenimiento autónomo.
- Crear instructivos de mantenimiento autónomo.
- Generar calendario de mantenimiento preventivo y predictivo.
- Crear manuales.
- Avanzar en oportunidades «A».

Actividades de mantenimiento autónomo

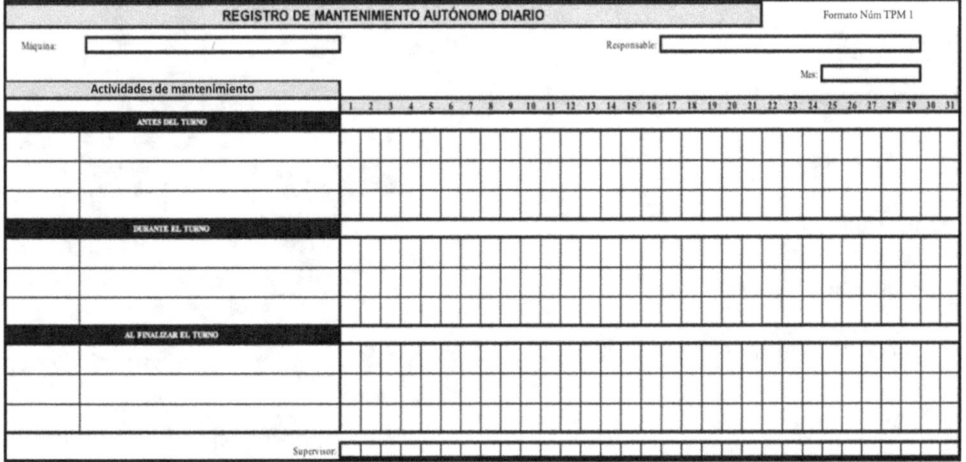

REGISTRO DE MANTENIMIENTO AUTÓNOMO DIARIO	Formato Núm TPM 1

Máquina: ____________ / Responsable: ____________

Mes: ____________

Actividades de mantenimiento	1	2	3	4	5	6	7	8	9	10	11	12	13	14	15	16	17	18	19	20	21	22	23	24	25	26	27	28	29	30	31
ANTES DEL TURNO																															
DURANTE EL TURNO																															
AL FINALIZAR EL TURNO																															
Supervisor:																															

Cuarto día

CONTROL

- Elaborar las lecciones de un solo punto.
- Actualizar el AMEF de equipo.
- Elaborar cuadros de fallos.
- Terminar las oportunidades «A».

Lecciones de un solo punto

- Entrenamiento enfocado.
- 10 minutos.
- Teoría.
- Práctica.
- Participación de todo el equipo.

Quinto día

Control

- Formar en:
    - Uso correcto del equipo.
    - Mantenimiento autónomo.
    - Mantenimiento planificado.
    - Seguridad en el equipo.

- Hacer presentación de resultados (foto *kaizen):*
    - Presentar al equipo.
    - ¿Cómo estábamos?
    - ¿Qué hicimos?
    - ¿Qué logramos?
    - ¿Qué sigue?

Agenda de seguimiento

Después del evento

- Reuniones semanales o diarias de análisis.
- Visitas al equipo para analizar el avance.
- Continuidad de actividades B y C.
- Análisis de progreso OEE en el cuadro de resultados diario y semanal.
- Revisión de las actividades según instrucciones en campo.
- Replicar en otras máquinas con el aprendizaje obtenido.

Sostenimiento del TPM

- Líderes de todos los niveles hacen caminatas TPM (caminatas *gemba).*

- Empleo de personal cualificado.

- Instrucción y guía activa para implementar el TPM.

- Celebrar el éxito.

- Mostrar aprecio por el trabajo bien hecho.

- Mejora constante de la efectividad total del equipo (OEE).

- Aplicación a todos los procesos que requieren uso de equipo (producción y servicios).

Kanban

22

Objetivos

1. Conocer los conceptos básicos de *kanban*.
2. Conocer los tipos de *kanban*.
3. Calcular el tamaño del *kanban*.
4. Conocer el procedimiento para implementar *kanban*.

Contenidos

> Antecedentes
> ¿Qué es *kanban*?
> Beneficios
> Tipos de *kanban*
> ¿Cuándo se utiliza?
> Procedimiento
> Ejemplos

- Los japoneses visitaron varias veces algunas plantas de producción en Estados Unidos para conocer sus **sistemas de control de inventario.**

- Taiichi Ohno y sus colegas visitaron en una ocasión unas plantas montadoras de vehículos y, otras, fundidoras, buscando ideas o un sistema para **evitar el exceso de inventario.** No encontraron lo que buscaban.

- Sin embargo, en las tardes durante su viaje, visitaban supermercados y les llamó mucho la atención la manera en la que los artículos eran resurtidos una vez que el cliente los retiraba del estante y hacía el pago.

- Los pagos de los clientes actuaban como señales al proveedor (empleado de la tienda) de que tenía que reabastecer los productos que el cliente acababa de comprar (retirar).

Supermercado

Orientación a la demanda

- Almacenamiento visual de lo necesario.

- Se visualiza el *stock* mínimo y máximo.

- El sistema define el momento de resurtir.

- Se asegura que lo primero que entra es lo primero que sale.

- Sincroniza los elementos de la cadena de suministro.

Kanban

El sistema de «tirar» *(pull system)* es un sistema de comunicación que permite el control de la producción, sincroniza los procesos de producción o servicio con los requerimientos del cliente y apoya fuertemente a la programación.

Un *kanban* es una tarjeta que...

- Identifica los artículos.
- Controla el flujo de los artículos.
- Registra los resultados.

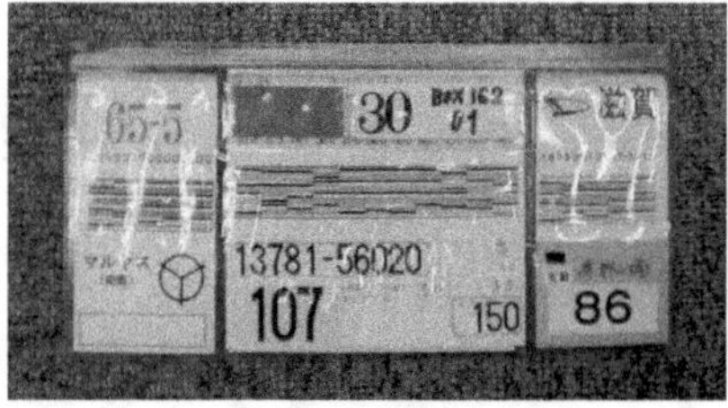

Kanban original de Toyota
usado para compras.

Información que contiene una tarjeta de *kanban*

- Número de la pieza.
- Tipo o tamaño del contenedor.
- Capacidad del contenedor.
- Localización del contenedor.
- Destino de las piezas.
- Hora y lugar de entrega.
- Dibujo de la figura.
- Proceso en el que se utiliza.

Contiene toda la información que facilita el control del flujo de material de una manera efectiva, eliminando pérdidas de tiempo y demoras que no generan valor añadido.

Beneficios

Algunas de las aplicaciones y utilidades del sistema *kanban* son:

- Evitar la sobreproducción.
- Permitir trabajar con bajos inventarios.
- Dar certidumbre a los clientes de la recepción de los productos o servicios a tiempo.
- Permitir fabricar solo lo que el cliente necesita.
- Comparar, mediante un sistema visual, lo que se fabrica contra lo que el cliente requiere.
- Eliminar las complejidades de la programación de producción.
- Proveer un sistema común para mover materiales en la fabrica.

Tipos de *kanban*

- ***Kanban* de retirada**

  Especifica la clase y cantidad de producto que en un proceso se debe retirar del proceso anterior.

- ***Kanban* de producción**

  Especifica la clase y cantidad de producto que se debe producir en un proceso.

Kanban de retirada

Especifica la clase y cantidad de producto que en un proceso se debe retirar.

<table>
<tr><td>Anaquel de almacén núm.</td><td>**F26-18**</td><td>Código de la pieza núm.</td><td>**A5-34**</td><td>Proceso anterior</td></tr>
<tr><td>Pieza núm.</td><td colspan="3">**56690-321**</td><td>**FORJA B-2**</td></tr>
<tr><td>Nombre de la pieza</td><td colspan="3">**PIÑÓN IMPULSOR**</td><td>Proceso posterior</td></tr>
<tr><td>Tipo de automóvil</td><td colspan="3">**SX50BC**</td><td>**MECANIZACIÓN**</td></tr>
<tr><td>Capacidad de la caja:
20</td><td colspan="2">Tipo de la caja:
B</td><td></td><td></td></tr>
</table>

Kanban de producción

Especifica la clase y cantidad de producto que se debe producir en un proceso.

<table>
<tr><td>Anaquel de almacén núm.</td><td>**F26-18**</td><td>Código de la pieza núm.</td><td>**A5-34**</td><td>Proceso</td></tr>
<tr><td>Pieza núm.</td><td colspan="3">**56690-321**</td><td>**MECANIZACIÓN**</td></tr>
<tr><td>Nombre de la pieza</td><td colspan="3">**Muelle**</td><td></td></tr>
<tr><td>Cantidad a producir</td><td colspan="3">**200**</td><td></td></tr>
</table>

Ejemplo de *kanban*

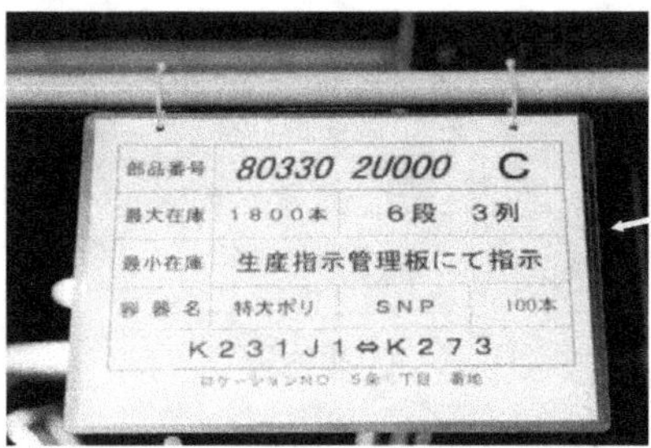

Sección	80330	2U000	C
Stock máximo	1,800 piezas	6 filas	3 columnas
Stock mínimo	Como se muestra en el panel de control de producción		
Nombre del contenedor	Supergrande *poly* (poliuretano)	SNP	100 piezas
	K231J1	K273	

Ubicación núm. | Una dirección en la fábrica |

- Cuando es necesario estructurar el sistema de control de materiales y administración de la producción, a causa de la alta mezcla de productos y menores volúmenes de producción.

- Se utiliza cuando las variables de disponibilidad de equipo, orden y limpieza, cambios rápidos, y mínimos lotes de producto, se han introducido.

Procedimiento

1. Seleccionar los artículos a incluir en *kanban*.

2. Calcular la cantidad de artículos por *kanban*.

3. Escoger el tipo de señal y de contenedor.

4. Calcular el número de contenedores necesarios.

5. Dar seguimiento al indicador *WIP to SWIP (work in process to standard work in process)*.

1. Seleccionar los artículos a incluir en *kanban*

- Seleccionar los artículos para el sistema *kanban:*
  - Piezas para producir productos.
  - Materiales para realizar un servicio.
  - Productos terminados.
  - Etc.

- Es importante seleccionar artículos que ya estén involucrados en otros métodos Lean, como flujo continuo, cambios rápidos, **mantenimiento productivo total**, etc.

2. Calcular la cantidad de artículos por *kanban*

Fórmula de piezas por *kanban* = $D \times TE \times U \times (1 + \%VD)$

donde:

- D = demanda semanal (refiérase al tablero de puntuación o *box score)*

- TE = tiempo de entrega en semanas que tiene el proveedor interno o externo e incluye:

  - **Para productos comprados:** tiempo de generar el pedido + tiempo de entrega del proveedor + tiempo de transporte + tiempo de recepción, inspección y almacenamiento.

  - **Para productos fabricados:** tiempo para generar la orden de trabajo + tiempo total de procesamiento + tiempo de recepción e inspección.

- U = número de ubicaciones. Para un inicio sin problemas es recomendable iniciar con dos ubicaciones: una ubicación con el proveedor, y otra en el área de producción. Más adelante es posible utilizar una sola ubicación, pero al principio, de esta manera, se asegura la continuidad en el proceso de surtimiento.

- $\%VD$ = coeficiente de variación de la demanda. Es la desviación estándar de la demanda del periodo dividida entre el promedio de la demanda en el mismo periodo.

Ejemplo

1. Determinar los artículos a incluir en *kanban.*

Núm. de artículo: 2214 Soporte para motor.

2. Calcular el número de artículos por *kanban.*

Demanda semanal promedio = 270 408 / 52 = 5 200 piezas.

D = 5 200 piezas.

TE = 1 semana.

U = 2 ubicaciones.

% VD = desviación estándar de la demanda del periodo / promedio de la demanda en el mismo periodo.

% VD = 5 608 / 22 534 = 25 %.

Tamaño del *kanban* = 5 200 $\times$ 1 $\times$ 2 $\times$ 1.25 = 13 000 piezas.

LSSI
LEAN SIX SIGMA INSTITUTE

Núm. parte	2214	Descripción	Soporte para motor

Demanda real	
Enero	22.350
Febrero	28.570
Marzo	35.514
Abril	25.468
Mayo	24.515
Junio	20.667
Julio	18.422
Agosto	14.304
Septiembre	17.209
Octubre	19.129
Noviembre	22.345
Diciembre	21.916

Variabilidad de la demanda

Promedio	22.534
Desv. est.	5.608
Porcentaje var.	0,25

Demanda	5.200	piezas / semana	
Tiem. entrega	1	semana	
Ubicaciones	2		
Cantidad piezas en *kanban*	12.989		
Capacidad del contenedor	100	piezas	
Número de contenedores	130		

3. Escoger el tipo de señal y de contenedor

- Para aplicar el control visual por tipo de pieza, es importante que los contenedores sean fáciles de identificar y manejar, y que sean del mismo color para un *kanban* específico.

- Idealmente, el contenedor y su capacidad se deben seleccionar tomando en cuenta el límite de carga de las personas que lo vayan a manipular.

- El contenedor puede ser una caja, un palé, una cubeta, un carro, etc.

4. Calcular el número de contenedores necesarios

$$\text{Número de contenedores} = \frac{\text{Cantidad de piezas en } kanban}{\text{Capacidad del contenedor}}.$$

Si la capacidad de cada contenedor es de 100 piezas, entonces el número de contenedores es 130, calculado de la siguiente manera:

Número de contenedores = 13 000 / 100 = 130 contenedores

5. Dar seguimiento al indicador *WIP to SWIP*

- El *WIP to SWIP* se calcula dividiendo la cantidad de inventario en proceso (WIP) entre la cantidad mínima necesaria en proceso para mantener el trabajo estándar (SWIP):

$$\text{Fórmula:} \quad \frac{\textbf{WIP } \textit{(work in process)}}{\textbf{SWIP } \textit{(standard work in process)}}.$$

- El resultado ideal es **1**, esto significa que el WIP es igual al SWIP.

- Si el resultado es **mayor a 1**, entonces se tiene mucho inventario.

- Si el resultado es **menor a 1**, entonces se tiene poco inventario y se podría correr el riesgo de quedarse sin materiales o productos.

Reglas de *kanban*

1. No pasar artículos defectuosos a los siguientes procesos.

2. Se retira un *kanban* cuando un proceso retira artículos del proceso precedente.

3. Los procesos anteriores producen artículos en las cantidades especificadas por el *kanban* retirado (el *kanban* les provee una orden de producción).

4. Nada se produce o se transporta sin *kanban*.

5. El *kanban* hace la función de una orden de producción adherida a los artículos.

6. El número de *kanban* disminuye con el tiempo.

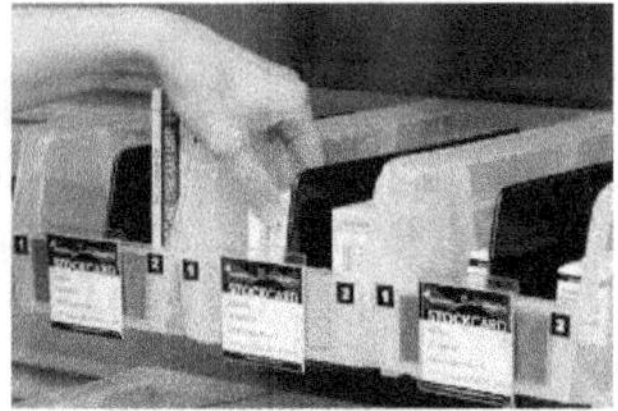
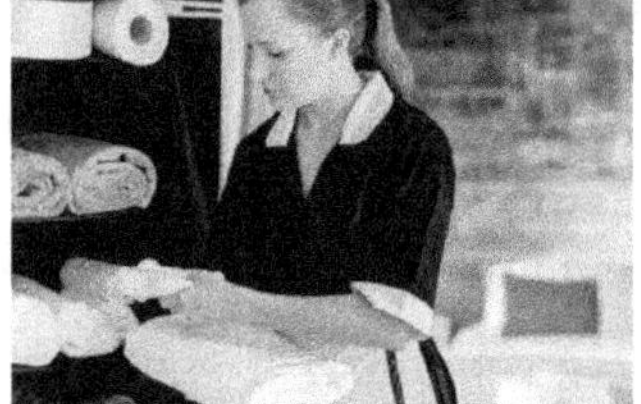
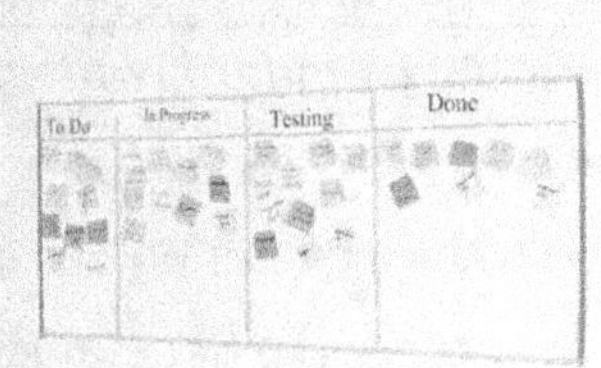
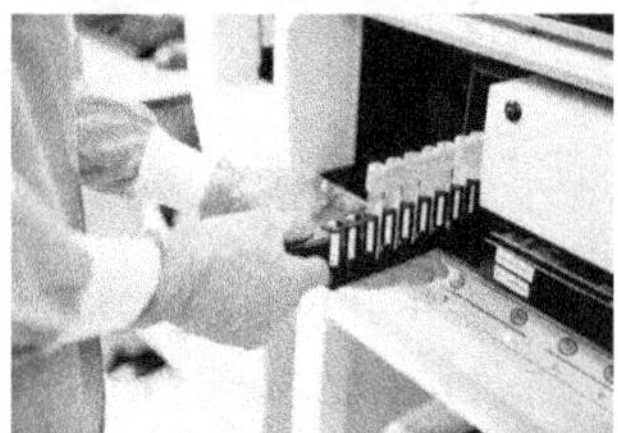

Kanban de producción

El *kanban* indica lo
que debe hacerse,
en cuánto tiempo y
en qué cantidades.

Kanban de suministro en sala de cirugía

El personal de cirugía retira
lo que necesita y, al
terminar, se reponen los
elementos utilizados para
que la siguiente cirugía
cuente con todo el material
necesario.

Mapa
de valor futuro

23

Objetivos

1. Aprender a desarrollar un plan de acciones de mejora continua dirigido a la transformación de la cadena de valor.
2. Aprender a desarrollar un estado futuro de la cadena de valor minimizando el tiempo de ciclo.

Contenidos

> ¿Qué es el mapa de valor futuro?
> Beneficios
> ¿Cuándo se utiliza?
> Procedimiento

¿Qué es el mapa de valor futuro?

Mapa del estado futuro (VSM futuro)

- El **mapa de valor futuro** o VSM (siglas de *value stream map*) futuro presenta la mejor solución a corto plazo de la operación tomando en cuenta las mejoras a incorporar en el sistema productivo.

- Es un plan de inicio para la elaboración de una nueva estrategia de trabajo.

Beneficios

- Mejora el flujo del proceso.

- Optimiza la utilización de los recursos.

- Aumenta la satisfacción del cliente.

- Acrecienta la calidad y reduce costos.

- Cambia la visión de cómo realizar las acciones.

- Permite reducir tiempos de ciclo.

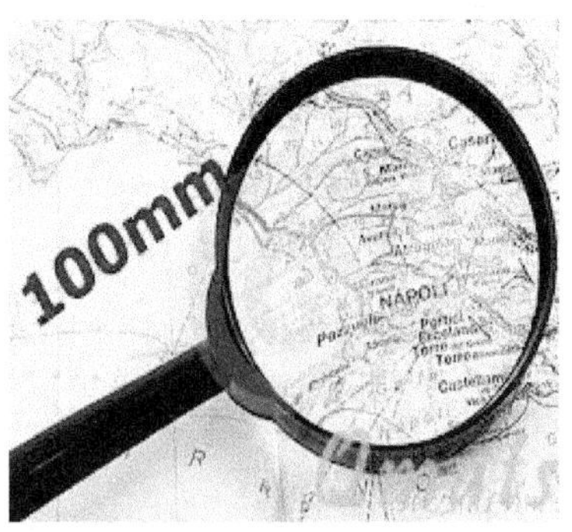

LSSI
LEAN SIX SIGMA INSTITUTE

¿Cuándo se utiliza?

- Se utiliza cuando se ha analizado cuál es el **cuello de botella** y se tienen muy claros los siguientes elementos:
    - La causa raíz de los principales problemas.
    - Los desperdicios.
    - La variación.
    - La sobrecarga.

«No podríamos construir una casa sin un plano.»

Etapas para el proceso del mapa de la cadena de valor

Se debe trazar el mapa de la cadena de valor entera para todas las familias de productos.

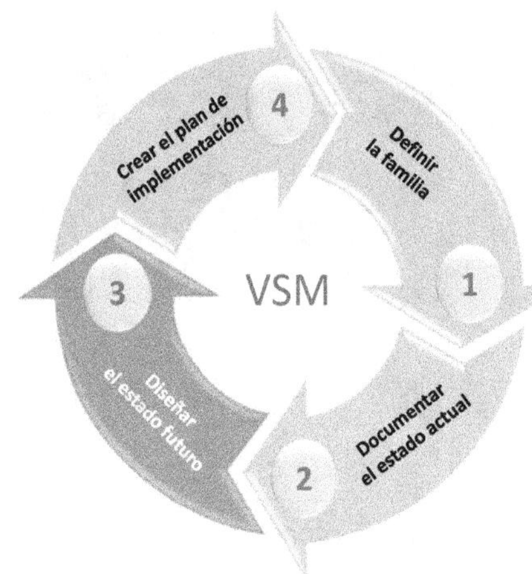

3.1 Determinar la capacidad de nuestro sistema e identificar el cuello de botella.

3.2 Desarrollar un flujo continuo siempre que las operaciones puedan estar una inmediatamente después de la otra.

3.3 Cuando no se puedan juntar las operaciones por alguna razón, introducir supermercados para unir los flujos discontinuos.

3.4 Proponer eventos *kaizen* para aplicar las herramientas Lean conforme se necesiten.

3.5 Dibujar el mapa del estado futuro.

3.6 Cuantificar el estado futuro.

3.1 Determinar la capacidad de nuestro sistema

La capacidad de cualquier proceso se debe calcular a partir de:

- La velocidad de la operación más lenta.
- El tiempo disponible.

$$\text{Capacidad} = \frac{\textbf{Tiempo disponible}}{\textbf{Tiempo más lento}}$$

Capacidad = 27 000 s / 134 s = 201.49 unidades diarias.

- Verificar la gráfica de balance en la siguiente diapositiva.

Datos Iniciales:
Tiempo total = 8 h = 480 min
Tiempo de comidas = 30 min
Tiempo disponible = 450 min * 60 = 27,000 s
Demanda mensual = 7510 unidades.
Días laborables = 22 días
Demanda diaria = 7510 piezas / 22 = 341 piezas

Identificar el cuello de botella

El cuello de botella determinará la capacidad del sistema. Puede ser:

Interno: **si la demanda > capacidad**

o

Externo: **si la capacidad > demanda**

Para la compañía **LeanShop**, el cuello de botella es la operación de ensamble final, y es interno porque la **demanda** es mayor que la **capacidad del sistema.**

Interno: **341 unidades > 201 unidades.**

Operación	Código de operación	Descripción	Tiempo	Takt time
1	A	Cortar piezas	22	79
2	B	Pintar	45	79
3	C	Perforar	19	79
4	D	Ensamble electrónico	63	79
5	E	Cargar software	22	79
6	F	Ensamble módulo control	32	79
7	G	Ensamble final	134	79
8	H	Empaque	49	79
		Tiempo total de ciclo	**386**	

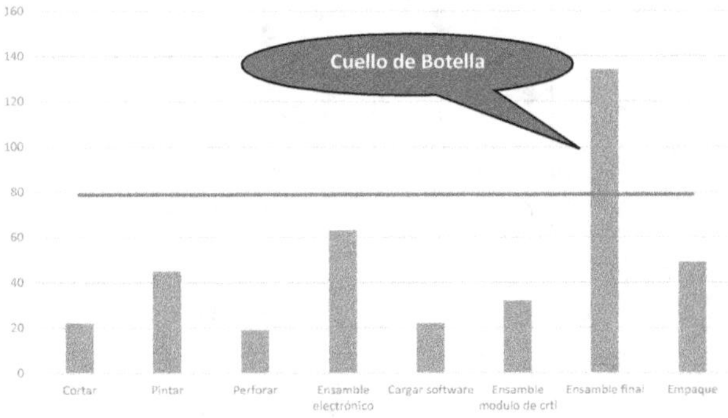

3.2 Desarrollar un flujo continuo

Como se explicó en el capítulo Flujo continuo, en primer lugar se deben unir todas las operaciones que permitan establecer un flujo continuo para crear una célula de producción que se representa en el mapa futuro. En este caso, se unirán todas las operaciones en un solo flujo, procurando mover materiales de una estación a otra.

$$\text{Número operadores: } \frac{386}{79} = 4.89 \text{ operadores} \Rightarrow 5 \text{ operadores}$$

Personal	Tiempo de ciclo (s)	Código de operación
1	67	A + B
2	82	C + D
3	77	E + F + parte de G
4	77	Parte de G
5	83	Parte de G + H

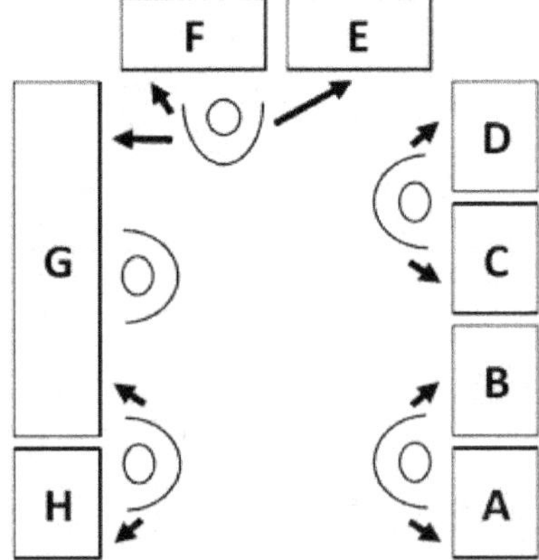

3.3 Crear supermercados

Una vez que se han podido agrupar todas las operaciones sin ninguna restricción, se debe proceder entonces a establecer los supermercados, uno en el almacén de materiales y el otro en el almacén de producto terminado.

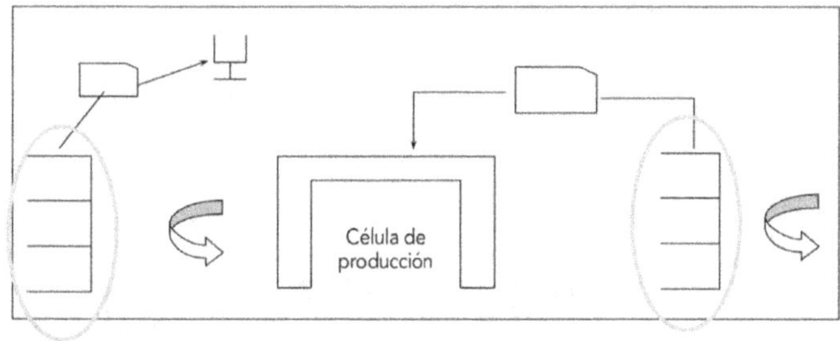

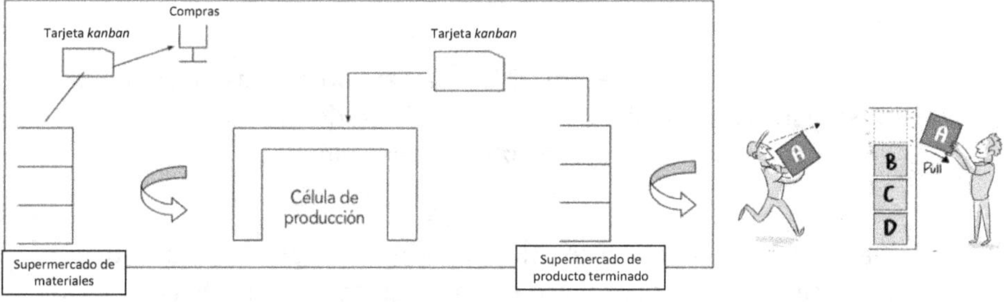

- En este esquema se puede observar que, cuando se retira un producto del supermercado de producto terminado, se retira también una tarjeta *kanban* de ese producto y se manda a la célula para indicarle lo que tiene que producir para reponer el producto o servicio que retiró el cliente.

- Como la célula requiere materiales, los retira del supermercado y simplemente se manda la tarjeta al departamento de compras para pedir que los proveedores surtan los materiales correspondientes en el supermercado de materiales.

3.4 Realizar las mejoras mediante los eventos *kaizen*

Los relámpagos en el mapa del estado futuro indican que se realizarán eventos de mejora para llevar a la práctica todas las modificaciones en el proceso.

- La secuencia de los eventos *kaizen* la determinan las prioridades observadas en el análisis del mapa del estado futuro. Es conveniente utilizar una matriz de priorización.

- Generalmente se inicia con flujo continuo o manufactura celular. A continuación, si el proceso tiene maquinaria, se sigue con eventos de mantenimiento productivo total, cambios rápidos y *poka yoke*. Esta secuencia depende de las prioridades de cada empresa.

- Asimismo, para llevar a cabo el mapa futuro, debemos preguntarnos si la empresa implementará un *kanban* en producto terminado o si enviará directamente el producto al cliente, sin almacenarlo.

Eventos *kaizen* en Lean Shop

- En el caso de **Lean** Shop, inicialmente se implementó la célula de producción y se hicieron necesarias mejoras para reducir los tiempos de ciclo de los operadores 2 al 5, a fin de que se adecuaran a un máximo de 70 segundos. El resultado final fue:

Personal	Tiempo de ciclo (s)	Código de operación
1	67	A + B
2	70	C + D
3	70	E + F + parte de G
4	70	Parte de G
5	70	Parte de G + H
Tiempo total de ciclo	347	

$$\text{Eficiencia de balance de trabajo} = \frac{\text{Tiempo total de ciclo}}{\text{Tiempo más lento * Número de operaciones}}$$

$$= \frac{347}{70 * 5} = 0.99 \text{ (originalmente era 0.36)}$$

- Implementar mantenimiento productivo total (TPM) para mejorar la disponibilidad de los equipos, especialmente de la máquina de corte, pero sin olvidar que los otros equipos también tengan su plan de mantenimiento diario.

- Se establecen cambios rápidos, para hacer varios modelos en el mismo día, a fin de tener mayor flexibilidad ante cualquier cambio en la demanda.

- Finalmente, se decide implementar un supermercado de producto terminado de cuatro días para empezar. Posteriormente se debe calcular el tamaño del *kanban* correcto, en la medida que se aprende del sistema y se logra el flujo continuo entre las operaciones de la célula.

- En el mapa del estado futuro podemos observar que ahora, aunque se sigue utilizando la información del cliente para trabajar, el flujo se ha convertido totalmente en estirar en lugar de empujar, como lo era en el concepto anterior.

- Ahora, cuando el cliente compra, una tarjeta *kanban* avisa inmediatamente al proceso anterior, es decir, a la célula, que debe reponer lo que el cliente retiró.

- La empresa proveedora debe resurtir el material que la célula utilizó a fin de mantener el supermercado surtido de los materiales necesarios para no detener la producción, y así sucesivamente.

3.5 Dibujar el mapa del estado futuro

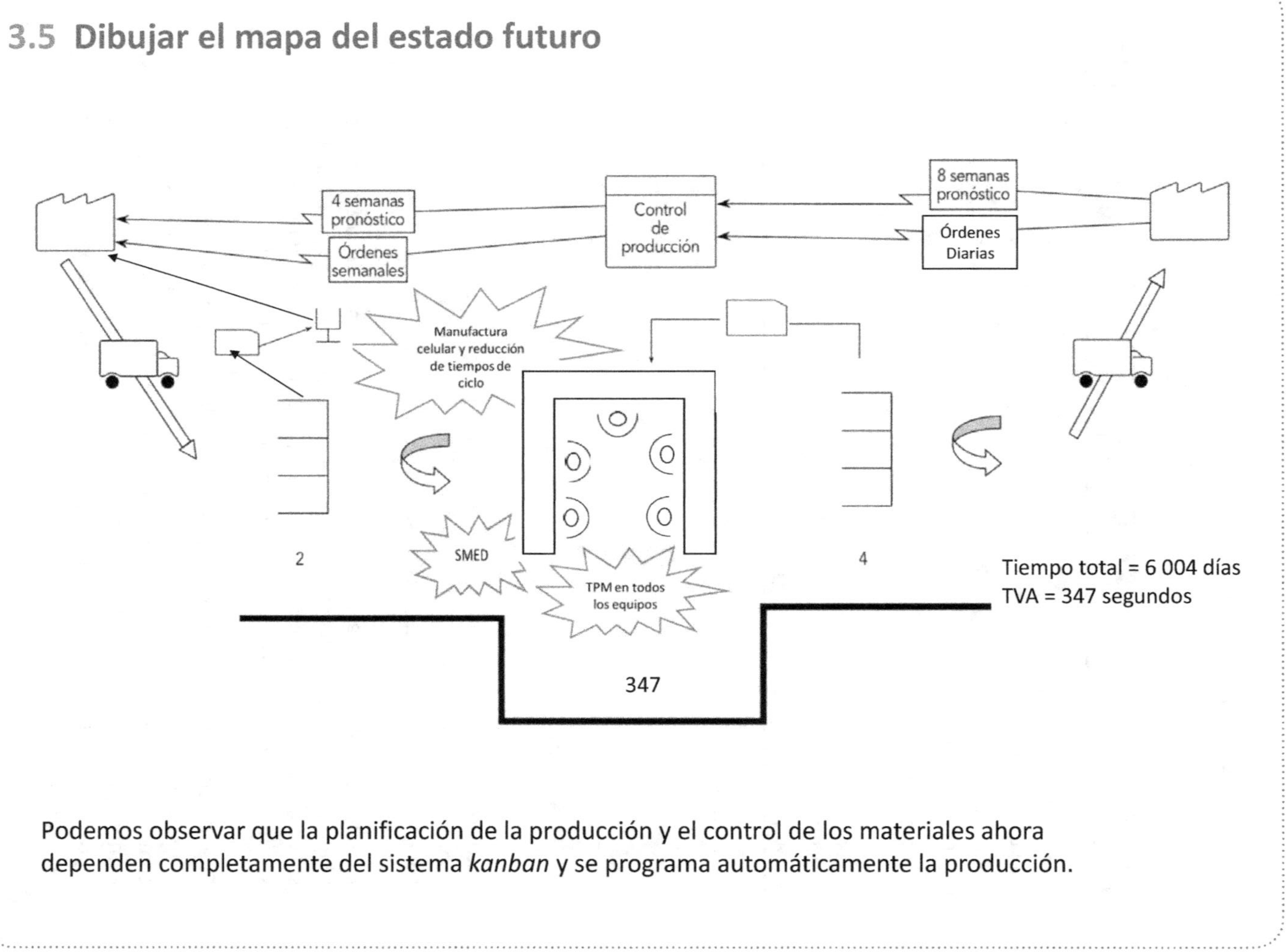

Podemos observar que la planificación de la producción y el control de los materiales ahora dependen completamente del sistema *kanban* y se programa automáticamente la producción.

3.6 Cuantificar el estado futuro

Mediciones	Estado actual	Estado futuro (meta)	Mejora
Espacio necesario (metros cuadrados)	1 259	640	619
Número de trabajadores	10	7	3
Distancia recorrida (metros)	185	92	93
Tiempo de entrega (días)	14.4	6	8 396
Inventario de materiales (días)	3	2	1
Inventario de proceso (días)	7.1	0	7.1
Inventario terminado (días)	4.3	4	0.3
Vueltas de inventario	18.3	44	25.7

Conclusiones

- Estos resultados indican grandes logros en un periodo de tiempo muy corto y, sobre todo, que la empresa se hace más flexible ante unos mercados continuamente cambiantes y con exigencias cada vez mayores.

- Es muy importante no realizar las mejoras sin haber elaborado previamente el mapa del estado actual y el futuro, ya que si hacemos directamente las mejoras sin un análisis previo, profundo y detallado, no existirá un enfoque definido y será un motivo probable de fracaso en la implementación Lean.

- Cuando dibujamos utilizando papel y lápiz, se llevan a cabo procesos de pensamiento y entendimiento profundos que no deben ser sustituidos por computadoras. Una vez que hemos realizado manualmente el mapa y hemos comprendido donde está el valor y donde el desperdicio, podemos utilizar un *software* especializado o bien una hoja de calculo con los símbolos para realizar el mapa computarizado.

Trabajo estándar

Objetivos

1. Comprender los elementos esenciales del trabajo estandarizado para asegurar un máximo rendimiento.
2. Aprender el procedimiento para estandarizar cualquier proceso.

Contenidos

> Antecedentes
> ¿Qué es el trabajo estándar?
> Elementos clave
> Beneficios
> Procedimiento
> Ejercicio

Estabilidad

* Es la capacidad de producir resultados de manera sostenida a través del tiempo.

* Inestabilidad es el efecto de la variabilidad en los procesos.

* El primer paso en el camino para implementar un **proceso Lean** es alcanzar un nivel máximo de **estabilidad** en los procesos.

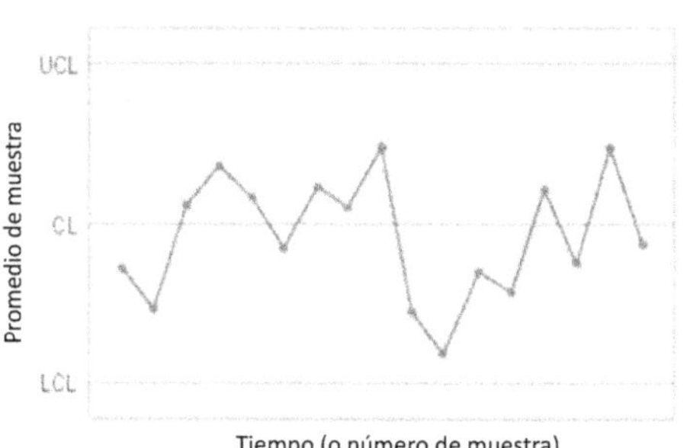

Estandarización

* **¿Qué es estandarización?**
  Es la manera más segura, fácil y efectiva que conocemos para hacer nuestro trabajo.

* **¿Qué es un estándar?**
  Es una imagen clara de una condición deseada (algo que sirve de base o modelo).

* **¿Por qué son importantes los estándares en el sistema Lean?**
  Los estándares nos permiten identificar inmediatamente anormalidades, y en consecuencia, tomar decisiones y realizar acciones correctivas.

* **Características de un estándar efectivo**
  Simple, claro y visual.

Estabilidad y estandarización

Síntomas de inestabilidad y de ausencia de estándares:

- Mucha variación en indicadores de desempeño.

- No se observa un método consistente de trabajo.

- Acumulación de inventario de producto en proceso (WIP).

- Operaciones secuenciales trabajando independientemente (aisladas).

¿Qué es el trabajo estándar

- Es una herramienta usada para asegurar el **rendimiento máximo** con un **mínimo de desperdicio**.

- Se muestra en un grupo de documentos que nos ayudan a **entender cómo el trabajo cumple** con los requerimientos del cliente.

- Es una metodología para revisar el lugar de trabajo.

- Es un enfoque sistemático para detectar oportunidades.

Elementos clave

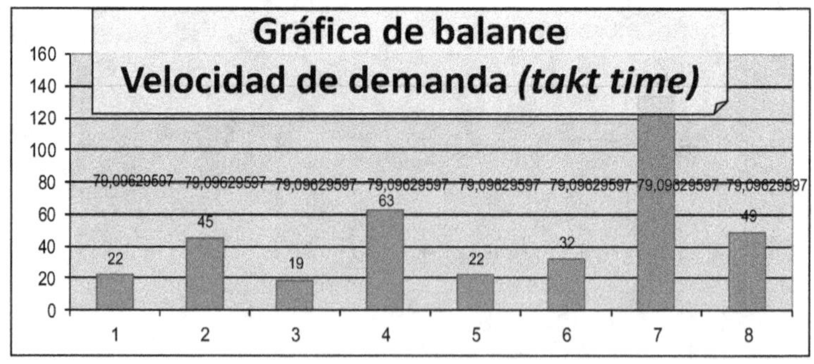

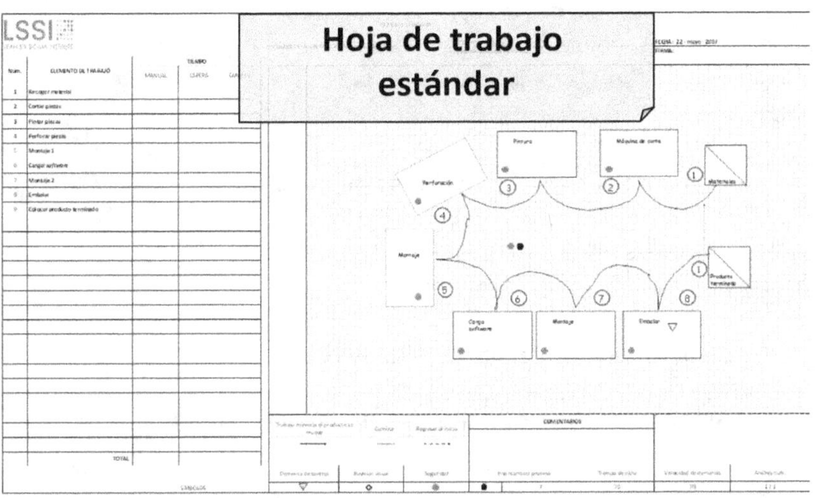

Instrucción de trabajo

NO.	SECUENCIA DE OPERACIONES	PUNTOS CLAVE	RAZONES PARA PUNTOS CLAVE	ILUSTRACIONES
1	Tome el material.	Tome el material con ambas manos.	Necesita asirlo firmemente para evitar accidentes.	
2	Fije el material en la mesa de trabajo.	Utilice abrazaderas para mantener fija la pieza.	De esa manera no se mueve, evitando defectos y accidentes.	
3	Coloque las puntas en dirección al filo de la mesa.	Cuide que la pieza esté bien balanceada de ambos lados.	Esto asegura que el corte se realice sin problemas.	
4	Corte la pieza a la medida establecida.	Utilice la sierra afilada.	No se producen bordes filosos.	
5	Ponga las piezas cortadas en la mesa siguiente.	Colóquelas con el lado etiquetado hacia arriba.	Será fácil identificarlas.	

Beneficios

- Logra **estabilidad en los procesos**, haciendo que cada operación se realice siempre exactamente igual para cumplir con la calidad y velocidad estándar.

- Es una herramienta para iniciar **acciones de mejora**.

- Establece una **línea base** para evaluar y administrar los procesos y evaluar su desempeño.

- Asegura operaciones más **seguras** y **efectivas**.

- Es una fuente extraordinaria de **información**.

Procedimiento

1. Seleccionar un proceso específico y una operación de un proceso.
2. Realizar las mediciones de tiempo correspondientes y capturarlas en el formato de toma de tiempos.
3. Calcular la capacidad de operación.
4. Equilibrar la operación si es necesario, utilizando la gráfica de balance y la hoja combinada de trabajo estándar.
5. Dibujar el proceso en la hoja de trabajo estándar.
6. Documentar las instrucciones de trabajo.

¿Cómo se implementa el trabajo estándar?

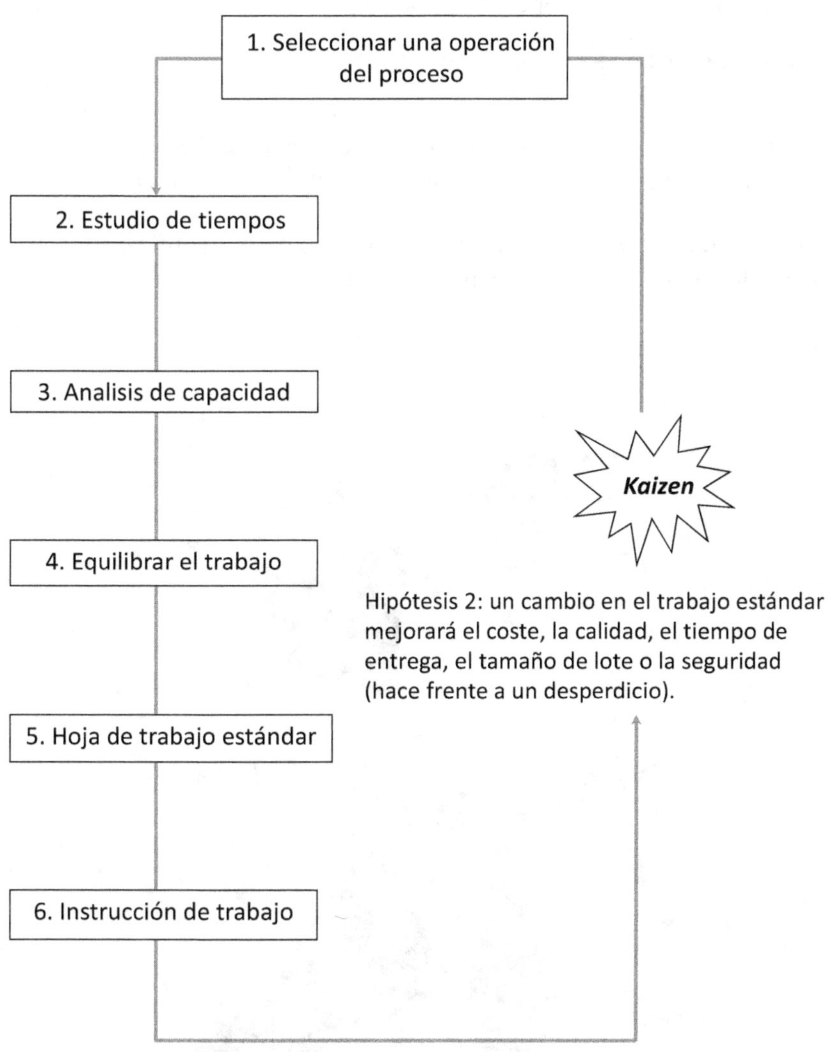

1. Seleccionar una operación del proceso

- Un proceso se compone de operaciones.

- Una operación se compone de elementos.

Se recomienda seleccionar la operación **crítica o cuello de botella** encontrada en el mapa de valor o alguna operación clave.

Es importante observarla durante un tiempo para identificar cómo llega la información, el material, las personas, etc.

Entender cada paso y porqué se hace.

AX - 1	Tablero básico
AZ - 2	Tablero de control remoto
WB - 3	Tablero WEB
XR - 4	Tablero colors
MN - 5	Manual estándar
MN - 6	Manual financiero
MN - 7	Manual global

2. Tomar tiempos

En la hoja de toma de tiempos se identifica el momento en que un **elemento del trabajo inicia**, así como el momento en que **termina,** se mide cada elemento del trabajo y se establecen los **tiempos estándar** para cada operación del proceso.

PROCESO Fabricación de tableros	LSSI HOJA DE MEDICIÓN DE TIEMPOS		Fecha análisis	9 de Mayo 2020	Número del proceso	xxx
			Hora análisis	10:30 - 15:00	Observador	Daniel Reyes

No.	Elemento de trabajo	Punto de medición	1	2	3	4	5	6	7	8	9	10	11	12	13	14	15	Tiempo repetido más bajo
1	Cortar piezas		21	22	20	21	22	22	25	28	22	20	17	24	22	27	22	22.000
2	Pintar		45	41	44	45	48	47	49	47	49	49	45	45	43	39	40	45.000
3	Perforar		16	19	22	19	19	15	19	17	16	19	16	18	20	21	23	19.000
4	Ensamble electrónico		67	63	66	63	67	64	63	59	63	59	65	63	66	63	65	63.000
5	Cargar software		21	22	22	22	25	22	23	27	22	22	27	23	22	22	19	22.000
6	Ensamble módulo control		32	33	34	32	32	38	39	36	33	32	35	31	30	29	32	32.000
7	Ensamble final		139	137	133	137	134	132	133	139	136	135	134	134	136	137	134	134.000
8	Empaque		45	43	49	43	49	42	47	41	49	45	48	42	47	46	49	49.000
Tiempos de ciclo real																		386.000

3. Análisis de capacidad

La capacidad de cualquier trabajo se determina por el elemento o paso más lento.

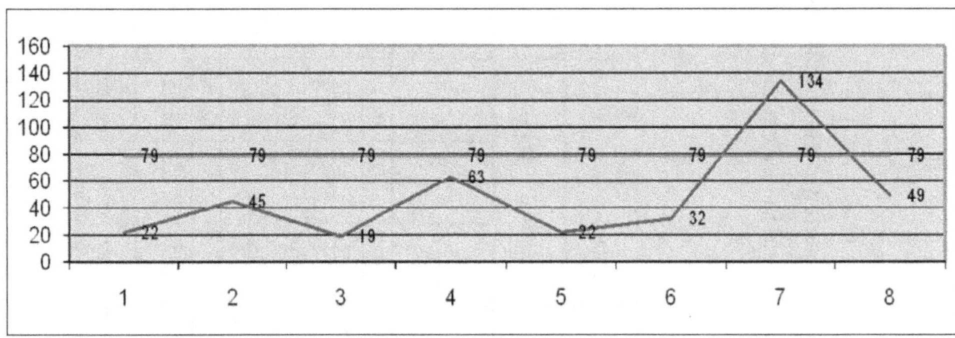

Capacidad = Tiempo disponible / Tiempo más largo.

Capacidad = (27 000 s/turno) / (134 s/pieza) = **201 piezas/turno.**

Nota: documentar en la hoja combinada y en la hoja de trabajo estándar.

4. Equilibrar el trabajo

La tabla combinada permite ver la **secuencia** del proceso gráficamente, para asi evaluarla y optimizar la capacidad. Además, será útil para equilibrar la carga de trabajo de cada operación en relación a la velocidad de la demanda *(takt time)*.

	Proyecto y Modelo	TABLA COMBINADA DE OPERACIONES ESTANDARIZADAS		Fecha de preparación	2/1/20	Unidades por turno	201	Man	
LSSI	Tablero Electrónico			Hecho por	J. Domínguez	Takt time	79 segs	Autom	
								Cam	
Área y Operación	Manufactura Corte	Tiempo		Tiempo de Operación (en segundos)					
Paso	Operación	Man	Auto	Cam					
1	Acerca el material	3							
2 y 3	Fija el material	5							
4	Corta pieza	12							
5	Coloca pieza en mesa	2							
TOTALES		22							

5. Hoja de trabajo estándar

- En la hoja de trabajo estándar se presenta el diseño del proceso *(layout)* con el personal y el flujo del material, para establecer los movimientos más eficientes.

- Se pueden observar las distancias y, en general, se analizan las operaciones en grupo.

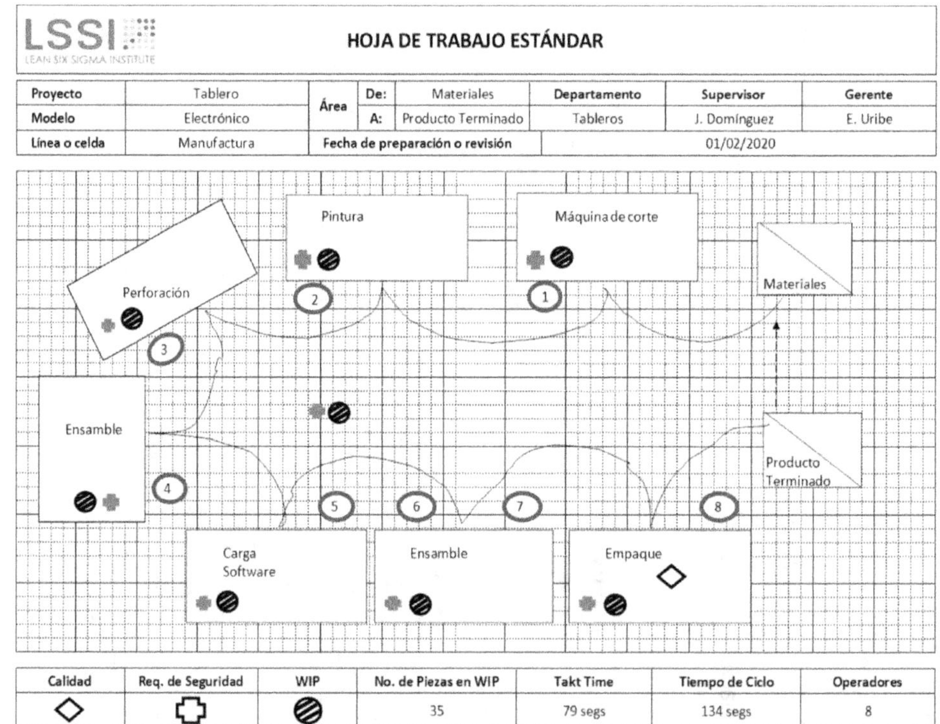

6. Instrucción de trabajo

Describe la manera en que se deben realizar las actividades en la estación de trabajo:

- Provee una clara descripción de las actividades.

- Muestra los puntos clave relacionados a la operación.

- Define los elementos del trabajo.

- Identifica los puntos críticos de seguridad y calidad.

Nota: no son necesarias para operaciones muy simples.

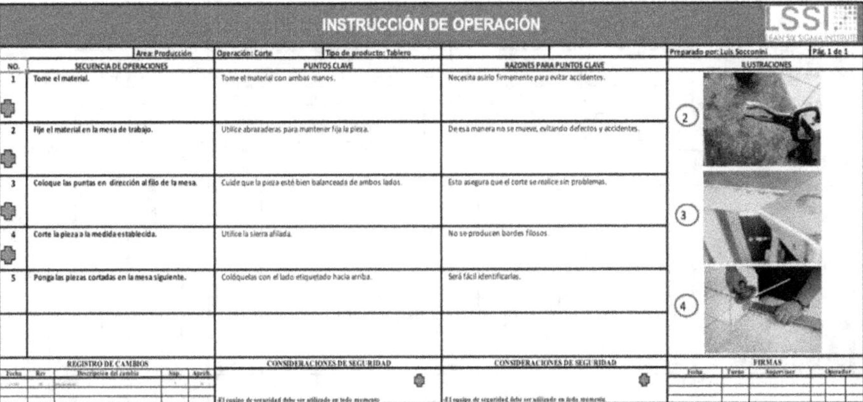

INSTRUCCIÓN DE OPERACIÓN — LSSI

	Área: Producción	Operación: Corte	Tipo de producto: Tablero		Preparado por: Luis Socconini	Pág. 1 de 1

NO.	SECUENCIA DE OPERACIONES	PUNTOS CLAVE	RAZONES PARA PUNTOS CLAVE	ILUSTRACIONES
1	Tome el material.	Tome el material con ambas manos.	Necesita asirlo firmemente para evitar accidentes.	(2)
2	Fije el material en la mesa de trabajo.	Utilice abrazaderas para mantener fija la pieza.	De esa manera no se mueve, evitando defectos y accidentes.	
3	Coloque las puntas en dirección al filo de la mesa.	Cuide que la pieza esté bien balanceada de ambos lados.	Esto asegura que el corte se realice sin problemas.	(3)
4	Corte la pieza a la medida establecida.	Utilice la sierra afilada.	No se producen bordes filosos.	
5	Ponga las piezas cortadas en la mesa siguiente.	Colóquelas con el lado etiquetado hacia arriba.	Será fácil identificarlas.	(4)

REGISTRO DE CAMBIOS					CONSIDERACIONES DE SEGURIDAD	CONSIDERACIONES DE SEGURIDAD	FIRMAS			
Fecha	Rev	Descripción del cambio	Sup.	Aprob.			Fecha	Turno	Supervisor	Operador
					El equipo de seguridad debe ser utilizado en todo momento	El equipo de seguridad debe ser utilizado en todo momento				

Para la creación de las instrucciones del proceso, se recomienda que participen todas las personas involucradas en el mismo, de manera que en equipo se consideren todos los aspectos importantes a cuidar.

Llenado de una tabla combinada

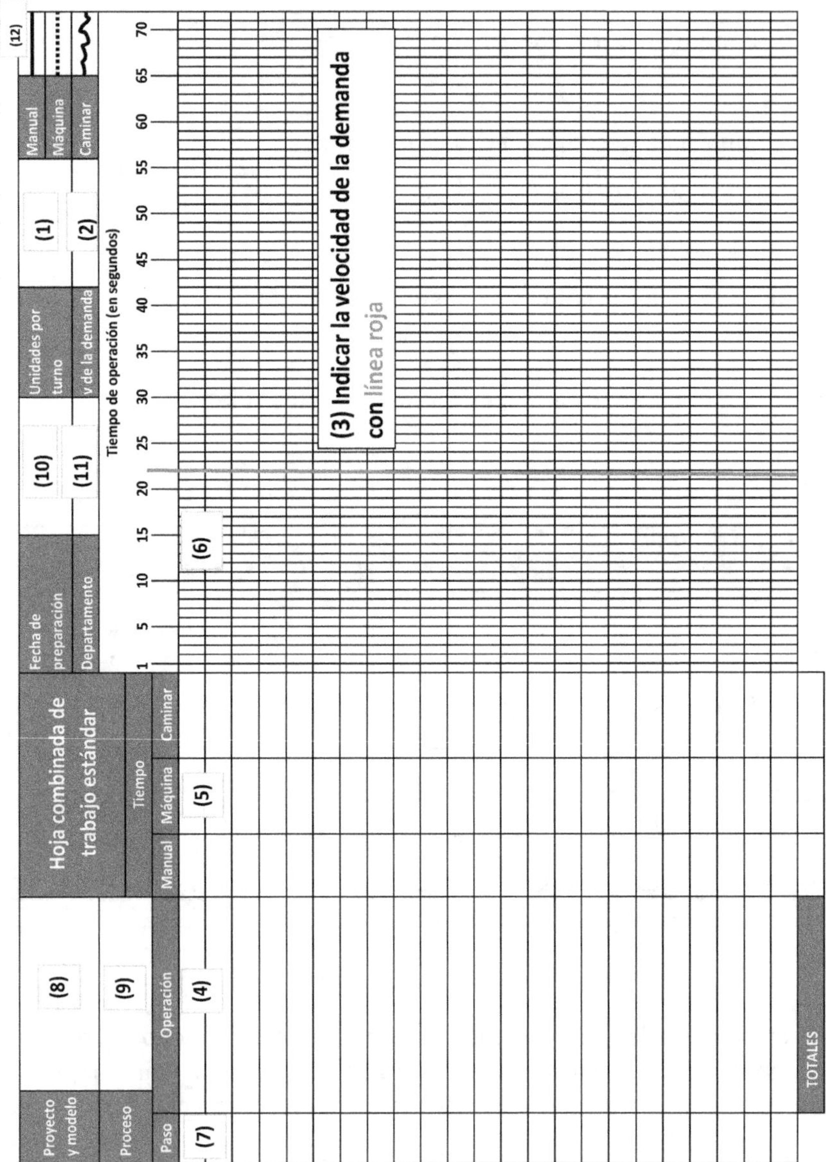

(1) Cantidad por turno — Obtener el volumen de productos requerido por día o turno.

(2) Velocidad de la demanda *(takt time)*

$$\frac{\text{Tiempo disponible por día}}{\text{Cantidad requerida por día}}$$

* Redondear los números al mayor próximo.

(3) Línea roja *(takt time)* — Corresponde a la velocidad de la demanda *(takt time)* de la operación comparado con el tiempo de la operación total (manual + máquina).

(4) Descripción de la operación — Determina el alcance del trabajo de cada persona, por lo que cada una de ellas debe disponer de una tabla combinada. Hay que asegurarse de incluir el tiempo invertido en caminar o en traslados.

Incluir los detalles de la operación para cada operador.

Usar expresiones que utilicen verbos en presente (por ejemplo: presiona botón, ensambla parte, toma herramienta).

Anotar el tiempo de máquina, si aplica.

(5) Tiempo

Tiempo manual — Anotar el tiempo de trabajo humano.

Tiempo de máquina — Anotar el tiempo de trabajo de la máquina.

Tiempo de caminar — Anotar el tiempo que toma moverse a la siguiente estación, tomar y dejar partes. Dejar en blanco si no hay tiempo por desplazamientos.

Totales — Anotar el tiempo total de trabajo manual, máquina y de desplazamiento en la parte inferior de la tabla.

Anotar también tiempo total de espera en el formato.

(6) Tipos de línea para representar los tiempos empleados.

Tiempo manual se indica con línea sólida.

Tiempo de máquina se indica con línea intermitente.

Tiempo de desplazamiento se indica con línea ondulada sólida.

Tiempo de espera se indica con línea doble.

(7) Secuencia de trabajo — Llenar con números indicando la secuencia en que el operador realiza las operaciones.

(8) Número o nombre de parte — Anotar el número o nombre de la parte a manufacturar.

(9) Proceso — Anotar el nombre del proceso (línea o celda).

(10) Fecha de preparación — Fecha de preparación o revisión.

(11) Departamento — Área que preparó el documento.

(12) Número de operadores — Debe haber una tabla combinada para cada operador.

Llenado de una hoja estándar

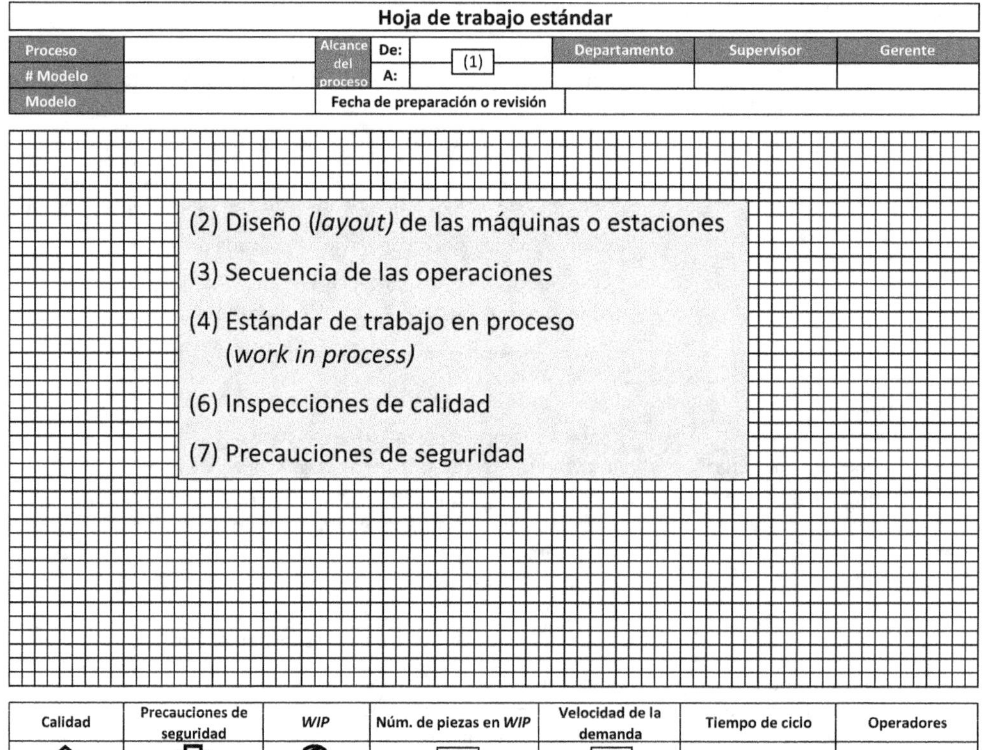

Este formato clarifica el alcance de las tareas y, además, añade tres componentes: inspección de calidad, símbolo de precaución y estándar de trabajo en proceso (WIP). Se llena como sigue:

(1) Alcance de las operaciones: tiene el mismo número de operaciones que la tabla combinada.

(2) Se dibuja un diseño de las operaciones que hace el trabajador.

Diseño de equipos: al dibujar la celda con los equipos, se debe usar una escala aproximada para poder reducir espacio entre equipos y estaciones.

(3) Orden de la operaciones: el número de operaciones en la máquina o estación deben ser iguales que en la tabla combinada, conectadas con líneas sólidas. Se debe mostrar el regreso de la última operación a la primera con una línea intermitente.

(4) Estándar de trabajo en proceso (únicamente el WIP necesario para mantener y facilitar el flujo, y se debe indicar en cada máquina o estación. No debe incluir materia prima, ni producto terminado. Dibujar un ⊘ para indicar estándar WIP.

(5) Indicar el total de estándar de trabajo en proceso (WIP) por celda en la caja.

(6) Inspecciones de calidad: dibujar un ◇ para cada máquina o proceso que requieran inspección de calidad.

(7) Precauciones de seguridad: dibujar una ✛ en cada estación o máquina que requiera una precaución especial.

(8) Velocidad de la demanda *(takt time):* en la parte inferior del formato. Es la misma que se calculó y utilizó en la tabla combinada.

(9) Tiempo de ciclo: llenar el tiempo de ciclo de acuerdo a lo establecido para cada operador.

(10) Poner los símbolos en los lugares apropiados.

Fábrica de pasteles

- Formar equipos.

- Completar la documentación de trabajo estándar de la célula de fabricación de pasteles.

- Llenar tabla combinada con la situación actual y la futura generando ideas para equilibrar la operación y lograr un tiempo no mayor a 55 segundos (velocidad de la demanda = 55 s).

25

Poka yoke

Objetivos

1. Entender la importancia de implementar mecanismos a prueba de errores.
2. Conocer cuáles son los principios básicos para implementar mecanismos *poka yoke*.
3. Conocer la clasificación de mecanismos *poka yoke*.

Contenidos

> Antecedentes
> ¿Qué es *poka yoke?*
> Beneficios
> Clasificación de mecanismos
> Procedimiento

Antecedentes

- En la década de 1960, el control de la calidad estaba solamente relacionado con **actividades de inspección**.

- Sin embargo, por más rigurosas que fueran las inspecciones, **Shigeo Shingo**, ingeniero industrial y consultor para varias compañías, se dio cuenta de que la meta de **cero defectos** nunca sería alcanzada.

- Después de concluir que los defectos se generaban por **errores humanos**, determinó que la mejor manera de asegurar la calidad era integrar mecanismos simples para detectar el error antes de que se convirtiera en defecto.

- Shigeo Shingo llamo a esta técnica *poka yoke* (a prueba de errores).

El error

- Son muchas las cosas que pueden ir mal en un entorno de trabajo.

- Cada día hay oportunidades para cometer errores, los cuales resultarán en productos o servicios defectuosos.

La clave para alcanzar el éxito es **eliminar el error.**

¿Qué actitud tomar ante el error?

Pensamiento tradicional

¡Los errores son inevitables, somos humanos!

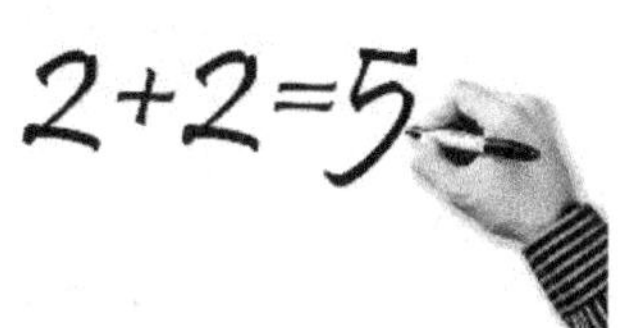

Pensamiento Lean

¡Los errores pueden evitarse! si encontramos como eliminar la causa.

Origen de los defectos

Materiales	Mano de obra	Métodos	Maquinaria	Mediciones	Medio ambiente
• Dañados • Equivocados • Fuera de especificación	• Mal entrenamiento • Errores inadvertidos • Equivocaciones • Descuidos • Deficiente operación de los equipos	• Incompletos • Falta de documentación • Obsoletos • Poco comprensibles o complejos	• Mantenimiento inadecuado • Malos ajustes • Cambios deficientes • Suciedad y contaminantes hacia los productos • Instalaciones inadecuadas	Calibración inadecuada Muestreos incorrectos	• Humedad • Calor excesivo • Frío intenso

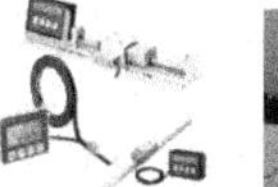

¿Qué es *poka yoke*?

Poka yoke es un mecanismo que anticipa, previene
y detecta el error antes de que se convierta en defecto.

El término **poka yoke** proviene del japonés:

poka = errores inadvertidos
yokeru = evitar

Principios básicos

- Los errores y los defectos pueden evitarse.

- Hay que detectar el error antes de que se
convierta en defecto.

- La mejor herramienta para prevenir el
defecto es aquella que mejor aísle la
fuente del problema.

Algunas de las aplicaciones y utilidades de *poka yoke* son:

- Eliminar o reducir la posibilidad de cometer errores.

- Evitar accidentes causados por la distracción humana.

- Suprimir acciones que dependan de la memoria y la inspección.

- Garantizar la calidad en todas las estaciones de trabajo.

- Bajo costo y fácil de usar.

Ejemplo *andon - poka yoke*

El **poka yoke** nace de la *simplicidad* y va desde lo *más barato* hasta lo más complejo y más caro.

- *Poka yoke* combinado con *andon* **para evitar accidentes en vías de tren.**

Nivel 1: solamente visual.   **Nivel 1:** visual y auditivo.   **Nivel 2:** visual y auditivo con limitante.   **Nivel 3:** a prueba de errores.

Niveles de efectividad de los *poka yoke*

A. Detecta el defecto cuando este ya ha ocurrido.

B. Detecta el error (en cuanto aparece) antes de que se convierta en un defecto.

C. Elimina o impide la generación de errores antes de que estos ocurran.

Clasificación de mecanismos

Richard Chase y Douglas Stewart han definido básicamente cuatro tipos de *poka yoke:*

1. Físico.

2. Secuencial.

3. Conteo y agrupamiento.

4. Información.

1. *Poka yoke* físico

Orientado a asegurar las características del **producto** o del **proceso**.

- **Características de producto** como: *peso, dimensiones, volumen, profundidad, presencia, color, etc.*
    - A. Guías.
    - B. Plantillas.
    - C. Balanzas.
    - D. Medidores.
- **Características del proceso** como: *temperatura, tiempo, torque, presión, etc.*
    - E. Indicadores de condiciones clave.
    - F. Sensores.
    - G. Dispensadores.

A. Guías en *poka yoke* físico

Tipo de error: orientación o posicionamiento.	**Tipo de error:** espacio.

- La forma del objeto impide que sean introducidas incorrectamente.

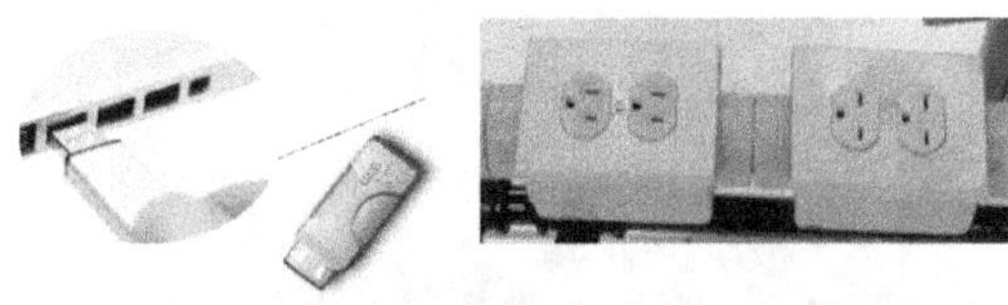

B. Plantillas en *poka yoke* físico

Tipo de error: posicionamiento, presencia, ausencia, polaridad, color y alineación.

C. Balanzas en *poka yoke* físico

Tipo de error: cantidad.

- Proceso: empaquetar tornillos.
- Problema: faltantes.
- Solución: pesar los tornillos.

D. Medidores en *poka yoke* físico

Tipo de error: dimensiones.

Producto: motor eléctrico.

El **medidor** permite evaluar:
- Diámetro.
- Distancia.
- Profundidad.
- Alineación.
- Presencia de orificios.

E. Indicadores de condiciones clave en *poka yoke* físico

Tipo de error: condición clave no visible (temperatura, tiempo, presión, etc.).

- Manómetro.
- Termómetro.
- Etc.

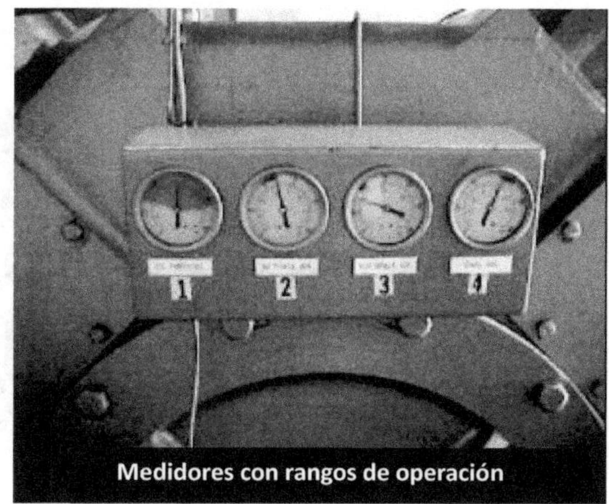

Medidores con rangos de operación

F. Sensores en *poka yoke* físico

Tipo de error: mal posicionamiento.

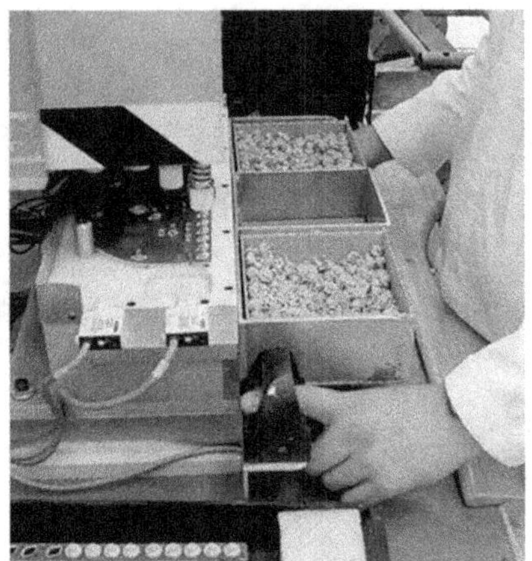

G. Dispensadores en *poka yoke* físico

Tipo de error: cantidad o posición.

Dispensador de
algún producto
químico en cantidad
y lugar específicos.

2. *Poka yoke* secuencial

- Cuando el orden es importante, cualquier cambio u omisión del mismo puede resultar en errores.

- Por lo tanto, es necesario establecer maneras concretas para restringir la secuencia, de modo que se asegure que solo se puede seguir el orden predeterminado.

El orden es con frecuencia un factor clave para doblar, embalar, montar e inspeccionar.

Ejemplo de *poka yoke* secuencial

Tipo de error: secuencia incorrecta.

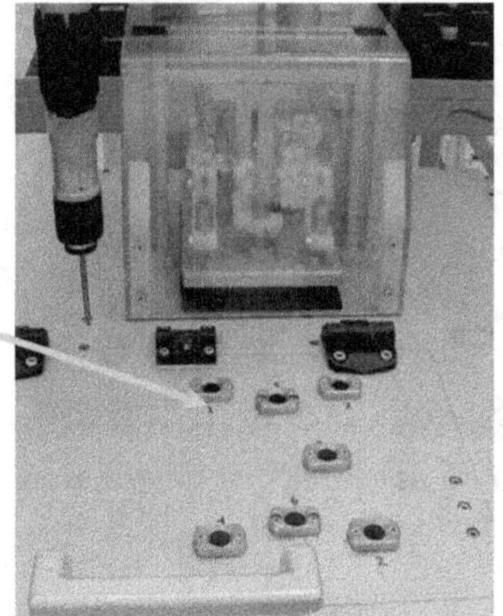

1. Abrir.
2. Mantener cerca.
3. Cerrar.

Numeración indicando los pasos.

Ejemplo *poka yoke* secuencial: atención sanitaria

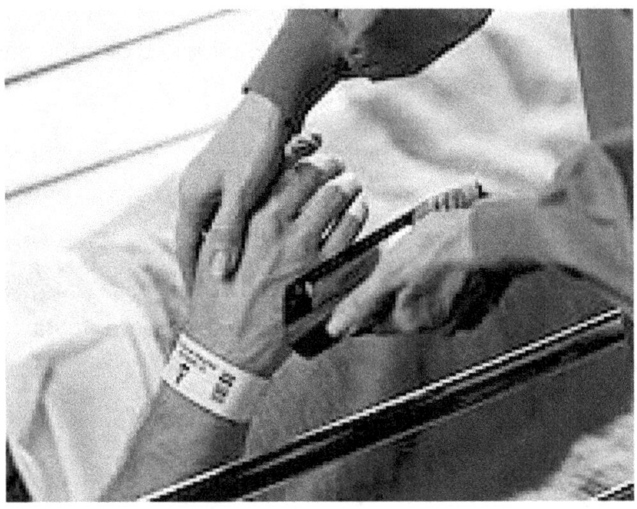

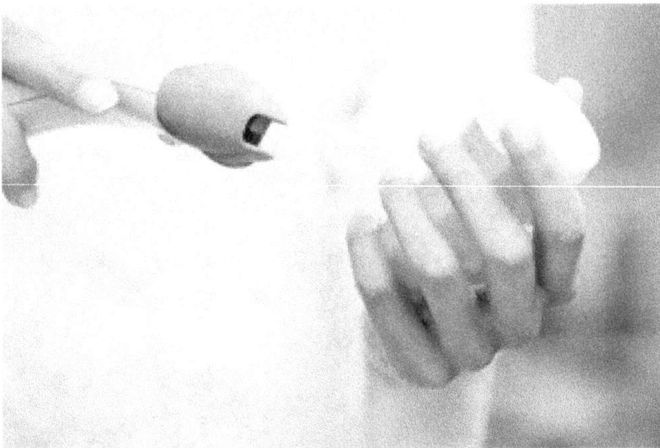

- Se escanea la pulsera para identificar al paciente correctamente.
- Se escanea el medicamento para asegurar que pertenece al paciente y que la hora de la toma es la correcta.

3. *Poka yoke* por conteo y agrupamiento

A. *Poka yoke* **por conteo:** un contador es un indicador que registra un número de partes (vueltas, salidas, etc.) de una determinada máquina u operación. El contador puede ser mecánico o eléctrico, en combinación con otro tipo de máquinas o equipos tales como sensores, relevadores, etc.

B. *Poka yoke* **por agrupamiento:** dentro de esta clasificación podemos hacer una subdivisión:

* Kit.

Ejemplo de agrupamiento por kit.

* Método de piezas sobrantes.

   Tipo de error: sobrantes o excedentes.

Cuando se vista el bombero no debe dejar nada dentro de la vitrina.

4. *Poka yoke* de información

Metodo de alerta: informa al personal de que ha ocurrido un error. Habitualmente se trata de una alarma visual, auditiva o una combinación de ambas, para que la persona responsable atienda la situacion.

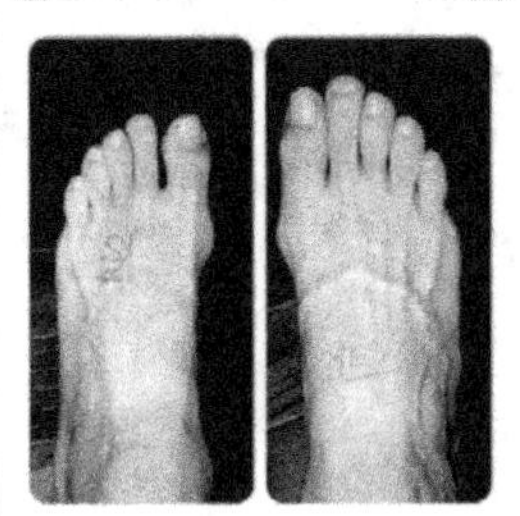

Ejemplo de *poka yoke* de información

Una simple marca es utilizada para identificar el pie que debe ser operado.

1. **Identificar las etapas del proceso:** se identifican, paso a paso, las etapas de cada proceso para conocer la secuencia de la operación.

2. **Identificar el tipo de *poka yoke* que se puede utilizar:** cuando se establecen controles o mecanismos a prueba de errores en las entradas clave de los procesos, se están aplicando **mecanismos preventivos,** y cuando se establecen controles en las salidas, se están aplicando **mecanismos reactivos.**

3. **Caracterizar las entradas y salidas:** el objetivo es identificar las entradas y salidas de cada operación que puedan convertirse en fallos o errores.

Nota: para definir el proceso en el que se va a implementar *poka yoke* hay que asegurarse de identificar los lugares en los que el riesgo de fallo sea alto por la severidad del mismo, nivel de ocurrencia y nivel de detección por el sistema. A ser posible, se utilizará el análisis del modo y efecto de fallos (AMEF).

26

Kata

Objetivos

1. Entender los conceptos de una metodología muy poderosa para desarrollar líderes.
2. Cómo utilizar el Toyota *kata* para resolver problemas y mejorar situaciones especificas en el lugar de trabajo.

Contenidos

> Antecedentes
> ¿Qué es *kata*?
> ¿Para qué sirve *kata*?
> Elementos clave
> ¿Quiénes participan?
> ¿Cuándo se utiliza?
> Procedimiento
> ¿Cuánto tiempo requiere?
> Ejemplo: Toyota *kata*

Imagine un sistema gerencial que:

- Genera iniciativa entre todos para adaptarse a las condiciones cambiantes de las actividades empresariales.

- Mantiene a la organización en movimiento (mejorando).

- Aunque es diferente, este método es entendible por todos.

Este es el objetivo del Toyota *kata*.

En general, hay un sentimiento de frustración por la diferencia entre los resultados deseados y lo que realmente sucede.

Problemas recurrentes

La mayoría de las compañías están lideradas por personas trabajadoras que quieren que sus equipos y su organización tengan éxito.

Conclusión: **el problema no son las personas,**

es el sistema de gestión.

Definición de gestión

Es la búsqueda sistemática de las situaciones deseadas a través del aprovechamiento de las capacidades y competencias humanas de una forma más efectiva.

Si no podemos predecir el futuro,

el sistema de gestión efectiva mantendrá a la organización ajustándose a:

- Lo impredecible.
- A las condiciones dinámicas.
- A la satisfacción de los clientes.

Toyota también comete errores

Pero ninguna otra compañía parece adaptarse y mejorar cada día como lo hace Toyota.

Implementar Lean Company

No significa que ya no habrá problemas, pero sí que seremos capaces de solucionarlos rápidamente y mejor.

Kata representa una forma en la que Toyota gestiona la mejora continua y la adaptabilidad a situaciones cambiantes.

«La clave del sistema Toyota y lo que hace que destaque no son sus elementos individuales…, lo importante es tener todos esos elementos juntos como un sistema. Debe practicarse todos los días de una manera muy consistente, no en esfuerzos aislados.»

Taiichi Ohno

La investigación Toyota *kata*

2004 - 2009
Mike Rother

¿Cómo aplicar el sistema en empresas diferentes a Toyota?

1. ¿Cuál es el pensamiento y las rutinas gerenciales que no se ven y están detrás del éxito del sistema Toyota en relación a su sistema de mejora y adaptación constante?

2. ¿Cómo pueden otras compañías desarrollar rutinas similares y procesos de pensamiento?

«Si estudiamos el sistema de gestión Toyota lo suficiente, un patrón común de pensar y actuar emerge, y es evidente en todos los niveles dentro de la empresa.»

Mike Rother

Visible

| Métodos | Herramientas | Principios |

Pensamiento y rutinas de gestión

Invisible

Mejora basada en la eliminación del desperdicio

¿Qué es *kata*?

Las **katas** son prácticas rutinarias que nos ayudan
a adoptar nuevas formas de actuar y pensar.

Kata

¿Qué es una *kata* de mejora?

Es un patrón de pensamiento científico que se combina con **rutinas
prácticas** que nos ayudan a adoptar **nuevas formas de pensar y actuar**.

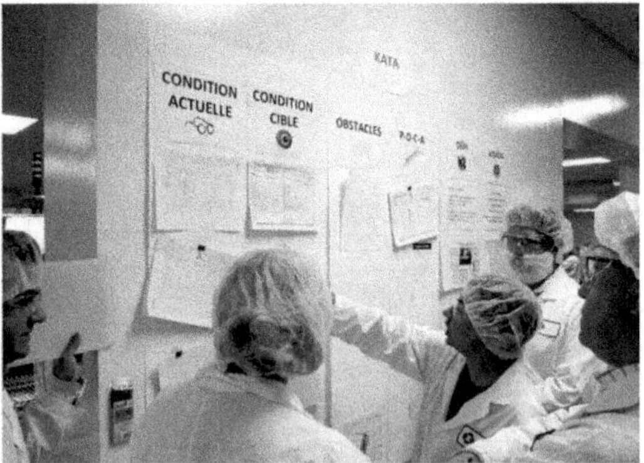

Kata nos ayuda a alcanzar el objetivo que buscamos en un proceso sin generar ideas sueltas, sino con un modelo enfocado en mejoras, basado en hipótesis, experimentos bien fundamentados, y un seguimiento sistemático.

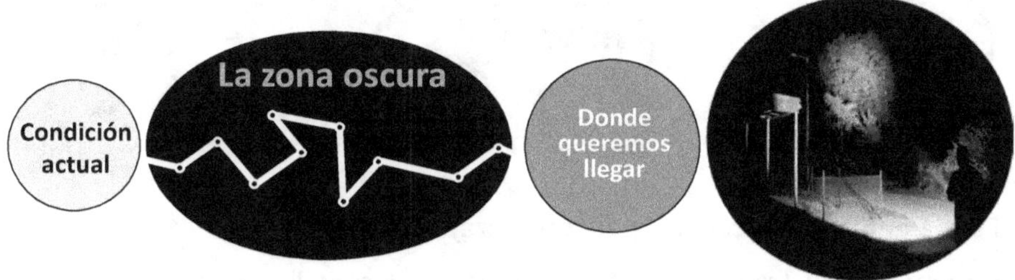

Principios

Para desarrollar nuevos hábitos, se deben practicar nuevas rutinas y experimentar el sentido de progreso cuando se han dominado.

Los siguientes ingredientes nos ayudarán a entrenar de nuevo nuestro cerebro para adquirir nuevas habilidades y otra mentalidad:

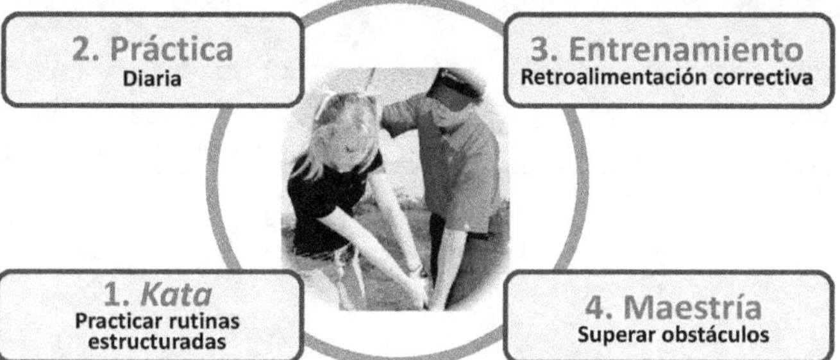

1. *Kata:* rutinas estructuradas

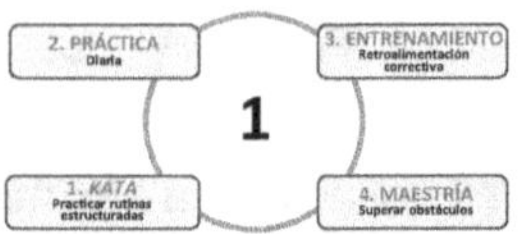

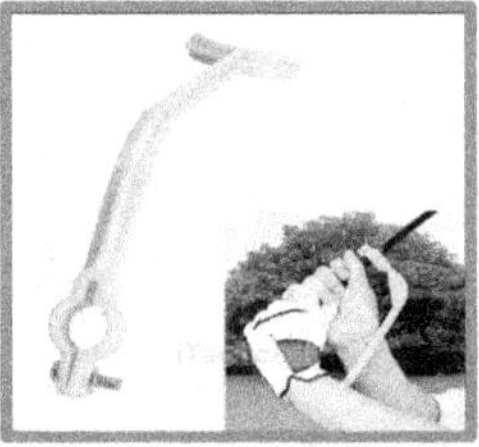
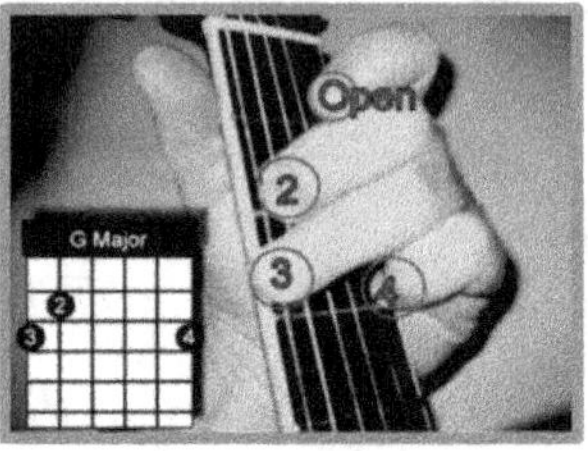
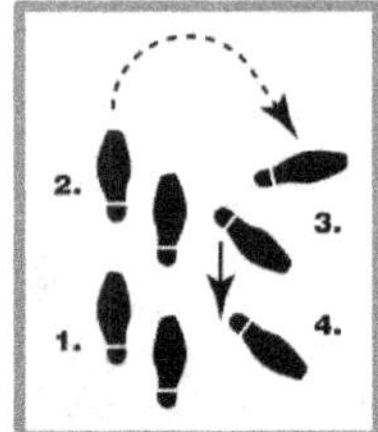

- Fundamentos para construir el aprendizaje.

- Una manera de transferir las habilidades y el desarrollo de capacidades y modos de pensar compartidos dentro de una organización.

2. Práctica diaria

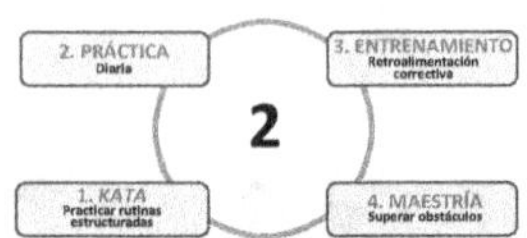

Si ocasionalmente realizamos eventos de mejora *(kaizen)* y el resto del tiempo trabajamos como de costumbre, entonces, según la neurociencia, lo que en realidad estamos enseñando es lo de siempre.

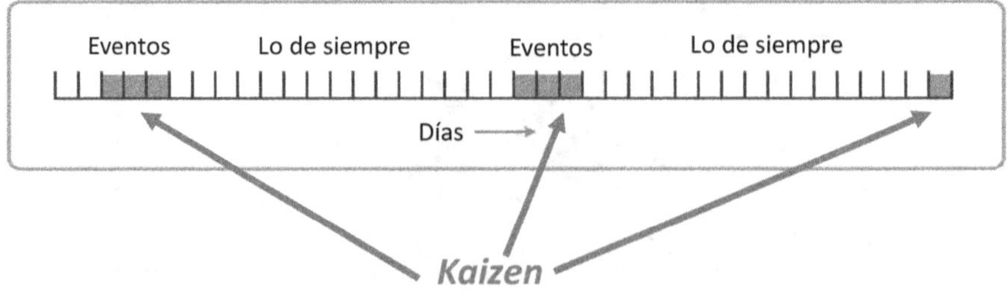

LSSI
LEAN SIX SIGMA INSTITUTE

3. Entrenamiento: retroalimentación correctiva

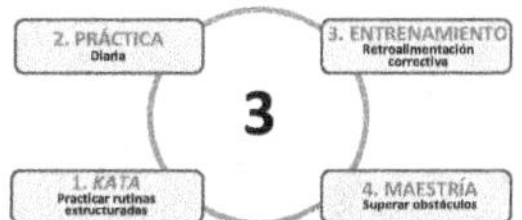

Si dejamos solos a los aprendices, ellos seguirán practicando los hábitos existentes.
El entrenador (gerente) proporciona **formas correctivas** para asegurar que el alumno practique la nueva rutina de la manera correcta.

La tarea del **entrenador** no es dar soluciones, sino desarrollar y mejorar las **habilidades de sus alumnos**.

El entrenamiento de *kata* son rutinas prácticas para que los líderes enseñen métodos de mejora continua *(katas)* a través de los **ciclos diarios de entrenamiento**.

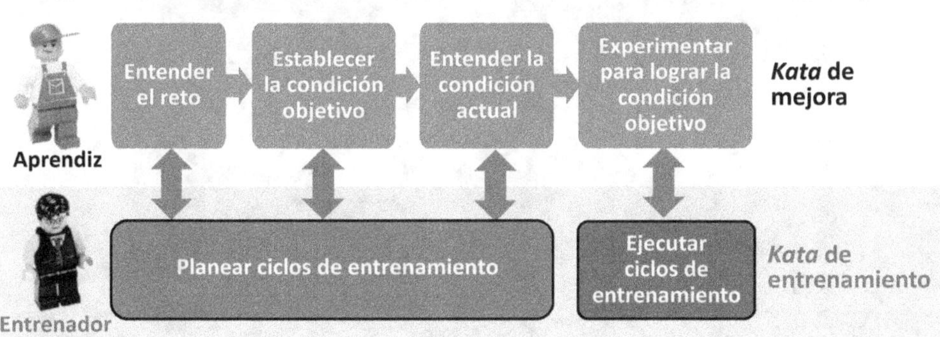

4. Maestría: superar obstáculos

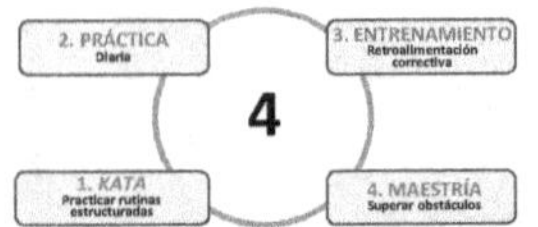

Para aprender nuevas habilidades y una nueva mentalidad, el estudiante debe practicar en una zona de aprendizaje más allá de su zona de confort para sentir que está progresando.

Esa es una responsabilidad del entrenador.

> Elementos clave

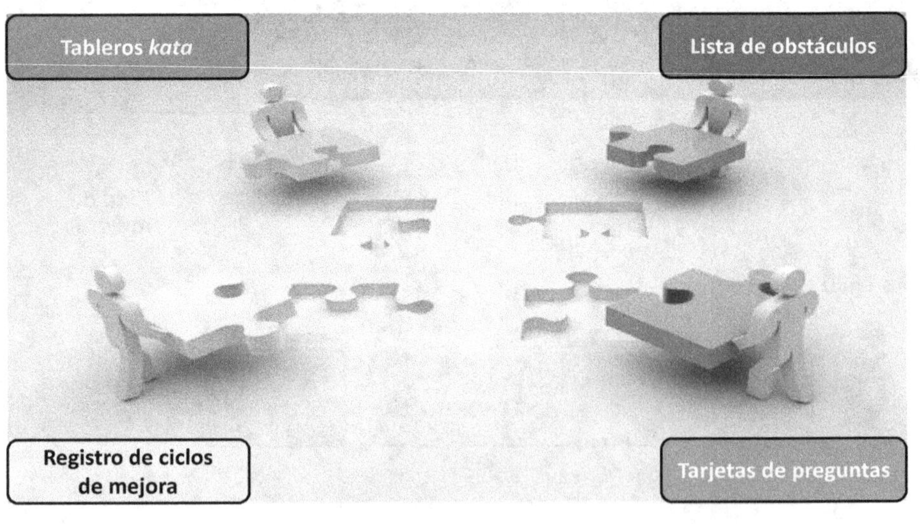

Tableros *kata* (guión gráfico)

El **tablero *kata*** debe ubicarse en el lugar de trabajo.

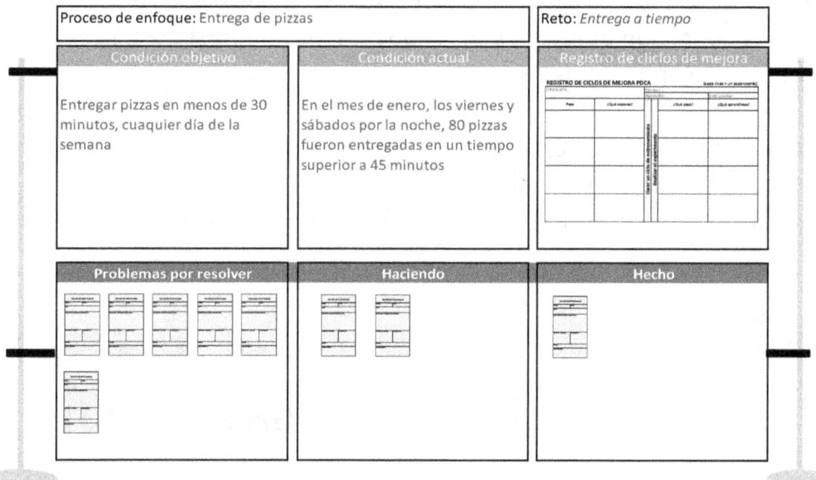

Tarjeta de preguntas

- La *kata* consiste en una serie de preguntas y respuestas.
- Las tarjetas contienen las preguntas que debe hacer el líder o entrenador.
- Normalmente, el entrenador tiene autoridad sobre el aprendiz.
- La tarjeta puede llevarse junto al gafete.

Entrenamiento *Kata*

Las cinco preguntas

1. ¿Cuál es la condición objetivo?

2. ¿Cuál es la condición actual?

3. ¿Qué obstáculos crees que te impiden llegar a la condición objetivo?

¿En qué obstáculo estás trabajando ahora?

4. ¿Cuál es el siguiente paso? y ¿cuál es tu expectativa?

(Experimento nuevo)

5. ¿Qué fue lo que pasó? y ¿qué aprendisteis?

* Continuar trabajando en el mismo obstáculo con varios experimentos.

Lista de obstáculos

Se anotan todos los problemas, oportunidades u obstáculos que impiden llegar a la condición objetivo, o al menos los más importantes, utilizando las tarjetas de oportunidad.

- Cada problema (oportunidad) se registra en una tarjeta para hacerlo visible y compartirlo con el equipo.
- Las tarjetas de oportunidad se colocan en los tableros *kata*.

Clasificación
A = 3 a 5 horas.
B = 3 a 5 días.
C = 1 a 2 meses.

LSSI. **TARJETA DE OPORTUNIDAD**		
Fecha: 21/01/20	**Folio: 09**	
Área: Componentes electrónicos		
Oportunidad detectada: Las entregas vienen en lotes		
Propuesta de mejora: Solicitar al proveedor entregas continuas por sistema *kanban*		
Clasificación:	A	B	C
Propuesto por:	E. Uribe	
Observaciones:		

Registro de ciclos de mejora

Es utilizado por el alumno para documentar los experimentos (pasos),
expectativas, resultados y aprendizaje.

REGISTRO DE CICLOS DE MEJORA PDCA — (cada línea = un experimento)

Obstáculo:		Proceso:	
		Aprendiz:	Entrenador:
Paso	¿Qué esperas?	¿Qué pasó?	¿Qué aprendimos?

Hacer un ciclo de entrenamiento / Realizar el experimento

Tarjeta y registro de ciclos de mejora

La tarjeta de cinco preguntas y el registro de mejoras
se utilizan juntos en cada *kata.*

Las cinco preguntas

Entrenamiento Kata

1. ¿Cuál es la condición objetivo?

2. ¿Cuál es la condición actual?

3. ¿Qué obstáculos crees que te impiden llegar a la condición objetivo?

   ¿En qué obstáculo estás trabajando ahora?

4. ¿Cuál es el siguiente paso? y ¿cuál es tu expectativa?

   (Experimento nuevo)

5. ¿Qué fue lo que pasó? y ¿qué aprendisteis?

* Continuar trabajando en el mismo obstáculo con varios experimentos.

Entrenador

REGISTRO DE CICLOS DE MEJORA PDCA — (cada línea = un experimento)

Obstáculo:		Proceso:	
		Aprendiz:	Entrenador:
Paso	¿Qué esperas?	¿Qué pasó?	¿Qué aprendimos?

Hacer un ciclo de entrenamiento / Realizar el experimento

Alumno

¿Quiénes participan?

Todos los líderes de todos los niveles realizan *katas* con sus colaboradores.

¿Cuándo se utiliza?

Se utiliza cada vez que se quiere lograr una condición objetivo en términos de:

- Calidad.
- Seguridad.
- Entrega.
- Costos.
- Ventas.
- Inventario.
- Etc.

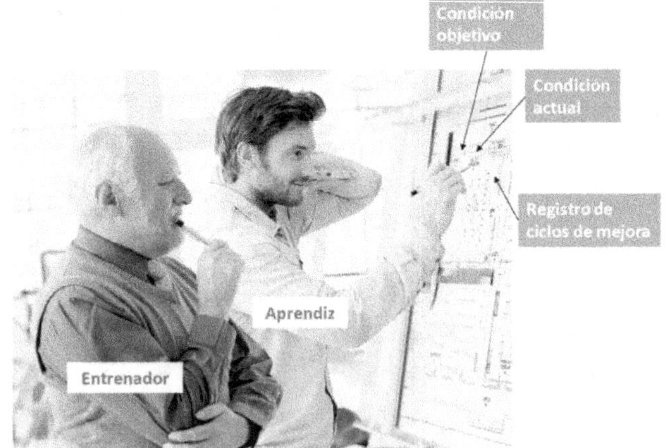

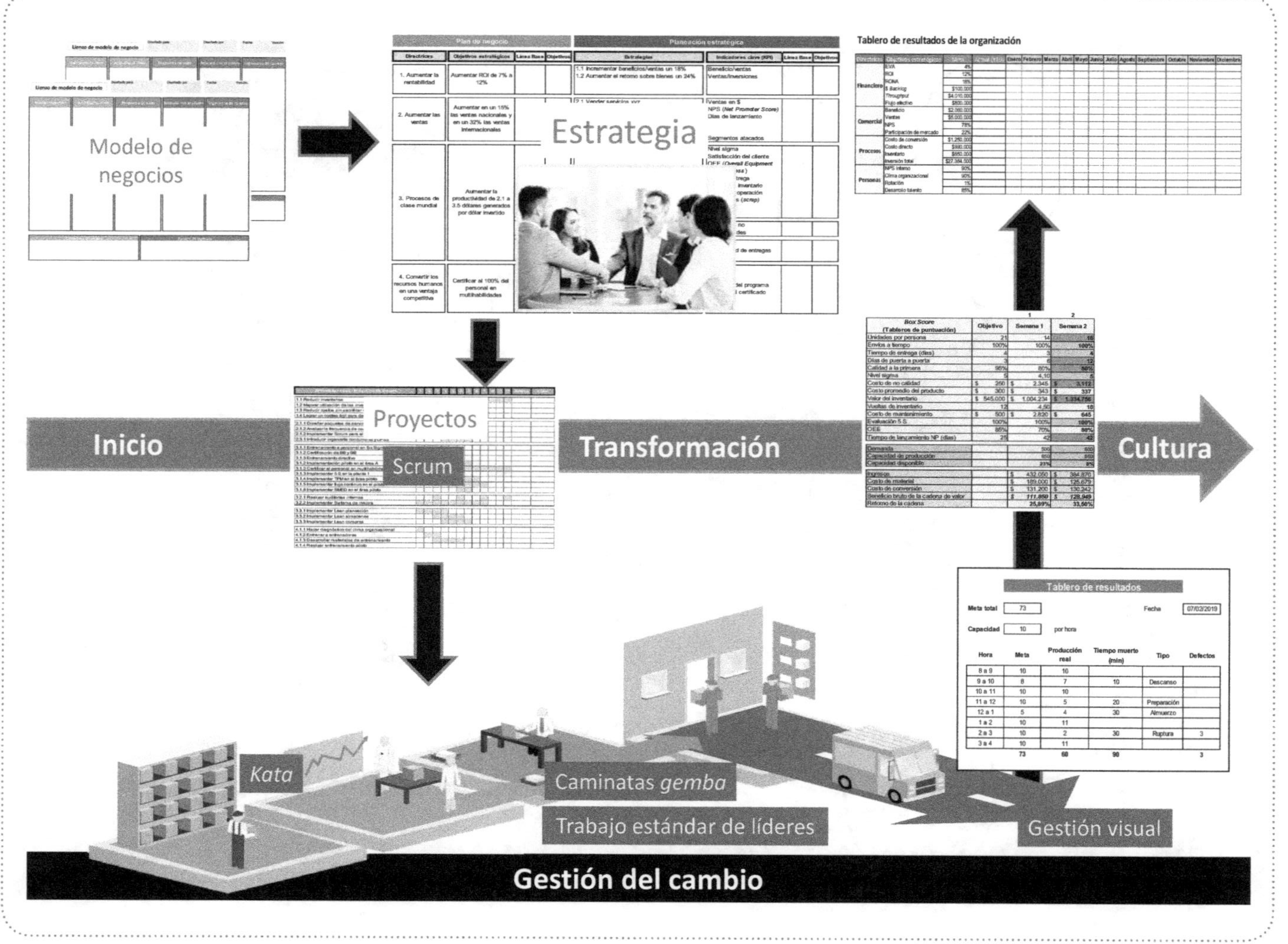
Modelo de negocios
Plan de negocio
Planeación estratégica
Tablero de resultados de la organización
Estrategia
Proyectos
Scrum
Box Score
Tablero de resultados
Inicio
Transformación
Cultura
Kata
Caminatas gemba
Trabajo estándar de líderes
Gestión visual
Gestión del cambio

Kata de mejora

Practicar el método científico para lograr mejoras.

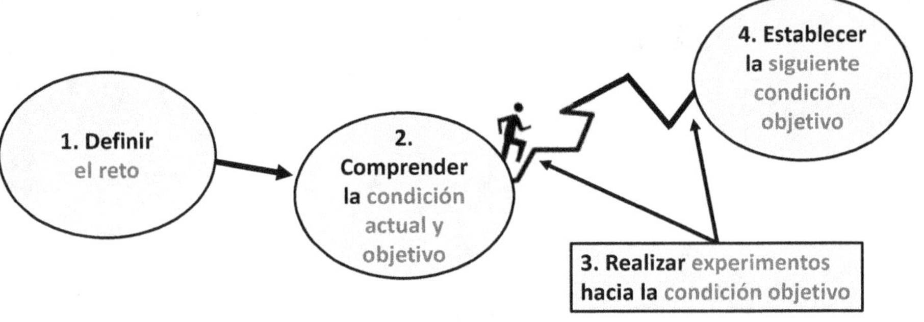

- *Kata* promedio de **10 a 15 minutos.**

- Es un proceso sencillo, pero el hecho de hacerlo continuamente **resuelve grandes problemas en pequeños lapsos de tiempo.**

Ejemplo: Toyota *kata*

ENTRENADOR	APRENDIZ
▪ Buenos días Pedro, me alegro de verte, ¿cómo estas?	▪ Buenos días Juan, ¿todo bien?
▪ Estoy muy interesado en los **retos** que tú y tu equipo tenéis en el proceso de producción de componentes electrónicos.	▪ El reto que tenemos en nuestra cadena de valor es el de **incrementar nuestra capacidad de producción.**

Ejemplo de *kata* de entrenamiento

▸ ¿Cuál es la condición objetivo?

▸ Incrementar nuestra tasa de producción a **600 piezas** por **turno,** y debemos hacerlo con el personal actual.

▸ ¿Cuál es la condición actual?

▸ Actualmente la tasa de producción es de **500 piezas por turno**.

▸ ¿Para cuándo piensas alcanzarlo?

▸ Para finales de año, es decir, **cuatro meses** a partir de hoy.

▸ ¿Qué obstáculos crees que te impiden llegar a la condición objetivo?

Hemos identificado cuatro:
▸ Las entregas vienen en lotes.
▸ Interrupciones por falta de material debidas a compras e inspecciones.
▸ Ocasionalmente alto índice de defectos.
▸ No hay entrenamiento cruzado.

▸ ¿En qué obstáculo estás trabajando ahora?

▸ **Interrupciones** por falta de material debidas a compras e inspecciones.

4

▸ ¿Cuál es el siguiente paso? (experimento)

▸ Tener personas dedicadas para recibir el material.

▸ ¿Cuál es tu expectativa?

▸ Esperamos aprender en qué necesitamos trabajar para mejorar.

5

▸ ¿Qué fue lo que pasó?

▸ No tienen un plan de muestreo.
▸ No saben cómo hacer un muestreo.

▸ ¿Qué aprendisteis?

▸ Aprendimos que los inspectores de recepción necesitan información adicional y entrenamiento.

▸ ¿Cuál es el siguiente paso? (experimento)

▸ Aprender cómo hacer un muestreo.

▸ ¿Cuál es tu expectativa?

▸ Desarrollar un plan óptimo de muestreo.

LSSI
LEAN SIX SIGMA INSTITUTE

Proceso de enfoque:	Componentes electrónicos	Reto: Aumentar capacidad

Condición objetivo

Producir, en cuatro meses, 600 piezas por turno con el personal actual

Condición actual

Se producen 500 piezas por turno

Registro de ciclos de mejora

Problemas por resolver

Haciendo

Hecho

REGISTRO DE CICLOS DE MEJORA PDCA

(cada línea = un experimento)

Obstáculo:		Proceso:		
		Aprendiz:	Entrenador:	
Paso	**¿Qué esperas?**		**¿Qué pasó?**	**¿Qué aprendimos?**
Tener personas dedicadas para recibir el material	Aprender en qué debemos trabajar para mejorar	Hacer un ciclo de entrenamiento / Realizar el experimento	No se tiene un plan de muestreo y no se sabe cómo interpretar los niveles de muestreo	Que los inspectores de recepción necesitan información adicional y entrenamiento
Estudiar la información y desarrollar un plan de muestreo	Aprender las necesidades de muestreo y realizar un plan óptimo de muestreo			

Conclusiones

Los líderes son maestros.

> Con palabras y acciones cada día, los líderes enseñan a sus colaboradores la mentalidad y el enfoque adecuado, creando una cultura de mejora continua y solución de problemas.

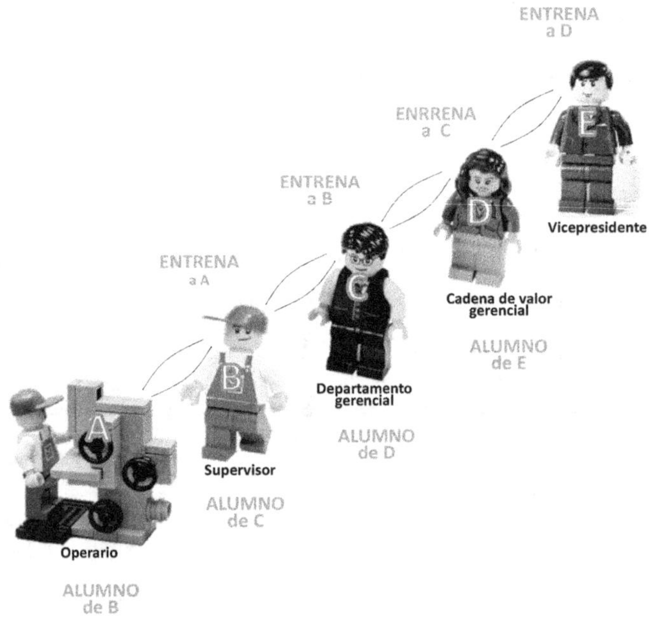

Manual de gestión aduanera. Normativas y procedimientos clave del comercio internacional

Pedro Coll

Productos y servicios inteligentes y sostenibles

Llorenç Guilera, Antoni Garrell

Lean Six Sigma Green Belt, paso a paso

Luis Socconini, Eduardo Escobedo

Manual de estrategia de operaciones

Ángel Caja Corral

Cerebro, inteligencias y mapas mentales

Zoraida G. de Montes, Laura Montes G.

Manual del comercio electrónico

Eva María Hernández Ramos, Luis Carlos Hernández Barrueco

Manual de transporte para el comercio internacional

Cristina Peña Andrés

Manual de gestión de almacenes

Sergi Flamarique

Anatomía de la creatividad

Llorenç Guilera Agüera

Lean Six Sigma. Sistema de gestión para liderar empresas
Luis Socconini, Carlo Reato

Lean Company. Más allá de la manufactura
Luis Socconini

El proceso de las 5'S en acción
Luis Socconini, Marco Barrantes

Lean Energy 4.0. Guía de Implementación
Luis Socconini, Juan Pablo Martín

Lean Manufacturing. Paso a paso
Luis Socconini

Lean Services. Certification Manual
Luis Socconini

Lean Six Sigma Yellow Belt. Manual de certificación
Luis Socconini

Lean Six Sigma Green Belt. Manual de certificación
Luis Socconini

Lean Six Sigma Black Belt. Manual de certificación
Luis Socconini

València, 558 – 08026 Barcelona – Tel. +34-931 429 486 – marge@margebooks.com – www.margebooks.com